Einführung in die Volkswirtschaftslehre

für Bachelor

von
Professor
Dr. Joachim Weeber

2., verbesserte und überarbeitete Auflage

Oldenbourg Verlag München

Bibliografische Information der Deutschen Nationalbibliothek

Die Deutsche Nationalbibliothek verzeichnet diese Publikation in der Deutschen
Nationalbibliografie; detaillierte bibliografische Daten sind im Internet über
<http://dnb.d-nb.de> abrufbar.

© 2009 Oldenbourg Wissenschaftsverlag GmbH
Rosenheimer Straße 145, D-81671 München
Telefon: (089) 45051-0
oldenbourg.de

Lektorat: Wirtschafts- und Sozialwissenschaften, wiso@oldenbourg.de
Herstellung: Dr. Rolf Jäger
Coverentwurf: Kochan & Partner, München
Gedruckt auf säure- und chlorfreiem Papier
Gesamtherstellung: Druckhaus „Thomas Müntzer" GmbH, Bad Langensalza

ISBN 978-3-486-59648-9

Vorwort

Die erste Auflage des Buches ist so gut aufgenommen worden, dass nach relativ kurzer Zeit eine Neuauflage erforderlich ist. Zwar sind seit dem Erscheinen der ersten Auflage nur gut drei Jahre vergangen, gleichwohl sind durch die Ereignisse im Zuge der aktuellen Finanz- und Wirtschaftskrise einige grundlegende Überarbeitungen erforderlich gewesen. Dies betrifft insbesondere den geldpolitischen Teil dieses Lehrbuches. Aber auch in den anderen Politikbereichen wurden wichtige Neuerungen berücksichtigt und eingearbeitet, etwa die sogenannte Schuldenbremse oder den Index der wahrgenommenen Inflation. Bei der Neuauflage sind zudem die Tabellen und das Zahlenmaterial auf den neuesten Stand gebracht worden.

Die Konzeption dieses Buches hat sich dagegen nicht verändert. Die weitgehend abgeschlossene Umstellung der ehemaligen Diplom-Studiengänge auf Bachelor- und Master-Abschlüsse und die damit verbundene Verkürzung der Regelstudienzeiten von acht auf nur noch sechs Semester hat zu einer Veränderung der Lehrinhalte geführt. Dies bedeutet zum einen, dass im Bereich der Volkswirtschaftlehre nicht alle Themen in Grundstudiumsveranstaltungen behandelt werden können. Die Vermittlung rein theoretischer Zusammenhänge ist eingeschränkt worden. Eine stärkere Orientierung wird auf die Verbindung zur Empirie und die wirtschaftspolitische Anwendung gelegt. Zum anderen muss der Umfang der einzelnen Themen auf seine Kernbestandteile reduziert werden. Dieses Lehrbuch trägt beiden Anforderungen auch weiterhin Rechnung. Sein Umfang, sowohl hinsichtlich der Anzahl der einzelnen Kapitel als auch der jeweiligen Seitenzahl, passt sich diesen Anforderungen an. Es war und ist immer noch vor allem für das Studium an Fachhochschulen und Berufs- und Wirtschaftsakademien konzipiert. Es bietet aber auch anderen Interessierten die Möglichkeit zum Einstieg in volkswirtschaftliche Denkweisen.

Auch die neue Auflage wurde von den Mitarbeiterinnen und Mitarbeitern des Oldenbourg Wissenschaftsverlages begleitet – Herrn Rainer Berger und Frau Cornelia
Horn danke ich sehr herzlich. Aktiv unterstützt hat mich auch Herr Andre Gierke
beim Korrekturlesen. Meine Tochter Denise hat die Grafiken angefertigt.

Für Anregungen bin ich auch weiterhin dankbar.

Joachim Weeber

Inhaltsverzeichnis

1 Gegenstand der Volkswirtschaftslehre

Lernziele:

In diesem Kapitel lernen Sie:

- Den Unterschied zwischen Betriebs- und Volkswirtschaftslehre
- Wichtige Begriffe der Volkswirtschaftslehre
- Annahmen und Ablauf eines einfachen Marktprozesses
- Den Unterschied zwischen statischen und dynamischen Märkten
- Prognosetechniken – und warum Prognosen für die Zukunft so schwierig sind
- Was das ‚magische Viereck‘ ist
- Die kritische Würdigung wichtiger Ziele der Wirtschaftspolitik

---

1.1 Grundlagen

In diesem Abschnitt werden folgende Gesichtspunkte angesprochen:

- die wissenschaftssystematische Einordnung der Wirtschaftswissenschaften,

- die Abgrenzung wichtiger Begriffe,

- wichtige Teilbereiche der Volkswirtschaftlehre (VWL).

In der einfachsten Form kann die Einteilung der einzelnen Wissenschaftsrichtungen in zwei Grundrichtungen (mit Beispielen) erfolgen:

Wissenschaften

↙   ↘

Formalwissenschaften   **Realwissenschaften**

reine Mathematik   Geschichte
statistische Methodenlehre   Sozialwissenschaften
                                                (u. a. Wirtschafts-
                                                wissenschaften)

↓   ↓

Instrumentelle Wissenschaften   Informationen über die Realität

Diese wissenschaftssystematische Einordnung der Wirtschaftswissenschaften zu den Sozialwissenschaften verdeutlicht den hohen Stellenwert von menschlichen Verhaltensweisen für die wirtschaftliche Entwicklung von Volkswirtschaften. Stimmungslagen der Bevölkerung, wie. z. B. die Angst vor der zukünftigen Entwicklung und eine dadurch ausgelöste übermäßige Spartätigkeit, beeinflussen den Fortgang einer Ökonomie mitunter stärker als die realen Prozesse.

In den Wirtschaftswissenschaften spielen Begriffsabgrenzungen eine wichtige Rolle, z. B.:

- Betriebswirtschaftslehre (BWL) und VWL

  Während die BWL den einzelnen Betrieb bzw. das Unternehmen in den Mittelpunkt seiner Analyse stellt, stellt die VWL u. a. auf das wirtschaftliche Zusammenwirken verschiedener Wirtschaftssubjekte ab. Dabei sind innerhalb der VWL in den vergangenen Jahrzehnten die Grenzen der rein nationalen Betrachtung überschritten worden. Inzwischen steht die zunehmende internationale Verflechtung (Stichwort: Globalisierung) im Mittelpunkt.

  Allerdings sind die Differenzen zwischen BWL und VWL eher fließend. Dies gilt etwa in der Theorievermittlung. So ist das Grundstudium an den meisten Universitäten für beide Fächer identisch – die Vorgehensweise bei der Bearbeitung einer Fragestellung sowie das Instrumentarium sind deckungsgleich. Aber auch in der praktischen Wirtschaftspolitik, wo zunehmend große, international operierende Unternehmen auch vergleichsweise bedeutende Volkswirtschaften unter Handlungsdruck setzen, verschwinden die Unterschiede. Betriebswirtschaftliche Überlegungen einzelner Unternehmen werden so auch für ganze Volkswirtschaften relevant.

BWL	**VWL**
Einzelner Betrieb	Gesamtwirtschaftliche Betrachtung
↓	↓
wirtschaftliches Handeln aus der Sicht eines Betriebes	Zusammenspiel von Wirtschaftssubjekten (Staat/Welt)

Aber auch innerhalb der VWL spielen einzelwirtschaftliche Betrachtungen eine wichtige Rolle. Deutlich wird dies durch die unterschiedliche Ausrichtung der beiden VWL-Teilgebiete Mikro- bzw. Makroökonomie.

- Mikroökonomie und Makroökonomie

  So beschäftigt sich die **Mikroökonomie** mit

  a) den Verhaltensweisen der einzelnen Wirtschaftssubjekte, z. B. mit Unternehmen oder mit Privaten Haushalten,

  b) den Märkten für einzelne Güter (Waren und Dienstleistungen) und mit (Produktions)Faktoren (Boden, Arbeit, Kapital),

  c) Beziehungen zwischen einzelnen Wirtschaftssubjekten, z. B. bei der Abfassung individueller Arbeitsverträge.

  Dagegen steht im Mittelpunkt der **Makroökonomie** eher die Betrachtung und Analyse zusammengefasster Einheiten, wie z. B.

  a) gesamtwirtschaftliche, aggregierte Größen im Rahmen der Volkswirtschaftlichen Gesamtrechnungen (VGR),

  b) Beziehungen zwischen den Volkswirtschaften einzelner Staaten.

Eine weitere Systematisierung findet durch die Festlegung einzelner wirtschaftspolitischer Bereiche statt. Dabei werden zunächst aus einzelnen Fragestellungen rele-
vante Theorien zur Erklärung des Wirtschaftsprozesses gebildet, z. B.

- Welche außenwirtschaftlichen Einflüsse auf die heimische Wirtschaft gibt
  es? → **Außenwirtschaftstheorie**

- Welche Funktionen soll Geld übernehmen? → **Geldtheorie**

- Was beeinflusst die gesamtwirtschaftlichen Aktivitäten? → **Konjunkturtheorie**

In einem zweiten Schritt werden aus diesen theoretischen Überlegungen Teilbereiche der (Volks-)Wirtschaftspolitik gebildet. In der einfachsten Form einer solchen
Systematisierung wird dann zwischen folgenden Teilbereichen der Wirtschaftspolitik (mit den entsprechenden Hauptakteuren) unterschieden:

- Lohnpolitik (Tarifparteien)

- Finanzpolitik (Öffentliche Haushalte)

- Geldpolitik (Zentralbank)

Als ein zentrales Analyseverfahren im Rahmen des Instrumentenkastens von VWL
und BWL gilt die Preistheorie. Die Frage, „wie vollzieht sich die Preisbildung?"
steht im Mittelpunkt marktwirtschaftlich orientierter Wirtschaftssysteme. Grundlage
sind die Überlegungen des Begründers der modernen ökonomischen Theorie Adam
Smith (1723–1790; sein Standardwerk: "An Inquiry into the Nature and Causes of
the Wealth of Nations", 1776). Er beschrieb eine ‚unsichtbare Hand' (invisible
hand), die das Handeln der Einzelnen zum Besten der Gemeinschaft koordiniert.
Diese ‚unsichtbare Hand' ist nichts anderes als der Marktmechanismus: durch den
Markt werden Angebot und Nachfrage von Gütern und Produktionsfaktoren geregelt. Als Ergebnis dieses Prozesses entsteht der ‚richtige' Preis.

Voraussetzung für einen solchen Marktprozess ist das Vorliegen eines vollkomme-
nen Marktes. Dabei wird ein Markt als vollkommen bezeichnet, wenn folgende Voraussetzungen vorliegen:

Sachliche Gleichartigkeit der Güter

- Nichtvorhandensein persönlicher Präferenzen der Käufer für bestimmte Verkäufer

- Nichtvorhandensein räumlicher Differenzierungen zwischen den einzelnen Anbietern bzw. Nachfragern

- Nichtvorhandensein zeitlicher Differenzierungen zwischen den einzelnen Anbietern bzw. Nachfragern

- Vollständige Markttransparenz

Zudem stehen sich auf einem solchen Markt viele kleine Anbieter und viele kleine Nachfrager gegenüber (atomistische Nachfrage und Konkurrenz). Der Einzelne hat also auf das Marktgeschehen einen verschwindend kleinen Einfluss. Es liegt damit die Marktform des Polypols vor.

Für das Angebot gilt (etwa für ein Sachgut aus der Sicht eines Unternehmens) im Normalfall: Das Angebot wird voraussichtlich umso größer sein, je höher der Preis ist **(Abb. 1.1)** – die Funktion wird also eine positive Steigung aufweisen (mit: P = Preis und X = Menge):

Abb. 1.1 Typischer Angebotsverlauf

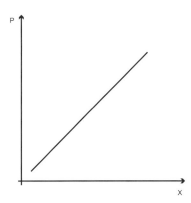

Für die Nachfrageseite gilt:

Abb. 1.2 Typischer Nachfrageverlauf

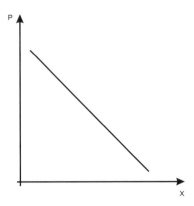

Die Nachfragekurve in Abhängigkeit vom Preis eines Gutes ist im Normalfall negativ geneigt. Bei hohen Preisen ist die mengenmäßige Nachfrage gering, bei niedrigen Preisen ist sie hoch **(Abb. 1.2)**.

Durch das Zusammenführen von Angebot und Nachfrage entsteht das Preis-Mengen-Diagramm (diese Darstellungsform der Marktlehre wurde von Alfred Marshall [1842–1924] geprägt):

Abb. 1.3 Angebots-Nachfrage-Gleichgewicht

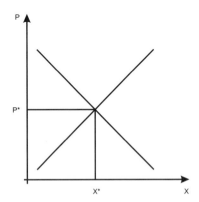

Bei X* befindet sich die Gleichgewichtsmenge, bei P* der Gleichgewichtspreis: die zu P* angebotenen Güter werden vom Nachfrager vollständig gekauft. Bei diesem (Markt)Gleichgewicht wird der Ausgleich zwischen Käufer und Verkäufer erreicht **(Abb. 1.3)**.

Auf dynamischen Märkten müssen allerdings auch Veränderungen von Angebot und/oder Nachfrage (etwa bei einer Veränderung des Einkommens oder der bisherigen Kaufgewohnheiten) beachtet werden. In der einfachsten Form führen solche Bewegungen zu folgenden Mengen- und Preiswirkungen, wenn von jeweils isolierten Veränderungen des Angebots bzw. der Nachfrage ausgegangen wird:

- Steigt das Angebot, so steigt die Menge und sinkt der Preis

- Sinkt das Angebot, so sinkt die Menge und steigt der Preis

- Steigt die Nachfrage, so steigen die Menge und der Preis

- Sinkt die Nachfrage, so sinken die Menge und der Preis

Diese vier Verläufe lassen sich bei simultanen Bewegungen von Angebot und Nachfrage aber noch um weitere Varianten erweitern. Zudem hängt die Wirkung einer Preisveränderung auch von der Preiselastizität der Nachfrage ab (prozentuale Änderung der nachgefragten Menge zur prozentualen Änderung des Preises; vgl. ausführlicher Kapitel 5). Ist ein Gut zumindest kurzfristig nahezu unverzichtbar, spricht man von einer unelastischen Nachfrage.

Die bisher gezeigten Verläufe von Angebot und Nachfrage stellen allerdings nur die üblichen Funktionsverläufe dar. Darüber hinaus sind auch atypische Reaktionsmuster bekannt. So lassen sich durch den Giffen-Effekt und den Veblen-Effekt auch positiv ansteigende Funktionen bei der Nachfragefunktion des Preis-Mengen-Diagramms erklären **(Abb. 1.4)**.

Abb. 1.4 Atypischer Nachfrageverlauf

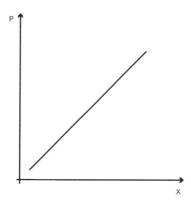

Giffen-Effekt (am Beispiel: Brotpreis in Entwicklungs- und Schwellenländer)

Steigt der Brotpreis etwa durch den Wegfall vorher gewährter Subventionen an, kann mit einem bestimmten Ausgabebetrag nur noch eine kleinere Menge Brot gekauft werden.

Ärmere Bevölkerung schränkt daraufhin den Verbrauch von ‚höherwertigen‘, noch teureren Nahrungsmitteln (z. B. Fleisch) ein.

Dadurch erfolgt der Kauf einer noch größeren Menge Brot, um den mengenmäßigen Rückgang bei den höherwertigen Nahrungsmitteln zu kompensieren.

Veblen-Effekt (Prestige-Effekt)

Ausgangspunkt ist hier die Überlegung, dass der Nutzen eines Gutes nicht nur von seinen objektiven Eigenschaften, sondern auch vom Preis bzw. seiner Preishöhe selbst abhängt.

Je teurer damit ein Gut ist, desto eher wird es von bestimmten Käuferschichten nachgefragt. Eine solche Verhaltensweise ist teilweise bei Luxusgütern zu beobachten.

1.2   Aufgaben der Volkswirtschaftslehre

Die wesentlichen Aufgaben und damit auch die typische Vorgehensweise bei der Erörterung einer volkswirtschaftlichen Aufgabenstellung stellen dar:

Beschreibung des Wirtschaftsprozesses

Hierunter wird die vergangenheitsbezogene Betrachtung der wirtschaftlichen Entwicklung verstanden. Eine typische Frage ist etwa: „Wie hoch war im letzten Jahr das Bruttoinlandsprodukt?" Die Daten für die Beantwortung entsprechender Fragen werden weitgehend in Deutschland vom Statistischen Bundesamt und für die Staaten der Europäischen Union vom Statistischen Amt der Europäischen Gemeinschaft (Eurostat) erhoben.

Erklärung des Wirtschaftsprozesses

Bei der Erklärung des Wirtschaftsprozesses geht es quasi um die Suche nach ‚Antworten': „Warum ist das Bruttoinlandsprodukt gestiegen/gefallen?" Dabei bildet der Kern des Suchprozesses die Formulierung von Hypothesen, also vermuteten Erklärungszusammenhängen. Dafür werden sog. ‚Wenn-Dann-Aussagen' formuliert: „Wenn das Wirtschaftswachstum steigt, dann verringert sich die Arbeitslosigkeit". Solche Hypothesen werden im nächsten Schritt anhand der tatsächlichen Entwicklung überprüft (Falsifikation). Aus mehreren Hypothesen lassen sich dann Theorien bilden.

Prognose der wirtschaftlichen Entwicklung

Ziel einer Prognose ist es, den zukünftigen Ablauf des Wirtschaftsgeschehens **unter bestimmten Bedingungen** vorwegzunehmen: „Wie reagieren endogene Indikatoren, wenn sich exogene Indikatoren verändern?" **(Abb. 1.5).** Entsprechende Prognosen über die wirtschaftliche Entwicklung etwa in der Bundesrepublik Deutschland werden von Wirtschaftsforschungsinstituten, dem Sachverständigenrat zur Begutachtung der gesamtwirtschaftlichen Entwicklung, der Deutschen Bundesbank und der

Bundesregierung vorgenommen. Aber auch Internationale Organisationen, wie der Internationale Währungsfonds (IWF) oder die Organization for Economic Cooperation und Development (OECD), geben regelmäßig ihre Prognosen bekannt.

Abb. 1.5 Prognosebeispiel für die Entwicklung in Deutschland im Jahre 2009

Die Prognose beruht auf folgenden Annahmen:

- Der Rohölpreis (Brent) beträgt in diesem und im kommenden Jahr im Durchschnitt 50 US-Dollar pro Barrel.

- Der Welthandel nimmt in diesem Jahr um 16,5 % ab und im kommenden Jahr um 0,5 % zu.

- Der Wechselkurs des Euro liegt im Prognosezeitraum bei 1,35 US-Dollar.

- Die Europäische Zentralbank wird den maßgeblichen Leitzins im Frühjahr 2009 auf 1 % senken sowie zu unkonventionellen Maßnahmen der Geldpolitik greifen.

- Das Bankensystem wird sich weltweit langsam erholen, ohne aber vollständig zu gesunden. Die Aufschläge für die Unternehmensfinanzierung werden sich leicht zurückbilden.

- Die Finanzpolitik ist im Prognosezeitraum expansiv ausgerichtet. Der Impuls durch diskretionäre Maßnahmen gegenüber 2008 beträgt in diesem Jahr 1,3 % und im kommenden Jahr 1,8 %.

Quelle: Projektgruppe Gemeinschaftsdiagnose, Im Sog der Weltrezession, Frühjahr 2009, Abgeschlossen am 21. April 2009, München, S. 42.

Es lassen sich verschiedene Verfahren der Prognose unterscheiden:

- **Konzept der Konjunkturindikatoren**

Aus wenigen Indikatoren mit einer gewissen Vorlaufeigenschaft gegenüber der tatsächlichen Wirtschaftsentwicklung (Frühindikatoren, wie z. B. Auftragseingang) wird ein Gesamtindikator gebildet. Der Prognosehorizont solcher Gesamtindikatoren beträgt i. d. R. maximal 6 bis 12 Monate; ein bekannter Indikator in Deutschland ist etwa der Handelsblattindikator. Eine ähnliche Funktion übernimmt der ifo-Geschäftsklimaindex, bei dem etwa 7.000 Unternehmen des Verarbeitenden Gewerbes, des Bauhauptgewerbes, des Großhandels und des Einzelhandels monatlich über ihre aktuelle Geschäftslage und hinsichtlich ihrer Geschäftserwartungen befragt werden. Die Unternehmen können ihre Lage mit ‚gut‘, ‚befriedigend‘ oder ‚schlecht‘ und ihre Geschäftserwartungen für die nächsten sechs Monaten als ‚günstiger‘, ‚gleich bleibend‘ oder ‚ungünstiger‘ bewerten. Aus dem Saldowert der gegenwärtigen Geschäftslage – Differenz der Prozentanteile der Antworten ‚gut‘ und ‚schlecht‘ – und dem Saldowert der Erwartungen – Differenz der Prozentanteile der Antworten ‚günstiger‘ und ‚ungünstiger‘ – werden dann lange Zeitreihen ermittelt, die dann Informationen über die Entwicklung der deutschen Volkswirtschaft liefern sollen.

• **Ökonometrische Prognose**

Auf der Basis mathematisch/statistischer Verfahren (Regressionsanalyse von Zeitreihen) wird ein in der Vergangenheit bestehender Zusammenhang zwischen verschiedenen Variablen (Auswirkungen exogener Variablen auf endogene Modellvariablen) auf die Zukunft übertragen. Solche Verfahren können mit zwei Variablen durchgeführt werden, für Wirtschaftsprognosen werden aber die Beziehungen zwischen deutlich mehr Variablen verwendet. Der Prognosehorizont wird normalerweise auf bis zu zwei Jahren begrenzt. In Deutschland verwendet etwa die Deutsche Bundesbank ein solches Verfahren.

• **Iterativ-analytische Verfahren**

Dieses Verfahren verwendet Elemente aus dem Konzept der Konjunkturindikatoren und der Ökonometrie. Zusätzlich wird für einzelne Indikatoren auf die Erfahrung von Experten zurückgegriffen. Mit Hilfe solcher Experten lassen sich die Auswirkungen von ‚exogenen Schocks‘ (etwa Gesetzesänderungen, Änderungen im weltwirtschaftlichen Umfeld) mitunter besser als in den vorgenannten Verfahren abbilden (Experten haben es im ‚Gefühl‘, wie sich das Verhalten von Wirtschaftssubjekten ändert, wenn sich neue Rahmenbedingungen ergeben.). In der Praxis existieren die verschiedenen Techniken nebeneinander.

Die Güte von Prognosen ist recht unterschiedlich. In den letzten Jahren ist z. T. deutliche Kritik an der mangelnden Genauigkeit von Prognosen über die wirtschaftliche Entwicklung in Deutschland geäußert worden. Im Gegensatz von Prophezeiungen

stehen solche Vorausschätzungen aber immer unter dem Vorbehalt bestimmter Annahmen, sie sind damit bedingte Aussagen: nur wenn die gemachten Annahmen
eintreffen, kommt es auch zu den prognostizierten Entwicklungen. Darüber hinaus
können weitere Gründe zu Fehlprognosen führen:

- besondere außerökonomische Entwicklungen (Kriege, Terror, Naturkatastro-
  phen),

- überraschende Verhaltensänderungen der Bevölkerung,

- Fehleinschätzung von Wirkungsmechanismen (veraltete Theorien),

- ‚plötzliche‘ Strukturbrüche (deutsche Vereinigung, Erweiterung der Europäischen Union), aber auch die wirtschaftspolitischen Veränderungen durch die
  Finanz- und Wirtschaftskrise 2008/2009,

- die Verwendung veralteter Daten bzw. die Neuberechnung von Zeitreihen im
  Zuge von Revisionen; damit erfolgten frühere Prognosen auf der Basis einer
  unvollständigen/schwankenden Datengrundlage,

- strategische und ‚politische‘ Prognosen (Aufmerksamkeit erregen; Gefällig-
  keitsprognosen).

Wirtschaftspolitische Beratung

Aus der Beschreibung und Erklärung des Wirtschaftsprozesses und vor dem Hintergrund der prognostizierten Wirtschaftsentwicklung setzt vor allem bei nachlassender
ökonomischer Dynamik die wirtschaftspolitische Beratung ein. Eine solche Beratung wird z. B. durchgeführt von folgenden Institutionen:

- **Deutsche Bundesbank**

  Grundlage der Beratungsfunktion ist das Gesetz über die Deutsche Bundesbank. Darin heißt es u. a.:

  § 12   Die Deutsche Bundesbank ist bei der Ausübung der Befugnisse, die ihr
  nach diesem Gesetz zustehen, von Weisungen der Bundesregierung un-
  abhängig. Soweit dies unter Wahrung ihrer Aufgabe als Bestandteil des
  Europäischen Systems der Zentralbanken möglich ist, unterstützt sie die
  allgemeine Wirtschaftspolitik der Bundesregierung.

§ 13   *(1) Die Deutsche Bundesbank hat die Bundesregierung in Angelegen-*
         heiten von wesentlicher währungspolitischer Bedeutung zu beraten und
         ihr auf Verlangen Auskunft zu geben.

         (2) Die Bundesregierung soll den Präsidenten der Deutschen Bundes-
         bank zu ihren Beratungen über Angelegenheiten von währungspoliti-
         scher Bedeutung zuziehen.

Dieser Beratungsverpflichtung kommt die Deutsche Bundesbank zum einen
durch eine interne Kommunikation mit der Bundesregierung nach. Zum anderen stehen ihr neben der Mitwirkung in Gremien (Sozialbeirat, Finanzplanungs-
rat) der politischen Instanzen auch mit verschiedenen Veröffentlichungen (Monatsbericht, jährlicher Geschäftsbericht und Finanzstabilitätsbericht, Beiträgen
in Zeitungen und Zeitschriften) und in Reden Möglichkeiten der Beratung of-
fen.

- **Sachverständigenrat zur Begutachtung der gesamtwirtschaftlichen
  Entwicklung (SVR)**

Auch hier gilt eine gesetzliche Verpflichtung zur Beratung (Gesetz vom
14.8.1963). Nach § 1 des Gesetzes soll durch die Bildung des SVR die Urtei-
lungsbildung „bei allen wirtschaftspolitisch verantwortlichen Instanzen sowie
in der Öffentlichkeit" erleichtert werden. Hierfür hat er nach § 6 gegenüber der
Bundesregierung ein Jahresgutachten sowie gegebenenfalls Sondergutachten
abzugeben (jeweils unter: *www.sachverstaendigenrat-wirtschaft.de*). Nach spä-
testens acht Wochen ist die Bundesregierung zu einer eigenen Stellungnahme
zum Jahresgutachten verpflichtet, in der sie auch auf die aus dem Jahresgutachten gezogenen wirtschaftspolitischen Schlussfolgerungen eingehen muss.

- **Weitere ‚Berater' (Auswahl)**

Wirtschaftsforschungsinstitute:

Wichtige Institute sind in der ‚Arbeitsgemeinschaft deutscher wirtschaftswissenschaftlicher Forschungsinstitute' vereint. Zudem gibt die Projektgruppe Gemeinschaftsdiagnose – ein Zusammenschluss von Wirtschaftsforschungsinstituten aus Deutschland, der Schweiz und Österreich – im Auftrag
des Bundesministeriums für Wirtschaft und Technologie zweimal im Jahr
(Frühjahr und Herbst) ein Gutachten zur aktuellen sowie zur voraussichtli-
chen Wirtschaftsentwicklung in Deutschland bekannt. Zudem gibt die Pro-

jektgruppe Erläuterungen über mögliche Fehlentwicklungen in der wirtschaftspolitischen Steuerung. Die Gutachten sowie aktuelle Stellungnahmen der einzelnen Institute finden sich unter den jeweiligen Internetadressen.

Sozialpartner:

Den Verbänden der Arbeitgeber (z. B. Bundesverband der Deutschen Industrie) und der Arbeitnehmer (z. B. Deutscher Gewerkschaftsbund) stehen ebenfalls verschiedene Medien der Meinungsäußerung zur Verfügung. Darüber hinaus sind ihnen mit dem ‚Institut der Deutschen Wirtschaft‘ (IW) und dem ‚Wirtschafts- und Sozialwissenschaftliches Institut‘ (WSI) auch Wirtschaftsforschungsinstitute angegliedert.

1.3   Grundlagen des Wirtschaftens

Warum wird überhaupt produziert? Was und Wie wird produziert? Soll eine Produktion durch staatliche Institutionen oder durch private Unternehmen erfolgen? Wie geschieht die Zuteilung der produzierten Güter auf die Nachfrager?

Solche und ähnliche Fragen stehen ziemlich am Anfang einer volkswirtschaftlichen Betrachtung. Im Kern geht es hierbei um die Beschäftigung mit Bedürfnissen, Produktion und Produktionsmöglichkeiten sowie mit Fragen der Knappheit und Arbeitsteilung.

Bedürfnisse

Bedürfnisse können als ‚Wünsche, die mit dem Streben einhergehen, sie zu befriedigen‘ definiert werden. Diese Bedürfnisbefriedigung erfolgt durch den Konsum von Sachgütern (Waren) und Dienstleistungen. Wichtig für das Zustandekommen wirtschaftlicher Prozesse ist, dass Individuen danach Streben, immer neue Bedürfnisse befriedigen zu können. Zur Veranschaulichung wird hierfür häufig auf das Modell von Maslow der verschiedenen Bedürfnisebenen verwiesen **(Abb. 1.6)**.

Die einzelnen Ebenen bauen aufeinander auf und sind die Bedürfnisse einer Ebene erfüllt, wird versucht, die Bedürfnisse der nächsten Ebene zu befriedigen. Die Grundlage für die Leistungsbereitschaft des Individuums ist damit die Erfüllung seiner individuellen ‚Wünsche‘. Und diese Erfüllung erfolgt durch die Bereitstellung von Waren und Dienstleistungen. Verstärkt wird dieser Prozess dadurch, dass eine Zunahme der Bedürfnisbefriedigung zu einer Zunahme der Bedürfnisse selbst führt. Allerdings sind die empirischen Erkenntnisse aus der Maslow Pyramide in der Wissenschaft nicht unumstritten, sodass sie eher als theoretisches Konzept geeignet erscheint.

Abb. 1.6 Bedürfnispyramide von Maslow

Produktion und Produktionsmöglichkeiten

Die Produktion von Waren und Dienstleistungen erfolgt durch Produktionsmittel. Während die BWL für den betrieblichen Leistungsprozess nach Arbeitsleistungen, Betriebsmittel und Werkstoffe (Roh-, Hilfs- und Betriebsstoffe) unterteilt, differenziert die VWL nach dem Einsatz der dauerhaften Produktionsmittel Arbeit, Boden und Kapital. Diese werden auch als Produktionsfaktoren bezeichnet. Dabei werden quantitative und qualitative Aspekte unterschieden:

	Quantitativ	**Qualitativ**
Arbeit	Arbeitskräftepotenzial	Humankapital
Kapital	Kapitalstock	Technischer Stand
Boden	Bodenfläche	Bodenschätze

Die quantitative und qualitative Ausstattung mit diesen Produktionsfaktoren ist zudem der Begrenzungsfaktor für die Produktionsmöglichkeiten einer Volkswirtschaft. Werden alle Produktionsfaktoren optimal eingesetzt, kann die Produktion zusätzlicher Waren und Dienstleistungen nur bei einem Verzicht auf die Produktion anderer Waren und Dienstleitungen realisiert werden. Der Verzicht auf die Produktion dieser Güter wird auch als Opportunitätskosten bezeichnet. Zusätzliches Wachstum einer Volkswirtschaft kann in einer solchen Konstellation daher nur über *mehr* oder *bessere* Produktionsfaktoren erfolgen. Diese Überlegungen gelten aber nur in Zeiten der vollen Auslastung der Produktionsfaktoren. In Zeiten der Unterbeschäftigung, etwa in Zeiten hoher Arbeitslosigkeit, kann wirtschaftliches Wachstum allerdings auch über Mehrbeschäftigung des vorhandenen Produktionsfaktors Arbeit erreicht werden.

Knappheit

Wenn man davon ausgeht, dass für Gesellschaften die Summe der Bedürfnisse größer ist als die Summe der produzierbaren Güter und die Vermehrung von Produktionsfaktoren i. d. R. zumindest in zeitlicher Hinsicht einer gewissen Beschränkung unterliegt (etwa beim quantitativen Aspekt des Faktors Arbeit), stellt sich die Frage, wie das (knappe) Angebot auf die Nachfrager verteilt wird.

Die Aufgabe besteht dann in der Suche nach Regeln, wie die knappen Güter verteilt werden. Für Industriegesellschaften haben sich zwei Verfahren herausgebildet:

- Die Erstellung volkswirtschaftlicher Pläne (Planwirtschaften)

- Märkte und Preise, wobei Preise Knappheitsrelationen ausdrücken (Marktwirtschaft)

Ohne auf die genauen Ausprägungen der beiden Wirtschaftsordnungsprinzipien einzugehen, haben sich aus historischer Sicht marktwirtschaftliche Systeme als effizienter erwiesen.

Arbeitsteilung

Neben dem Verteilungsaspekt, spielt die Frage nach der besten Organisationsform eine wichtige Rolle. Mit diesem Gesichtspunkt beschäftigt sich die Arbeitsteilung. Adam Smith beschreibt anhand der Produktion einer Stecknadel, wie die Zerlegung eines Produktionsvorganges in Teilschritten die Produktionsmenge drastisch steigern kann (innerbetriebliche Arbeitsteilung). Ein solches Höchstmaß an Spezialisierung war lange Zeit die unbestrittene betriebliche Organisationsform für industrielle Produktionsprozesse (in seiner Extremform als Taylorismus bekannt). Bei höherwertigen Wirtschaftsgütern werden auch Produktionen in Form der Gruppenarbeit durchgeführt. Aus volkswirtschaftlicher Sicht sind in den vergangenen Jahren unter dem Stichwort ‚Globalisierung' Aspekte der internationalen Arbeitsteilung in den Vordergrund des Interesses gerückt.

1.4   Gesamtwirtschaftliche Ziele

Politische Entscheidungsträger, die Medien und die interessierte Öffentlichkeit messen Erfolg oder Misserfolg der Wirtschaftspolitik häufig an der Verwirklichung einiger weniger Ziele. Die Festlegung gesamtwirtschaftlicher Zielvorstellungen findet sich dabei etwa im ‚Gesetz zur Förderung der Stabilität und des Wachstums der Wirtschaft' (sog. Stabilitätsgesetz, 1967). Von besonderer Relevanz für diese Zielvorstellungen ist dabei §1 des Stabilitätsgesetzes:

> „Bund und Länder haben bei ihren wirtschafts- und finanzpolitischen Maßnahmen die Erfordernisse des gesamtwirtschaftlichen Gleichgewichts zu beachten. Die Maßnahmen sind so zu treffen, dass sie im Rahmen der marktwirtschaftlichen Ordnung gleichzeitig zur Stabilität des Preisniveaus, zu einem hohen Beschäftigungsstand und außenwirtschaftlichem Gleichgewicht bei stetigem und angemessenen Wirtschaftswachstum beitragen."

Die hier formulierten Ziele sind auch als das ‚magische Viereck' in der Literatur zu finden. Magisch deshalb, weil es in Abhängigkeit von den jeweiligen gesamtwirtschaftlichen Rahmenbedingungen schwierig sein kann, alle oder auch nur ein Teil der Ziele gleichzeitig zu verwirklichen. Um empirisch gehaltvolle Aussagen machen zu können, ist die Verwendung von Indikatoren zur Messung des jeweiligen Zielerreichungsgrades unverzichtbar.

Stabilität des Preisniveaus

Zur Messung der Preisniveaustabilität wird in erster Linie die Inflationsrate verwendet. Dabei bezeichnet die Inflationsrate den prozentualen Anstieg der Preise, der sich im Zeitverlauf ergeben hat; i. d. R. wird dabei auf den Vorjahresvergleich abgestellt. Zwar gibt es zahlreiche Preisindizes (u. a. Rohstoffpreisindizes, Indizes für Einfuhrpreise, Erzeugerpreise gewerblicher Produkte und für Preise von Bauleistungen), allerdings wird bei der Berichterstattung vor allem auf die Veränderung von Konsumentenpreisen abgestellt. Zur Operationalisierung wird in Deutschland seit Februar 2008 der vom Statistischen Bundesamt erhobene ‚Verbraucherpreisindex für Deutschland' (VPI) mit dem Basisjahr 2005 verwendet.

Zunächst impliziert das Ziel ‚Stabilität des Preisniveaus', dass sich die Preise im Zeitverlauf nicht verändern sollen – das Niveau der Preise soll stabil bleiben. Zwar gab es etwa Anfang der 90er Jahre in Deutschland eine Diskussion über die Vorteile und Nachteile einer solchen ‚Nullinflation', aber selbst bei der stabilitätsorientierten Deutschen Bundesbank wurde eine solch strenge Auslegung nicht verfolgt. Dies gilt auch für die Geldpolitik der Europäischen Zentralbank (EZB). Für die EZB liegt Preisstabilität vor, wenn ein Anstieg der Verbraucherpreise für den gesamten Währungsraum von unter, aber nahe bei 2% erreicht wird (vgl. Kapitel 6).

Die Argumentation für ein leicht ansteigendes Preisniveau resultiert aus der Erkenntnis, dass die Messung von Preisniveaustabilität mit erheblichen Problemen verbunden ist. Wegen solcher Schwierigkeiten in der Erfassung, geht man daher häufig von einer Marge der Veränderung der berechneten Inflationsrate aus, innerhalb derer nicht oder nur bedingt von Inflation gesprochen wird. Diese Unschärfen der Preismessung resultieren aus dem spezifischen Aufbau des Messverfahrens. So liegt dem VPI die durchschnittliche Ausgabenstruktur aller privaten Haushalte zu Grunde. Da eine vollständige Erfassung sämtlicher Preise aller angebotenen und von den privaten Haushalten gekauften Waren und Dienstleistungen nicht möglich ist, ermittelt das Statistische Bundesamt einen repräsentativen Warenkorb. Dieser Warenkorb basiert u. a. auf Verbrauchsstichproben, aus denen die Zusammensetzung der konsumierten Waren und Dienstleistungen des durchschnittlichen Haushalts für ein bestimmtes Jahr, dem Basisjahr, ermittelt wird. Auf dieser Grundlage gehen die Preise der in diesem Warenkorb enthaltenen Produkte – gewichtet mit deren Anteilen an den Gesamtausgaben der privaten Haushalte – in den VPI ein. Dieses Wägungsschema bleibt dann bis zur nächsten Berechnung der neuen Preisbasis konstant, i. d. R. findet alle fünf Jahre eine Überarbeitung statt.

Die Ermittlung der Inflationsrate erfolgt dann nach der Berechnung von Laspeyres:

$$\text{Inflationsrate} = \frac{\sum p_1 \cdot q_0}{\sum p_0 \cdot q_0}$$

p_1 = Preis im Berichtsjahr
p_0 = Preis im Basisjahr
q_0 = Menge im Basisjahr

Aus diesem Aufbau der Preisermittlung resultieren schließlich unterschiedliche Effekte, die für die ‚Ungenauigkeit' der Preismessung verantwortlich sind. Die wichtigsten Messprobleme sind:

Substitutionsvorgänge im Verbrauch der privaten Haushalte

Da die Mengenstruktur konstant bleibt, wird nur die Veränderung der Preise der entsprechenden Güter berechnet. Für die dem Basisjahr folgenden Perioden wird damit unterstellt, dass die Konsumenten unverändert an der Verbrauchsstruktur der Ausgangsperiode festhalten. In der Realität dürften allerdings Verbraucher – ‚normale' Verhaltensweisen unterstellt – zunehmend teurer gewordene durch billigere Produkte ersetzen, sodass der den Käufer treffende Preisauftrieb durch das Festhalten am Warenkorb eines Basiszeitraumes tendenziell überhöht ausgewiesen wird (Laspeyres-Effekt).

Qualitätsverbesserungen

Schwierigkeiten bereitet auch die Aufspaltung möglicher Preisanhebungen in ‚echte' Preissteigerungen und in solche, die vollständig oder nur z. T. auf Qualitätsverbesserungen der Produkte zurückzuführen sind. Eine solche ‚unechte' Preissteigerung wird unter geldpolitischen Aspekten kaum als Teuerung angesehen.

Das Auftreten neuer Produkte

Das Auftreten neuer Produkte kann erst bei der Zusammenstellung eines neuen Warenkorbes berücksichtigt werden. Dabei sind die statistischen Verzerrungen bei der Preismessung umso größer, je größer der Durchdringungsgrad dieser neuen Produkte im täglichen Leben ist. Dies gilt auch für den Fall, dass ein neues Produkt zum Zeitpunkt der Erstellung des alten Warenkorbes zwar schon auf dem Markt verfügbar war, aber etwa wegen seines hohen Preises vom Verbraucher im Basisjahr entweder gar nicht oder noch nicht in ausreichendem Maße nachgefragt wurde und damit auch im Warenkorb nicht berücksichtigt werden konnte.

Veränderungen bei Vertriebsformen

Die Preise der im Warenkorb enthaltenen Güter werden in der Regel immer in den gleichen Erhebungsstellen erhoben. Strukturelle Veränderungen im Handel, etwa von den traditionellen Einzelhandelsgeschäften in Richtung Discountmärkte, werden dadurch aber nur unzureichend berücksichtigt. Dieser Effekt ist dabei umso bedeutsamer, je größer die vermeintliche bzw. tatsächliche Differenz der Preisanstiege bei Fachgeschäften und Discountmärkten ist. Solche Veränderungen führen aber dazu, dass der Verbraucher auf preisgünstigere Anbieter umsteigt. Durch permanente Überprüfungen des Verbraucherverhaltens und der Überarbeitung der Erhebungsstellen seitens des Statistischen Bundesamtes werden die quantitativen Wirkungen dieses Messproblems zwar gemildert (so führt das Statistische Bundesamt seit Februar 2008 eine entsprechende Geschäftstypengewichtung durch), aber nicht vollständig ausgeschlossen. Vor allem rasche Anpassungen des Verbraucherverhaltens an Preisveränderungen können nur unzureichend nachvollzogen werden.

Exkurs: Index der wahrgenommenen Inflation

Vor allem seit der Umstellung des Bargeldes der beteiligten Staaten an der Eurozone am 1. Januar 2002 auf die Gemeinschaftswährung Euro hat die Skepsis gegenüber der offiziellen Preisstatistik zugenommen – vor allem in Deutschland. Es wurde der Vorwurf erhoben, die vom Statistischen Bundesamt berechnete Inflationsrate würde die tatsächliche Teuerung auf der Verbraucherstufe unterzeichnen. Vor diesem Hintergrund hat der Index der wahrgenommenen Inflation (IWI) große Beachtung gefunden, der von Hans Wolfgang Brachinger (Wirtschafts- und Sozialwissenschaftlichen Fakultät der Universität Fribourg, Schweiz) zusammen mit dem Statistischen Bundesamt entwickelt wurde.

Die Kernidee des IWI ist, dass die Wahrnehmung von Preisveränderungen unterschiedlich ausgeprägt ist (aus Erkenntnissen der Wahrnehmungspsychologie zur subjektiven Inflationswahrnehmung der Konsumenten). Die statistische Grundlage des IWI beruht auf der Ermittlung der Kaufhäufigkeit von Waren und Dienstleistungen, während herkömmliche Indices zur Berechnung von Inflationsraten (wie beim VPI) sich an Ausgabenanteilen orientieren. Die wesentlichen Annahmen bei der Berechnung des IWI sind:

1. Preissteigerungen werden höher bewertet als Preissenkungen.

2. Besonders zu Buche schlägt, wenn häufig gekaufte Produkte teurer werden.

3. Die Wahrnehmung seit der Einführung des Euro-Bargeldes orientiert sich noch an einem mittleren letzten D-Mark-Preis, dessen Einfluss allerdings abnimmt.

Die Ergebnisse bei der Berechnung des IWI zeigen für den Zeitraum der Bargeldumstellung für Deutschland eine monatliche Inflationsrate von 7% – fast das Vierfache der offiziellen Preissteigerung. Eine wesentliche Erklärung hierfür ist, dass in dieser Zeit überdurchschnittlich große Preiserhöhungen gerade bei solchen Gütern vorgenommen wurden, die durch eine überdurchschnittlich hohe Kaufhäufigkeit gekennzeichnet sind.

Mitte 2009 haben sich im Zuge der Finanz- und Wirtschaftskrise 2008/2009 die Werte für die beiden Berechnungsweisen angenähert. Während die offizielle Preisstatistik nahezu eine ‚Nullinflation' ausweist, ist der Wert für den IWI bei minus 1,2% angekommen. Grund hierfür ist, dass sowohl die Preise für die am häufigsten als auch für die selten gekauften Güter deutlich gesunken sind – der Konsument also auch für die nahe Zukunft keinen Anstieg der Inflation erwartet.

Das Statistische Bundesamt ermöglicht Interessierten die Ermittlung einer quasi-persönlichen Teuerungsrate auf der Basis des individuelle Konsumverhaltens durch den ‚Indexrechner' (http://www.destatis.de/indexrechner.htm).

Hoher Beschäftigungsstand

Ein hoher Beschäftigungsstand wird vielfach mit dem Begriff der ‚Vollbeschäftigung' gleichgesetzt. Während aber die Formulierung ‚Vollbeschäftigung' quasi eine Arbeitslosigkeit von Null impliziert, lässt sich ein hoher Beschäftigungsstand nicht genau quantifizieren. Üblicherweise verändern sich daher die Vorstellungen über das Ausmaß eines hohen Beschäftigungsstandes mit einer zunehmenden Entfernung von ihm. Zur Operationalisierung lassen sich zwar zahlreiche Messgrößen (etwa die Entwicklung der Erwerbstätigenzahlen oder des Arbeitsvolumens) verwenden, der bekannteste Indikator (der von der Bundesagentur für Arbeit veröffentlicht wird) ist aber die Arbeitslosenquote (ALQ) – mit zwei Berechnungsmethoden (bezogen auf abhängige Erwerbspersonen [$ALQ_{abh.}$] und Erwerbspersonen insgesamt [$ALQ_{insg.}$]):

a) $ALQ_{abh.} = \dfrac{AL}{AL_t + ET_{abh.}} \cdot 100$

b) $ALQ_{insg.} = \dfrac{AL}{AL_t + ET_{insg.}} \cdot 100$

mit:

$ET_{abh.}$ = abhängige Erwerbstätige (sozialversicherungspflichtig Beschäftigte + geringfügig Beschäftigte + Beamte (ohne Soldaten) + auspendelnde Grenzarbeitnehmer)

$ET_{insg.}$ = Erwerbstätige insgesamt (ET_{abh} + Selbstständige und mithelfende Familienangehörige)

AL = Zahl der Arbeitslosen (aktuell registriert)

AL_t = Zahl der registrierten Arbeitslosen zu einem festen Zeitpunkt

Von besonderer Bedeutung ist, dass alle Angaben im Nenner jeweils nur einmal im Jahr verändert werden. D. h. die jeweiligen Bezugsgrößen zur Berechnung der ALQ werden in einem bestimmten Monat von einer alten auf eine neue Datengrundlage gestellt. Im Durchschnitt sind die Daten der Bezugsbasis rund zwei Jahre alt. Besondere Probleme der Vergleichbarkeit im Zeitverlauf können sich dann bei erheblichen Revisionen der Nennergröße ergeben. Weitere Probleme hinsichtlich der Aussagekraft der ALQ als Arbeitsmarktindikator resultieren aus der Beschränkung auf beim Arbeitsamt registrierte Arbeitslose. Nicht erfasst werden die Personen, die der sog. ‚stillen Reserve' zugeordnet werden. Dies sind Erwerbsfähige, die sich nicht arbeitslos melden, nicht erwerbstätig sind und dennoch eine Arbeit suchen (etwa Hausfrauen/Hausmänner, die zwar gerne arbeiten würden, sich aber aus Resignation über die derzeitige Wirtschaftslage nicht arbeitslos melden). Eine Untererfassung findet aber auch durch die verdeckte Arbeitslosigkeit statt (z. B. Personen, die sich in arbeitsmarktpolitischen Maßnahmen oder im Vorruhestand befinden). Eine Übererfassung von Arbeitslosigkeit findet durch Personen statt, die zwar arbeitslos gemeldet sind, bei denen aber kein Interesse (mehr) an einer Arbeitsaufnahme besteht. Zur Verfeinerung der Arbeitsmarktanalyse ist zudem die Saisonbereinigung der Arbeitslosenzahlen sinnvoll. Dabei wird der Versuch unternommen, die aktuellen Arbeitsmarktdaten um regelmäßige klimatische und institutionelle Ereignisse zu bereinigen. Ziel einer solchen Analyse ist die Darstellung des tatsächlichen Konjunkturverlaufs und seiner Auswirkungen auf den Arbeitsmarkt.

Unter internationalen Gesichtspunkten wird die Vergleichbarkeit der ALQ noch zusätzlich durch die unterschiedlichen Erhebungsmethoden der jeweils nationalen Arbeitslosenstatistiken erschwert. Um Vergleiche zwischen Staaten vorzunehmen, werden daher standardisierte Berechnungsweisen bevorzugt. Auf der Ebene der Staaten der Europäischen Union wird z. B. die Methode der International Labour Organization (ILO) verwendet.

Vergleich Arbeitslosenquote und Erwerbslosenquote für Deutschland

	Arbeitslosenquote (alle Erwerbspersonen)	Erwerbslosenquote
Mai 2009	8,2	7,4
Apr	8,6	7,7
Mär	8,6	7,8
Feb	8,5	8,1
Jan	8,3	7,4
Mai 2005	11,6	9,5
Apr	12,0	10,1
Mär	12,5	10,1
Feb	12,6	10,4
Jan	12,1	9,5

Ein wesentlicher Unterschied zur deutschen Berechnungsweise liegt bei der ILO-Methode in der Definition der Erwerbstätigkeit. Während in der deutschen Arbeitslosenstatistik auch Personen erfasst werden können, die einer Arbeit mit weniger als 15 Stunden pro Woche nachgehen, fallen bei der ILO-Methode die Erwerbstätigen bereits aus der Arbeitslosenstatistik heraus, die mindestens eine Wochenstunde arbeiten. Derzeit wird eine solche Quote vom Statistischen Bundesamt unter dem Begriff ‚Erwerbslosenquote' veröffentlicht. Dabei hat sich wohl auch durch die Umsetzung der so genannten Hartz-Gesetze eine Annäherung beider Quoten ergeben (vgl. Tabelle). Die Bundesregierung plant – immer mal wieder – für die offizielle Berichterstattung der Arbeitsmarktlage eine Umstellung auf die international vergleichbare Berechnungsweise.

Stetiges und angemessenes Wirtschaftswachstum

Die Formulierung ‚stetig' impliziert das Ziel, ein möglichst schwankungsfreies Wirtschaftswachstum zu erreichen. Dies erscheint deshalb sinnvoll, weil mit starken Ausschlägen des Wirtschaftswachstums auch Schwankungen der Arbeitsmarktlage und/oder der Preisstabilität verbunden sind. Schwieriger ist die Interpretation der Formulierung ‚angemessen'. Ein möglichst hohes Wirtschaftswachstum kann einerseits angemessen sein, um eine deutliche Verbesserung der Arbeitsmarktlage erzielen zu können, zusätzlich bedeutet es auch eine insgesamt bessere Ausstattung einer Volkswirtschaft mit Gütern. Andererseits kann damit ein steigender Verbrauch von Umweltressourcen einhergehen, sodass etwa in den 70er und 80er Jahren Forderungen nach einem ‚Nullwachstum' gestellt wurden.

Der üblicherweise für Wirtschaftswachstum verwendete Indikator ist die prozentuale Veränderung des Bruttoinlandsproduktes (BIP). Insgesamt besteht allerdings große Datenunsicherheit, die vor allem aus dem (verständlichen) Wunsch von Politik, Öffentlichkeit und Wissenschaft nach schnellen Informationen über die aktuelle wirtschaftliche Entwicklung entsteht. So wurde etwa das erste Ergebnis für das BIP des Jahres 2008 bereits im Januar 2009 veröffentlicht, obwohl zahlreiche Statistiken erst Monate oder gar Jahre später vorliegen. Daher kommt es regelmäßig zu grundlegenden Revisionen, die das BIP nachträglich z. T. erheblich verändern.

Außenwirtschaftliches Gleichgewicht

Die Aufnahme dieses Zieles in das Stabilitätsgesetz erfolgte vor dem Hintergrund des damals nahezu weltweit bestehenden Systems fester Wechselkurse nationaler Währungen gegenüber dem US-Dollar (Bretton-Woods-System). Nationale wirtschaftspolitische Entscheidungen sollten die Teilnahme an diesem System nicht gefährden. Seit 1973, dem Zeitpunkt des Zusammenbruchs des Bretton-Woods-Systems, steht eine Neubestimmung des außenwirtschaftlichen Gleichgewichts aus. Üblicherweise werden entsprechende Vorstellungen aus der Verfolgung anderer Ziele abgeleitet – etwa dem Ziel des hohen Beschäftigungsstandes. Als Indikatoren werden etwa der Außenbeitrag (Saldo aus Export und Import) oder der Leistungsbilanzsaldo verwendet, die häufig in Relation zum BIP dargestellt werden. Ein positiver Außenbeitrag etwa bedeutet, dass die Erlöse aus der Ausfuhr die Ausgaben für die Einfuhr von Gütern im Betrachtungszeitraum übertrafen. Tendenziell wird durch ein solches Ergebnis die Beschäftigungslage eines Staates unterstützt. Für Deutschland ist ein solches Ergebnis von erheblicher Bedeutung: etwa ein Drittel der industriellen Arbeitsplätze hängt vom Auslandsgeschäft ab.

1.5 Fragestellungen/Ergänzende Literatur

Fragestellungen

- Erläutern Sie anhand eines Preis-Mengen-Diagramms sowohl Angebots- als auch Nachfrageveränderungen bei Gütern.
- Welche Begründungen lassen sich für atypische Verläufe von Nachfragefunktionen finden?
- Welche Prognosetechniken werden in der Volkswirtschaftslehre unterschieden? Beschreiben Sie die wesentlichen Elemente der einzelnen Verfahren!
- Nennen Sie die wesentlichen Elemente der Bedürfnispyramide von Maslow!
- Erläutern Sie den Begriff ‚Opportunitätskosten‘!
- Wie lauten die Ziele des sog. ‚magischen Vierecks‘ und mit welchen Indikatoren wird die jeweilige Zielerreichung gemessen?
- Die Inflationsrate für die Entwicklung nach dem VPI wird mit der Formel nach Laspeyres berechnet. Wie lautet diese Formel?
- Was versteht man im Rahmen der Preismessung unter dem Substitutionseffekt?
- Aus welchen Komponenten setzt sich die amtliche Berechnung der Arbeitslosenquote zusammen und wo liegen dabei die Probleme?
- Zeigen Sie die wesentlichen Bestandteile zur Erfassung der Arbeitslosen nach den Richtlinien der Internationalen Arbeitsorganisation im Vergleich zur deutschen Erfassung auf!

Ergänzende Literatur

Eine z. T. sehr ausführliche Darstellung über die einzelnen Kapitel der Volkswirtschaftslehre (und damit auch zur Einführung über deren Gegenstand) liefern folgende Bücher:

- Baßeler, U., Heinrich, J., Utecht, B., Grundlagen und Probleme der Volkswirtschaftslehre, 18. Aufl., Stuttgart 2006
- Bofinger, P., Grundzüge der Volkswirtschaftslehre, 2. Aufl., München 2006
- Mankiw, N. G., Taylor, M., Grundzüge der Volkswirtschaftslehre, 4. Aufl., Stuttgart 2008
- Woll, A., Allgemeine Volkswirtschaftslehre, 15. Aufl., München 2007

Umfassende Darstellungen zur mikro- und makroökonomischen Theorie insgesamt finden sich bei:

- Clement, R., Terlau, W., Kiy, M., Grundlagen der Angewandten Makroökonomie, 4. Aufl., München 2006
- Felderer, B.; Homburg, S., Makroökonomik und neue Makroökonomik, 9. Aufl., Heidelberg 2005
- Mankiw, N. G., Makroökonomik, 5. Aufl., Stuttgart 2003
- Pindyck, D., Rubinfeld, D., Microeconomics, 7. Aufl., New Jersey 2008
- Varian, H., Grundzüge der Mikroökonomik, 7. Aufl., München 2007

Speziell zur Preistheorie gibt es auch zahlreiche gute ältere Literatur, etwa die Arbeiten von Alfred Ott (z. B. Preistheorie, Darmstadt, 1978).

Eine Übersicht über die Mitglieder der Arbeitsgemeinschaft deutscher wirtschaftswissenschaftlicher Forschungsinstitute findet sich unter *www.arge-institute.de*

Die Internetadressen der Institute in der Projektgruppe Gemeinschaftsdiagnose lauten:

> *www.cesifo-group.de*
> *www.kof.ethzche*
> *www.ifw-kiel.de*
> *www.iwh-halle.de*
> *www.imk-boeckler.de*
> *www.wifo.ac.at*
> *www.rwi-essen.de*
> *www.ihs.ac.at*

2 Außenwirtschaftstheorie und -politik

Lernziele:

In diesem Kapitel lernen Sie:

- Den Inhalt und die Struktur einer Zahlungsbilanzstatistik
- Warum Deutschland in der Regel einen Leistungsbilanzüberschuss erwirtschaftet
- Probleme bei der Aussagekraft von Direktinvestitionen kennen
- Grundzüge der realen und monetären Außenwirtschaftstheorie
- Wie man durch Spekulationsgeschäfte reich werden kann – aber auch arm
- Die Unterschiede zwischen verschiedenen Formen von Wechselkurssystemen
- Die Vor- und Nachteile einer gemeinsamen Währung für eine Staatengruppe
- Die Unmöglichkeit einer Weltwährung

2.1 Grundlagen

Im Zuge einer zunehmenden Verflechtung von Volkswirtschaften haben Aspekte der Außenwirtschaftstheorie und -politik auch im Rahmen der wissenschaftlichen Betrachtung zunehmend an Bedeutung gewonnen. Die jeweilige nationale Wirtschaftspolitik wird in vielen Staaten von sich verändernden weltwirtschaftlichen Rahmenbedingungen überlagert. Dies gilt auch für Deutschland. Für die Beurteilung außenwirtschaftlicher Vorgänge sind zunächst Kenntnisse über deren statistische Grundlagen unverzichtbar. Danach beschäftigt sich dieses Kapitel mit den Erkenntnissen der realen und monetären Außenwirtschaftstheorie, bis hin zur Währungsordnung.

2.2   Verflechtung der Volkswirtschaft mit dem Ausland (Zahlungsbilanz)

Die zunehmende Verflechtung der Weltwirtschaft wird vor allem in der Zahlungsbilanz des jeweiligen Staates erfasst. In Deutschland werden die Daten der Zahlungsbilanz, ergänzt durch die Angaben des Statistischen Bundesamtes für den Warenverkehr, aus den Ergebnissen des außenwirtschaftsrechtlichen Meldewesens der Deutschen Bundesbank ermittelt. Hier werden zum einen die Angaben des grenzüberschreitenden Zahlungs- und Kapitalverkehrs öffentlicher und privater Haushalte, zum anderen aber Informationen insbesondere über die Geschäftsbeziehungen von Unternehmen zwischen Inland und Ausland gewonnen. Ergänzt wird die Zahlungsbilanz um den Auslandsvermögensstatus, der zum einen den Umfang und die Struktur der finanziellen Forderungen und Verbindlichkeiten Deutschlands gegenüber dem Ausland abbildet und zum anderen Daten über die Bestände der Direktinvestitionen enthält.

Neben der Erstellung der nationalen Zahlungsbilanzstatistik liefert die Deutsche Bundesbank die Daten dieser monatlichen Statistik auch an die Europäische Zentralbank, die sie zur Beurteilung der geld- und währungspolitischen Lage im Euro-Währungsgebiet benötigt. Darüber hinaus werden den Institutionen der Europäischen Union (EU) die statistischen Angaben des Außenwirtschaftsverkehrs aus den nationalen Erhebungssystemen zur Verfügung gestellt. Das Statistische Amt der Europäischen Gemeinschaft (Eurostat) erstellt daraus die Zahlungsbilanz für die EU. Zusätzlich sind etwa für Deutschland auch Meldeverpflichtungen aus der Mitgliedschaft in internationalen Organisationen zu erfüllen.

Den rechtlichen Rahmen der Zahlungsbilanz bilden das Außenwirtschaftsgesetz (AWG) und die Außenwirtschaftsverordnung (AWV). In ihr werden die ökonomischen Aktivitäten eines Jahres zwischen Gebietsansässigen und Gebietsfremden abgebildet. Die Zuordnungskriterien für ‚**Gebietsansässig**‘ sind:

- natürliche Personen – Wohnsitz oder gewöhnlicher Aufenthalt (zeitlich zusammenhängenden Aufenthalt von mehr als 6 Monaten Dauer) im Wirtschaftsgebiet,

- juristische Personen – Sitz oder Leitung im Wirtschaftsgebiet,

- Zweigniederlassung bzw. Betriebsstätten Gebietsfremder – Leitung und gesonderte Buchführung bzw. eigene Verwaltung im Wirtschaftsgebiet.

‚Gebietsfremd' sind demnach natürliche und juristische Personen, Zweigniederlassungen und Betriebsstätten, bei denen die genannten Voraussetzungen nicht vorliegen. Die Daten für die Zahlungsbilanz werden aus einer Reihe von Meldevordrucken gewonnen. Hinzu kommen Angaben aus internen Rechenwerken der Deutschen Bundesbank sowie Schätzungen, z. B. zur Ergänzung der Angaben beim Reiseverkehr. Erfasst werden – im Gegensatz zur Auslandsvermögensstatistik – Stromgrößen, die einen Zahlungsvorgang abbilden, nur im Ausnahmefall gilt dies auch für reale Vorgänge.

Die Zahlungsbilanz der Bundesrepublik Deutschland orientiert sich an den Vorgaben des Internationalen Währungsfonds (IWF, Balance of Payments Manual). Sie ist in verschiedene Teilbilanzen untergliedert. In einer Grobstruktur können folgende Teilbilanzen unterschieden werden:

- Leistungsbilanz,
- Vermögensübertragungsbilanz,
- Kapitalbilanz,
- Bilanz der Veränderung der Währungsreserven,
- Bilanz der statistisch nicht aufgliederbaren Transaktionen.

Eine aus analytischen Gründen tiefergehende Differenzierung wird von der Deutschen Bundesbank schließlich für die Leistungsbilanz verwendet. Sie gliedert sie zusätzlich in vier Teilbilanzen:

- Außenhandel,
- Dienstleistungsbilanz,
- Bilanz der Erwerbs- und Vermögenseinkommen,
- Bilanz der laufenden Übertragungen.

Die Verbuchung der einzelnen Meldevorgänge erfolgt dabei durch das Prinzip der doppelten Buchführung in Kontenform. Damit steht jeder Buchung eine Gegenbuchung gegenüber. Folge dieser Verbuchungsform ist, dass zwar einzelne Teilbilanzen Überschüsse bzw. Defizite aufweisen können, die Zahlungsbilanz insgesamt ist aber immer ausgeglichen. Es kann daher keine Zahlungsbilanzüberschüsse oder Zahlungsbilanzdefizite geben. Dieser definitorisch notwendige Ausgleich der Zahlungsbilanz ist von dem wirtschaftspolitischen Konzept eines Gleichgewichts der

Zahlungsbilanz zu unterscheiden. Wirtschaftspolitisch stellt sich die Frage, ob die Überschüsse/Defizite von Teilbilanzen mit den Vorstellungen einzelner Staaten vom außenwirtschaftlichen Gleichgewicht vereinbar sind. Auf Grund seiner Stellung als bedeutsamer Exportnation, strebt etwa Deutschland einen Handelsbilanzüberschuss an.

Handelsbilanz

Die Daten der Handelsbilanz werden vom Statistischen Bundesamt über die Intrahandelsstatistik (Erfassung des Handels zwischen den Mitgliedstaaten der EU) und Extrahandelsstatistik (Erfassung des Handels mit den Staaten außerhalb der EU) gewonnen. Wie alle Teilbilanzen weist auch die Handelsbilanz i. d. R. kein ausgeglichenes Konto auf. Bezogen auf die Erlöse aus der Ausfuhr bzw. auf die Ausgaben für die Einfuhr von Gütern gilt:

- Einfuhr < Ausfuhr → positive (aktive) Handelsbilanz

- Einfuhr > Ausfuhr → negative (passive) Handelsbilanz

In den Handelsbilanzen der einzelnen Staaten werden üblicherweise drei unterschiedliche Bewertungsverfahren für die Verbuchung der Gütertransaktionen angewandt, wobei der Warenpreis ab Werk in allen Verfahren enthalten ist. In der deutschen Handelsbilanz finden vor allem die Verfahren 'fob' und 'cif' Anwendung:

- cost, insurance, freight (cif): Enthält neben den Kosten nach 'fob' auch die Transport- und Versicherungskosten zwischen der Zollgrenze des Exportlandes und der Zollgrenze des Importlandes

- free along shipside (fas): Enthält die Transport- und Versicherungskosten bis zur Ladestelle der Zollgrenze

- free on board (fob): Enthält neben den Kosten nach 'fas' auch die Verladekosten bis zur Grenze des exportierenden Landes

Seit 1970 konnte Deutschland immer einen positiven Außenbeitrag aufweisen – es wird daher auch von einem 'strukturellen Überschuss' gesprochen. Strukturell deshalb, weil sich der positive Handelsbilanzsaldo aus einem hohen Anteil von Investitionsgütern auf der Exportseite und einem hohen Anteil an Rohstoffen auf der Importseite ergibt. Da Investitionsgüter in der sich wandelnden Weltwirtschaft langfristig eine überproportionale Nachfrage erfahren, meist verbunden mit Preissteigerun-

gen, der Verbrauch von Rohstoffen in Deutschland aber eine vergleichsweise geringe Nachfrageelastizität aufweist, mit tendenziell stabilen oder sogar sinkenden Preisen, entsteht ‚quasi automatisch' ein Überschuss im Außenhandel.

Die Entwicklung des Handelsbilanzsaldos hängt damit nicht nur von dem Verhältnis
der realen Ex- und Importe ab. Auch die erzielten Preise für die Ausfuhren bzw. die
zu bezahlenden Preise für die eingeführten Güter spielen eine wichtige Rolle. Zur
vereinfachten Darstellung werden hierfür die **Terms of Trade** heran gezogen. Sie
zeigen die Entwicklung des Verhältnisses zwischen dem Preisindex für die Ausfuhr-
preise und dem Preisindex für die Einfuhrpreise. In Deutschland stiegen die Preise
für die Ausfuhrgüter im Vergleich zur Einfuhrseite seit 1980 – wenn auch unter
Schwankungen – deutlich stärker an. Man spricht in diesem Fall von einer Verbesserung der Terms of Trade, weil die Exporterlöse relativ zu den Aufwendungen für die
Importe steigen. Anders ausgedrückt: es kann für die gleiche Menge an Exportgü-
tern mehr importiert werden.

Damit tragen die vergleichsweise stark steigenden Preise für die höherwertigen
deutschen Exportgüter zum positiven Außenbeitrag Deutschlands bei. Volkswirt-
schaftlich bedeutet der Export das Entstehen zusätzlicher Einkommen bei Inländern,
während Importe dem Einkommenskreislauf finanzielle Mittel entziehen. Lediglich
unmittelbar nach der deutschen Einheit sank der Überschuss auf ein vergleichsweise
niedriges Niveau. Ursache hierfür war die kräftige Zunahme der importierten Güter.
Hierin kam der einigungsbedingte Nachfrageanstieg der ostdeutschen Bevölkerung
zum Ausdruck, der zum Teil nur durch den Rückgriff auf Importe gedeckt werden
konnte. Durch den sprunghaften Anstieg der Nachfrage aus den neuen Bundeslän-
dern konnten zudem die durch die allgemeine Konjunkturabschwächung bedingten
Probleme der westdeutschen Exportindustrie überkompensiert werden, da traditio-
nelle Absatzmärkte im Ausland infolge einer allgemeinen Wachstumsschwäche
zeitweise für deutsche Güter nur schwer zugänglich waren. Zusätzlich zu den bisherigen Angaben des grenzüberschreitenden Güterverkehrs werden die ‚Ergänzungen
zum Warenhandel' ausgewiesen. Dahinter verbergen sich Beträge aus dem Transit-
handel (Verkehr durch das Inland von Ausland zu Ausland) sowie aus dem Lager-
verkehr in Zoll- und Freihäfen.

Dienstleistungsbilanz

Die Angaben in der Dienstleistungsbilanz sind sehr heterogen zusammengesetzt. Es
finden sich etwa Daten zu Transportleistungen, Patent- und Lizenzgebühren, Werbe-
und Messekosten. Die quantitativ bedeutsamsten Ströme stellen aber die Reisever-
kehrseinnahmen und -ausgaben dar. Hier ist der Saldo auf Grund der grenzüber-

schreitenden Reisefreudigkeit deutscher Urlauber seit langem deutlich negativ, hier kann daher von einem strukturellen Defizit gesprochen werden. Es trägt maßgeblich dazu bei, dass die deutsche Dienstleistungsbilanz insgesamt negativ ist. Zusammen mit dem Saldo der Handelsbilanz bilden die Ergebnisse für die Dienstleistungen den Außenbeitrag im Rahmen der Volkswirtschaftlichen Gesamtrechnungen.

Bilanz der Erwerbs- und Vermögenseinkommen

In dieser Teilbilanz werden Erträge aus Erwerbstätigkeit und Vermögen erfasst. Im Zuge einer Zunahme grenzüberschreitender Vermögensanlagen steigen auch die Dividendenzahlungen aus Aktienanlagen, die Zinseinkommen für den Besitz festverzinslicher Wertpapiere sowie die Zinsen aus und für Kredite an. Der Umfang der Vermögenseinkommen übertrifft die Erwerbseinkommen. Hier werden etwa grenzüberschreitende Vortragshonorare oder auch Einkommen aus unselbständiger Arbeit, die etwa von Gebietsansässigen an Gebietsfremde im Rahmen einer Saisonarbeit gezahlt werden, erfasst.

Bilanz der laufenden Übertragungen

Hierunter werden Zahlungen verstanden, für die keine ökonomische Gegenleistung erfolgt. In der Zahlungsbilanz wird zwischen einmaligen und wiederkehrenden Übertragungen unterschieden. Während die einmaligen Übertragungen in der Vermögensübertragungsbilanz erfasst werden, gehen in die Bilanz der laufenden Übertragungen die Zahlungsvorgänge ein, bei der die Annahme besteht, dass sie wiederkehrend sind. Diese Bilanz schließt aus deutscher Sicht traditionell mit einem negativen Saldo ab. Den kleineren Teil hierzu tragen die privaten Übertragungen bei, von denen besonders die Heimatüberweisungen der Gastarbeiter ins Gewicht fallen. Quantitativ bedeutsamer als die privaten sind aber die öffentlichen Übertragungen. Hier finden sich etwa die laufenden Zahlungen von bzw. an die EU sowie an internationale Organisationen, wie z. B. den Vereinten Nationen, aber etwa auch die grenzüberschreitenden Zahlungen an im Ausland lebende Rentenberechtigte, die Leistungen von der deutschen gesetzlichen Rentenversicherung beziehen.

Allerdings werden in dieser Teilbilanz nicht alle finanziellen Bewegungen mit dem Haushalt der EU aufgeführt. Gemäß der oben genannten Definition werden hier nur die regelmäßig wiederkehrenden Zahlungen erfasst. Handelt es sich dagegen um einmalige Zahlungen der EU, wie etwa Zuschüsse für bestimmte Infrastrukturobjekte im Rahmen des Regionalfonds (z. B. für Brücken und Straßen), wird dieser Vorgang in der Vermögensübertragungsbilanz verbucht. Die Deutsche Bundesbank gibt daher in einer gesonderten Übersicht nachrichtlich Auskunft über den aus allen Teilbilanzen ermittelten Nettobeitrag der Bundesrepublik Deutschland zum Haushalt der EU. Auch hier kann von einem strukturellen Defizit gesprochen werden.

Leistungsbilanz

Die Salden der bisher aufgeführten Teilbilanzen werden zur Leistungsbilanz zusammengefasst. Sie zeigt die Veränderung des Nettoauslandsvermögens eines Staates an und stellt damit den Kernbereich der Zahlungsbilanzanalyse dar. Wenn ‚irrtümlich' von Zahlungsbilanzüberschüssen oder -defiziten gesprochen wird, ist dies i. d. R. auf die Leistungsbilanz bezogen.

In Deutschland stehen mit der Dienstleistungsbilanz und der Bilanz der laufenden Übertragungen zwei Aggregate mit einem hohen strukturellen Defizit einem Handelsbilanzüberschuss gegenüber. Dieser hatte zunächst in den ersten Jahren nach der deutschen Vereinigung Jahren nicht mehr ausgereicht, um die Defizite vor allem dieser beiden Teilbilanzen ausgleichen zu können. Die deutsche Leistungsbilanz wies daher in den 90er Jahren einen negativen Saldo auf **(Abb. 2.1)**.

Abb. 2.1 Entwicklung der deutschen Leistungsbilanz (in Mrd €)

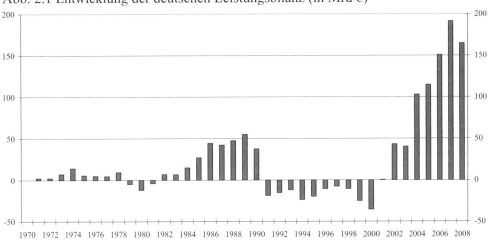

Datenquelle: Deutsche Bundesbank

Aufgrund der Verbesserung der Wettbewerbsfähigkeit der deutschen Volkswirtschaft und der günstigen Entwicklung der Weltwirtschaft haben sich nach der Jahrtausendwende hohe Exportüberschüsse ergeben. Die deutsche Volkswirtschaft erwirtschaftet damit aus dem Verkauf von Waren mehr ausreichend finanzielle Mittel

als sie für ihre ausländischen Zahlungsverpflichtungen und den grenzüberschreitenden Aktivitäten, etwa beim Reiseverkehr, benötigt. Dies gilt auch vor dem Hintergrund der krisenhaften Entwicklung für den deutschen Export in den Jahren
2008/2009, auch wenn es zu einem Sinken des Überschusses in der Leistungsbilanz
gekommen ist.

Vermögensübertragungsbilanz

Wie schon bei den laufenden Übertragungen beschrieben, werden einmalige Übertragungen in der Vermögensübertragungsbilanz erfasst. Dazu gehören z. B. Schul-
denerlasse für Entwicklungsländer, Erbschaften von Privatpersonen, Vermögens-
mitnahmen von Ein-/Auswanderern und EU-Zuschüsse zu Infrastrukturmaßnahmen.
Die quantitative Bedeutung dieser Teilbilanz ist eher gering. In ihr werden auch
reale Schenkungen im Rahmen der Entwicklungshilfe verbucht.

Kapitalbilanz

Die Kapitalbilanz enthält alle Kapitalbewegungen, d. h. Änderungen in den Beständen der Forderungen und Verbindlichkeiten von Gebietsansässigen gegenüber Gebietsfremden. Eine Ausnahme stellen die Transaktionen der jeweiligen Zentralbank
dar. Sie werden in der Bilanz der Veränderung der Währungsreserven erfasst. Die
Kapitalbilanz wird von der Deutschen Bundesbank auf Grund der sehr unterschiedlichen Transaktionen in Teilbilanzen unterteilt. Neben der Bilanz der Direktinvestitionen setzt sich die Kapitalbilanz aus folgenden Komponenten zusammen:

- **Bilanz der Wertpapieranlagen**: Hierunter fallen Portfolioinvestitionen, etwa
  die Anlagen in langfristigen variabel und festverzinslichen Wertpapieren, In-
  vestmentzertifikate (mit Anteilen an Geldmarktfonds) und in Dividendenwer-
  ten, wenn sie nicht zu den Direktinvestitionen gezählt werden. In den Bewegungen dieser Teilbilanz zeigen sich die besonderen Reaktionen der Kapitalanleger etwa beim Auftreten von Krisentendenzen in anderen Staaten oder bei
  (vermeintlich) besonders attraktiven Anlagemöglichkeiten auf den ausländischen Aktienmärkten (safe haven-Effekt).

- **Bilanz der Finanzderivate**: Seit 1999 werden die Angaben zu den Finanzde-
  rivaten separat ausgewiesen. Hierin kommt das stark gestiegene Interesse von
  Politik und Wissenschaft zum Ausdruck, einen genaueren Überblick über den
  grenzüberschreitenden Handel mit diesen vergleichsweise neuen Instrumenten
  der Finanzmarktakteure zu gewinnen.

- **Bilanz des Kreditverkehrs und des übrigen Kapitalverkehrs**: Hierin werden sehr unterschiedliche Transaktionen zusammengefasst, wie etwa Finanzkredite oder der Auf- oder Abbau von Bankguthaben, Handelskredite, Beteiligungen Deutschlands an internationalen Organisationen sowie die Forderungen und Verbindlichkeiten der Deutschen Bundesbank, die nicht in der Bilanz der Veränderung der Währungsreserven enthalten sind. Dies sind alle Forderungen/Verbindlichkeiten der Deutschen Bundesbank gegenüber Gebietsansässigen der Teilnehmerländer des Euro-Systems. Hierzu werden auch Saldenveränderungen im Zahlungsverkehr zwischen den nationalen Zentralbanken innerhalb des Euro-Systems gezählt.

Bilanz der Veränderung der Währungsreserven

Die Bilanz der Veränderung der Währungsreserven, früher auch Devisen- oder Reservebilanz genannt, wird bei Transaktionen angesprochen, die die Auslandspositionen der Zentralbanken betreffen (Ausnahmen s. Kapitalbilanz). Enthalten sind in dieser Bilanz vor allem die Veränderungen im Goldbestand und in Devisen und Sorten in Fremdwährungen, insbesondere in US-Dollar. Hinzu kommen noch Reservepositionen im IWF und Sonderziehungsrechte.

Bilanz der statistisch nicht aufgliederbaren Transaktionen

Trotz des Systems der doppelten Buchführung und einer möglichst vollständigen Erfassung sämtlicher Meldevorgänge entstehen Differenzen bei der Zusammenfassung der einzelnen Teilbilanzen. Lücken in der Erfassung können etwa aus der Verwendung unterschiedlicher Datenquellen resultieren oder durch den unterschiedlichen Buchungszeitpunkt etwa von Warenausgang und Zahlungseingang. Diese Bilanz dient damit dem wertmäßigen Ausgleich bei der Zusammenfassung der einzelnen Teile der Zahlungsbilanz. Bei fehlenden Einnahmen wird der Restposten mit einem positiven, bei fehlenden Ausgaben mit einem negativen Vorzeichen ausgewiesen.

Auslandsvermögensstatus

Neben der Zahlungsbilanz wird von der Deutschen Bundesbank eine weitere Statistik zu Verfeinerung der außenwirtschaftlichen Analyse geführt: der Auslandsvermögensstatus. Diese Statistik wird zudem vom IWF ausdrücklich gefordert. Während in der Zahlungsbilanz nur Stromgrößen erfasst werden, weist diese Statistik die Bestandsgrößen aus. Dabei gibt es zwischen der Zahlungsbilanz und dem Auslandsvermögensstatus eine enge Verbindung: Der Leistungsbilanzsaldo zeigt an, in welchem Ausmaß der Vermögensbestand durch die Transaktionen der Zahlungsbilanz (Zuwachs von Forderungen bzw. Verbindlichkeiten) verändert wird. Ein Leistungsbilanzüberschuss bzw. ein Leistungsbilanzdefizit ändert damit den Auslandsvermögensstatus des Inlandes gegenüber dem Ausland. Er korrespondiert damit als zeitpunktbezogene Aufstellung von Vermögensgegenständen mit der Stromrechnung der Zahlungsbilanz. Deutschland nimmt insgesamt gesehen eine Nettogläubigerposition gegenüber dem Ausland ein.

Direktinvestitionen

Ein zentraler Indikator im Rahmen der Standortdiskussion und der Debatte über Ursachen und Folgen der Globalisierung stellen die Direktinvestitionen dar. In Deutschland werden grenzüberschreitende Investitionen in erster Linie mit spektakulären Firmenzusammenschlüssen in Verbindung gebracht (Daimler Benz und Chrysler im November 1998 [Vorzeichen: Minus]; Übernahme der Mannesmann AG durch Vodafone im Februar 2000 [Vorzeichen: Plus]). Die Datenangaben zu Direktinvestitionen sind allerdings nur bedingt aussagefähig. So ist etwa die Frage nach der Datenquelle von Bedeutung. In Deutschland werden Angaben zu Direktinvestitionen vor allem von als Transaktionsstatistik aus den Zahlungsströmen der Zahlungsbilanz ermittelt. Ebenfalls von der Deutschen Bundesbank stammen, aus den Ergebnissen zum Auslandsvermögensstatus, die Daten zu den Beständen an Direktinvestitionen.

Nach der Definition des IWF versteht man unter Direktinvestitionen grenzüberschreitende Investitionen, mit dem Ziel der Herstellung einer dauerhaften Beteiligung an einem Unternehmen im Ausland. Eine dauerhafte Beteiligung würde vorliegen, wenn

- eine langfristige Beziehung zwischen Investor und Investitionsobjekt und

- ein merklicher Einfluss des Investors auf die Leitung des Investitionsobjektes besteht.

In der deutschen Zahlungsbilanz werden anhand dieser Kriterien unter dem Begriff der Direktinvestitionen ganz unterschiedliche Sachverhalte erfasst. So können Direktinvestitionen z. B. sein: Anlagen in Grundbesitz, Kauf von bestehenden Produktionsanlagen, Bau von neuen Produktionsanlagen, Kauf von Vertriebsbüros, reinvestierte Gewinne. Auch Finanzkredite und Handelskredite gehören hierzu, wie etwa die kurzfristigen Kredite an ausländische Tochterunternehmen sowie die Kreditgewährung durch eine Tochter- an die Muttergesellschaft (reverse flows). Verstand man unter der Formulierung ‚langfristige Beziehung zwischen Investor und Investitionsobjekt' aber früher die Grenze von einem Jahr, so gehen damit mittlerweile auch kurzfristige Finanzkredite und Handelskredite in die Direktinvestitionsstatistik ein; womit sich die Frage nach der Dauerhaftigkeit solcher Engagements stellt. Auch hinsichtlich der Prozentanteile bzw. Stimmrechte bei Finanzbeziehungen zu Unternehmen, die ein Investor besitzt und die somit als Direktinvestitionen erfasst werden, haben sich in den letzten Jahren in der deutschen Statistik Änderungen ergeben. – sodass Vergleiche im Zeitverlauf erschwert werden. Seit Anfang 1999 müssen mindestens 10% erworben werden (womit die Richtlinie des IWF realisiert wird).

Da aber die IWF-Richtlinien nicht bindend sind, können zwischen einzelnen Staaten deutliche Unterschiede hinsichtlich der Definition und der methodischen Erfassung von Direktinvestitionen existieren. Deutlich wird dies, wenn ein Vergleich zwischen den Direktinvestitionen ‚aus allen Ländern der Welt' (**Outflows**) zu ‚in alle Länder der Welt' (**Inflows**) gezogen wird.

Entwicklung der Welt-Direktinvestitionen (in Mrd US-Dollar)

	Outflows	Inflows
2001	621	735
2002	647	651
2003	617	633
2004	813	711
2005p	837	946
2006p	1323	1411
2007p	1997	1833

Quelle: UNCTAD, World Investment Report, jeweilige Jahrgänge (p = vorläufige Werte).

Wären die Erfassungskriterien der Empfängerländer und der Geberländer identisch, müssten sich die Daten beider Zeitreihen entsprechen. Das empirische Ergebnis zeigt aber für einzelne Jahre erhebliche Unterschiede. Diese Problematik ist auch als ‚Deficit to the Moon' bekannt (Differenz zwischen den zu- und den ausfließenden Direktinvestitionen). Gründe für solche Erfassungsprobleme können z. B. sein: andere Beteiligungsgrenzen bei Finanzbeziehungen, die unterschiedliche Behandlung reinvestierter Gewinne oder auch Differenzen in der Erfassung von Beteiligungen.

Zu den zuvor erläuterten methodischen Problemen bei der Erfassung von Direktinvestition kommen noch Schwierigkeiten bei der inhaltlichen Bewertung grenzüber-

schreitender Investitionen als Standortindikator. Würde man sich die Betrachtungsweise einer breiten Öffentlichkeit zu Eigen machen, wären

- aus Deutschland ausfließende Direktinvestitionen negativ zu bewerten, weil
  sie als Flucht vor einem zu teuren, zu bürokratischen oder zu unflexiblem
  Standort interpretiert würden,

- nach Deutschland zufließende Direktinvestitionen positiv zu bewerten, weil
  von einem attraktiven Anlagestandort auszugehen wäre.

Hinter diesen Ansichten steht die Vermutung, dass ausfließende Direktinvestitionen
mit einer Arbeitsplatzverlagerung vom Inland ins Ausland verbunden sind; zufließende Anlagemittel würden dagegen Arbeitsplätze schaffen. Die negative Beurteilung ausfließender und die positive Einschätzung zufließender Investitionen kann
aber weder durch theoretische noch durch empirische Belege gestützt werden. Die
arbeitsplatzverlagernde Wirkung kann nur angenommen werden, wenn die Motivation von Direktinvestitionen in erster Linie in Kostenersparnissen zu suchen ist.
Untersuchungen zeigen aber, dass ein zentrales Motiv von Investitionen im Ausland
auch der strategische Gedanke ist, näher an zukünftigen Wachstumsmärkten zu sein.
Solche Absatzgesichtspunkte tragen aber tendenziell zur Sicherung heimischer Arbeitsplätze bei. So kann eine Investition im Ausland auch der Kauf einer Ver-
triebseinrichtung sein. Selbst der Bau einer Produktionsanlage im Ausland, die mit
der Schaffung von Arbeitsplätzen verbunden ist, kann heimische Arbeitsplätze sichern helfen, wenn durch diese Investitionen die Wettbewerbsfähigkeit des Gesamt-
unternehmens gestärkt wird.

Nicht erfasst werden in der Direktinvestitionsstatistik solche Formen der grenzüberschreitenden Zusammenarbeit zwischen Unternehmen, die zu keinem Zahlungsstrom führen. Dies gilt etwa für zahlreiche Kooperationen und strategische Allianzen. Sie können unterschiedliche Intensitäten besitzen, zeitlich variabel sein und die
Vorstufe für eine Fusion zwischen Unternehmen bilden. Ziele solcher Allianzen
können sein:

- Erweiterung des Güter- und Dienstleistungsangebots

- Abwicklung des internationalen Zahlungs- und Kapitalverkehrs

- Wissenstransfer und Erleichterung von Kulturanpassungen in neuen Absatz-
  ländern

- Absicherung der Marktposition und Schutz vor Konkurrenz

2.3 Reale (güterwirtschaftliche) Außenwirtschaftstheorie

Im Bereich der realen (güterwirtschaftlichen) Außenwirtschaftstheorie geht es um die Beantwortung der Frage, welche Faktoren für den Handel mit Waren und Dienstleistungen über die nationalen Grenzen hinweg verantwortlich sind, wenn von Wechselkursveränderungen abgesehen wird. Welche Gründe führen etwa zu Spezialisierung eines Staates auf den Export eines bestimmten Produktes? Dabei kann zwischen den Gründen für Preisdifferenzen von Produkten und den Produkteigenschaften unterschieden werden. Als Ausgangspunkt der modernen realen Außenwirtschaftstheorie wird zudem ,das Theorem der komparativen Kostenvorteile' kurz vorgestellt.

2.3.1 Preisdifferenzen

Hierunter werden Einflüsse auf den Preis von Waren und Dienstleistungen verstanden. Die Preisunterschiede werden schließlich zu einem grenzüberschreitenden Handel dieser Produkte führen. Gründe für Preisunterschiede können sein:

a) Verfügbarkeit von natürlichen Ressourcen und unterschiedliche Produktionsbedingungen

Die unterschiedliche Ausstattung der Staaten mit natürlichen Ressourcen, wie Boden, Klima und Rohstoffen, kann zum einen dazu führen, dass einige Güter überhaupt nicht oder nur zu unverhältnismäßig hohen Kosten produziert werden können (z. B. Erdöl, Kaffee, Zitronen). Zum anderen kann zwar in mehreren Staaten dieses Produkt produziert werden, aber Unterschiede in den Produktionsbedingungen führen zu merklichen Preisunterschieden, sodass sich ein Handel zwischen den Staaten lohnt. So ist der Steinkohleabbau in Deutschland deutlich teurer als in den USA, da in Deutschland die Steinkohle aus einer größeren Abbautiefe gewonnen werden muss.

b)   Technologische Lücke

Auch das Fehlen bestimmter Produktionstechnologien oder die unzureichende
bzw. nicht ausreichende Qualifikation der Erwerbsbevölkerung können Gründe
für grenzüberschreitenden Handel mit Gütern sein. Dies gilt vor allem dann,
wenn der Erwerb der notwendigen Technologien bzw. die Ausbildung der
Menschen im Vergleich zum Import der Güter und Dienstleistungen dauerhaft
teurer ist.

**c)   Unterschiede in der Ausstattung mit Produktionsfaktoren (Boden, Arbeit,
        Kapital)**

Nach dem **Faktorproportionen-Theorem** von Heckscher u. Ohlin kommt es
auf die quantitative Verfügbarkeit der drei Produktionsfaktoren Arbeit, Boden,
Kapital an, welche Güter von einem Staat exportiert bzw. importiert werden.
Danach sind die vergleichsweise reichlich vorhandenen Produktionsfaktoren
eines Staates relativ billig, knappe Faktoren dagegen teuer. Dies hat Auswir-
kungen auf die Herstellungskosten und damit auch auf die Preise dieser Güter.
Relativ arbeits-/kapitalreiche Staaten werden daher arbeits-/kapitalintensive
Produkte exportieren, weil Arbeit/Kapital vergleichsweise billig ist.

Deshalb gilt: Industrieländer, vergleichsweise reichlich mit Kapital ausgestattet,
werden tendenziell kapitalintensive und damit höherwertige Güter produzieren,
während Entwicklungsländer, i. d. R. mit einem großen Bestand an niedrig qua-
lifizierten Arbeitskräften ausgestattet, arbeitsintensive Güter herstellen und exportieren werden. Hiermit wird erklärbar, warum bestimmte Staaten (etwa U-
SA, Deutschland und Japan) Investitionsgüter ausführen und Entwicklungsländer arbeitsintensive Billigprodukte für den Export in die Industriestaaten herstellen.

**d)   Produktlebenszyklus von Gütern (Ergänzung des Faktorproportionen-
        Theorems)**

Mit Hilfe des Faktorproportionen-Theorems kann auch erklärt werden, wie einzelne Staaten am Produktionsprozess von Gütern beteiligt werden. Dafür wird
die Annahme getroffen, dass Güter unterschiedliche Phasen ihrer Entwicklung
durchlaufen, mit einem unterschiedlichen Ausmaß an Kapitaleinsatz und
Know-how.

Phasen:

- **Innovationsphase**: Eine Innovation setzt ein Land mit hoher technologischer Qualifikation voraus
- **Ausreifungsphase**: Produkt fast ausgereift → Nachahmer treten auf den Markt → kapitalintensive Produktion auf mittlerem technologischen Niveau

- **Standardisierungsphase**: Produkt voll ausgereift → Massenproduktion

Auf Grund der Differenzen in der Faktorintensität der einzelnen Produkte zwischen der Ausstattung etwa an Arbeit und Kapital (sowohl in qualitativer als quantitativer Hinsicht) können verschiedene Gruppen von Staaten auf Grund ihrer unterschiedlichen Faktorausstattung gebildet werden, die als Exporteure dieser Produkte in Frage kommen:

- **Innovationsphase**: wenige hoch entwickelte Länder (USA, Deutschland, Japan, Frankreich, Großbritannien)

- **Ausreifungsphase:** andere Industrieländer

- **Standardisierungsphase:** fortgeschrittene Entwicklungsländer und Schwellenländer

Zusammen mit dem Theorem von Heckscher u. Ohlin wird dadurch der Güterhandel zwischen den Wirtschaftszweigen der Industriestaaten und der Entwicklungsländer (z. B. Maschinen gegen Textilien), der interindustrielle Handel, erklärbar.

e)   **Kaufkraftniveau einzelner Staaten**

Hier spielen Kaufkraftunterschiede eine Rolle: In Staaten mit einer relativ hohen Kaufkraft der Bevölkerung werden Produkte teurer verkauft als in Staaten mit niedriger Kaufkraft. Es lohnt sich daher für Unternehmen zunächst ihre Produkte auf diesen Märkten zu positionieren. So belegen Untersuchungen der Europäischen Kommission etwa, dass für ansonsten identische Kraftfahrzeuge in Deutschland, auf Grund der relativ hohen Kaufkraft, nahezu die höchsten Preise innerhalb der EU-Staaten gezahlt werden. Zudem spielt es auch eine Rolle, inwieweit die Bevölkerung eines Staates das ihr zur Verfügung stehende Einkommen auf einzelne Produkte aufteilt.

f)   Economies of scale

Bei großen Binnenmärkten entstehen Kostenvorteile bei der Massenproduktion von Gütern. Diese Vorteile können bei weiter fortschreitender Spezialisierung der Güter dazu führen, dass sich die Produktion einzelner Staaten nur auf weni-ge Güter stützt – diese aber auf Grund ihrer Kostenvorteile in andere Staaten exportiert und die einheimischen Produkte der Importstaaten verdrängt werden. Durch die Spezialisierung auf wenige Produkte entstehen Kostenvorteile für die Unternehmen der exportierenden Staaten und für die Staatengemeinschaft ins-gesamt ein breit gefächertes Angebot.

g)   Staatliche Eingriffe

Hier führen unterschiedliche Belastungen mit weiteren, insbesondere staatlich verursachten Kosten zu unterschiedlichen Preisen zwischen vergleichbaren Produkten zweier Staaten. Dies können etwa Steuern, Zölle und nicht-tarifäre Auflagen (Importquoten und administrative Auflagen für bestimmte Eigen-schaften eines Gutes) sein. Der Re-Import deutscher Kraftfahrzeuge etwa aus Dänemark stellt dabei einen Spezialfall dar: Die Nettoverkaufspreise deutscher Kraftfahrzeuge liegen in Dänemark unter denen in Deutschland. Grund ist die in Dänemark höhere Belastung mit der dortigen Mehrwertsteuer (25%, im Ver-gleich zu 19% in Deutschland). Wird nun ein solches Kraftfahrzeug nach Deutschland reimportiert, entfällt die dänische Mehrwertsteuer und für die Ein-fuhr nach Deutschland muss lediglich die Einfuhrumsatzsteuer (19%) entrichtet werden. Damit entsteht ein Preisvorteil für den reimportierenden Kunden.

2.3.2   Produktdifferenzen

Zusätzlich zu den Preisdifferenzen können auch andere produktspezifische Gründe zu einem Export und Import von Gütern führen:

a)   Unterschiedliche Qualitäten

So besitzen Güter aus hoch industrialisierten Volkswirtschaften einen tatsächli-chen oder auch nur vermuteten höheren Qualitätsstandard (Made in Germany). Zum höheren Qualitätsstandard kann auch das Vorhandensein ergänzender Fak-toren, wie z. B. kürzere Lieferfristen und schneller und kostengünstiger Kun-dendienst, gerechnet werden. Die Konsumenten sind in einem solchen Fall bereit, dieses Importgut trotz eines möglicherweise sogar höheren Preises zu kaufen.

b) Einfluss des Nachfrageverhaltens

Auch die Existenz individueller Käuferpräferenzen kann für Kaufentscheidungen verantwortlich sein. Ähnliche Produkte werden wegen bestimmter Vorlieben (subjektive Bewertungen) aus bestimmten Ländern bezogen, etwa wenn ein privater deutscher Haushalt nur japanische Autos kauft. Die Überlegungen zu den unterschiedlichen Käuferpräferenzen für ähnliche Produkte können, zusammen mit dem Ansatz der economies of scale, den intraindustriellen Handel begründen.

2.3.3   Theorem der komparativen Kostenvorteile

„Warum sich Außenhandel lohnt?" ist eine der ältesten Fragen der Volkswirtschaftslehre. Den Grundstein zur Beantwortung und damit die Grundlage für die moderne Außenwirtschaftstheorie legte David Ricardo mit seinem Werk ‚Principles of Political Economy and Taxation' (1817). Die Kernaussage des Theorems der komparativen Kostenvorteile ist, dass Handel auch für die Länder von Vorteil ist, die für alle produzierten Güter Preisvorteile aufweisen und damit diese Güter billiger produzieren können. Es ist ein Beispiel dafür, dass die wohlfahrtssteigernden Wirkungen eines grenzüberschreitenden Tauschprozesses für beide Handelspartner theoretisch gut begründbar sind. Zudem gibt es eine Begründung für die Spezialisierung eines Staates auf die Produktion weniger Güter. Die Bedingung für das Funktionieren des Theorems ist allerdings, dass die Kostenüberlegenheit des Landes bei einem Gut A größer als bei einem anderen Gut B. Die Grundüberlegung ist dann: Wie viel Einheiten des Gutes A kann ein Land produzieren, wenn es auf die Produktion des Gutes B verzichtet? Die Annahmen in Ricardos Beispiel waren:

1. England und Portugal produzieren sowohl Wein als auch Tuch

2. Portugal hat bei beiden Gütern Kostenvorteile

Ausgangspunkt ist die folgende Übersicht über die Produktionskosten der beiden Güter in England und Portugal.

Produktionskosten in Arbeitseinheiten		
	England	Portugal
Wein	120	80
Tuch	100	90

Portugal produziert danach beide Güter mit einem geringeren Einsatz an Arbeitsein-heiten (AE). Trotzdem lohnt sich für Portugal der Import von Tuch. Hierfür werden die komparativen Kosten für die beiden Güter ermittelt.

Berechnung der komparativen Kosten		
	England	Portugal
für 1 Ballen Tuch (ausgedrückt in Fass Wein)	$\dfrac{100\ AE}{120\ AE} = 0{,}83$ Fass	$\dfrac{90\ AE}{80\ AE} = 1{,}125$ Fass
für 1 Fass Wein (ausgedrückt in Ballen Tuch)	$\dfrac{120\ AE}{100\ AE} = 1{,}2$ Ballen	$\dfrac{80\ AE}{90\ AE} = 0{,}89$ Ballen

Der Vergleich der Produktionskosten eines Gutes ausgedrückt in Einheiten des je-weils anderen Gutes zeigt, dass Portugal einen Kostenvorteil bei der Produktion von Wein und England bei der Herstellung von Tuch besitzt.

Bei einem angenommenen internationalen Austauschverhältnis von 1 Fass Wein für 1 Fass Tuch gilt:

- Für 1 Fass Wein, das in Portugal mit 80 AE hergestellt wird, erzielt man in England einen Erlös von 1 Ballen Tuch, für dessen Herstellung in Portugal 90 AE notwendig wäre. Portugal hat damit einen Wohlfahrtsgewinn von 10 AE.

- Für 1 Ballen Tuch, der in England mit 100 AE hergestellt wird, erzielt man in Portugal einen Erlös von 1 Fass Wein, für dessen Herstellung in England 120 AE notwendig wäre. England hat damit einen Wohlfahrtsgewinn von 20 AE.

Für den grenzüberschreitenden Handel bedeutet dies: Portugal führt Wein nach Eng-land aus, England exportiert dagegen Tuch nach Portugal. Beide Länder profitieren aber vom grenzüberschreitenden Handel.

Dieses Ergebnis Ricardos, internationaler Handel ist für alle beteiligten Staaten von Urteil, ist allerdings nicht mehr unumstritten. Vor allem der Wirtschaftsnobelpreisträger Paul A. Samuelson hat in den letzten Jahren Kritik an den Überlegungen Ricardos geäußert. So berücksichtige das Modell Ricardos z. B. weder Arbeitslosigkeit noch technischen Fortschritt. So könne – laut Samuelson – der Handel mit China für die USA nachteilig sein, wenn China seine Produktivität bei der Herstellung bestimmter Güter steigere und es in den USA (theoretisch) keinen technischen Fortschritt bei der Produktion gebe. Die Gewinne aus dem Handel mit China reichen dann möglicherweise nicht aus, um die Einkommensverluste (im Modell Ricardos ist keine Arbeitslosigkeit vorgesehen) kompensieren zu können – die Löhne sinken dauerhaft.

2.4   Monetäre Außenwirtschaftstheorie

Im Rahmen der monetären Außenwirtschaftstheorie werden die Ursachen und die Wirkungen sich verändernder Austauschrelationen zweier Währungen analysiert.[1] Dabei wird zwischen folgenden Begriffen unterschieden:

Wechselkurs	=	Preis, zu dem zwei Währungen getauscht werden
Auf- bzw. Abwertung	=	Veränderungen des Wechselkurses

Grafisch lassen sich die Veränderungen in der Austauschrelation in einem Preis-Mengen-Diagramm verdeutlichen **(Abb. 2.2)**. Danach bildet sich der Wechselkurs einer Währung auf dem Devisenmarkt aus dem Angebot an und der Nachfrage nach dieser Währung.

---

[1] Für das Verständnis der Wirkungsweise veränderter Währungsrelationen ist die Betrachtung in Form der hier verwendeten **nominalen Wechselkurse** ausreichend. Bei **realen Wechselkursen** wird zusätzlich das Verhältnis der Preisniveaus der Staaten berücksichtigt:

Realer Wechselkurs = Nominaler Wechselkurs · Verhältnis der Preisniveaus.

Bei einem hohen/niedrigen realen Wechselkurs sind ausländische Güter im Vergleich zu den inländischen Gütern relativ billig/teuer. Damit beeinflusst auch das Verhältnis der Preisniveaus die Nachfrage nach diesen Gütern.

Abb. 2.2 Wechselkursgleichgewicht

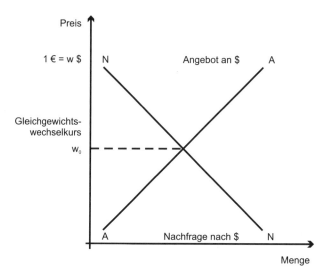

Ein neuer Wechselkurs kann sowohl aus einer Veränderung des Angebots als auch aus einer Veränderung der Nachfrage resultieren, wie **Abb. 2.3** am Beispiel einer Erhöhung der Nachfrage zeigt.

Abb. 2.3 Veränderung des Wechselkurses

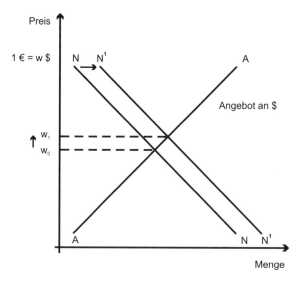

Zu einer solchen Veränderung des Wechselkurses kommt es etwa durch den An- oder Verkauf einer Währung durch die eigene Zentralbank. Dies wird als Devisenmarktintervention bezeichnet (Kapitel 2.6). Veränderungen des Wechselkurses haben erhebliche Auswirkungen für den internationalen Handel, für die Entscheidung eines Unternehmens Direktinvestitionen in einem anderen Staat durchzuführen und auch für die Finanzmärkte. In den vergangenen Jahren wurden Veränderungen der Währungsrelationen in der Öffentlichkeit, aber auch in der Fachliteratur für krisenhafte Entwicklungen mit verantwortlich gemacht.

Die Störeffekte von ‚falschen‘ Wechselkursen und schnellen Wechselkursveränderungen kann man veranschaulichen, indem man die Lohnstückkosten in nationaler Währung mit denen in einer einheitlichen Währung vergleicht. Als Beispiel kann auf die Entwicklung in den 90er Jahren mit den noch nationalen Währungen der EU-Staaten und dem US-Dollar abgestellt werden. Bezogen auf nationale Währungen waren etwa die Lohnstückkosten in Westdeutschland im vergleichbaren Ausmaß wie in vielen anderen Staaten gestiegen. In einer einheitlichen Währung ausgedrückt war dagegen die Entwicklung in Westdeutschland bis Mitte der 90er Jahre erheblich ungünstiger gewesen, mit deutlichem Abstand zu den übrigen Staaten.

Die rein rechnerische Bedeutung von Auf- und Abwertung lässt sich an (fiktiven) Beispielen veränderter Währungsrelationen zwischen dem Euro und dem US-Dollar zeigen:

- **Fall 1: Aufwertung des Euro** (im Vergleich zum US-Dollar)

  Bedeutet: Wenn für einen US-Dollar ($) weniger Euro gezahlt werden muss. Also z. B.:

  $$1\ \$ = 2\ \text{Euro}$$
  $$\downarrow$$
  $$1\ \$ = 1{,}50\ \text{Euro}$$

Dass der Euro im Vergleich zum US-Dollar an Wert gewinnt, wird allerdings erst deutlich, wenn die Sichtweise gewechselt wird. Bezogen auf den Euro folgt nämlich:

$$1\ \text{Euro} = 0{,}50\ \$ \rightarrow 1\ \text{Euro} = 0{,}67\ \$ (1{:}1{,}50)$$

Damit erhält man nach der Aufwertung des Euro 0,17 $ mehr.

- **Fall 2: Abwertung des Euro** (im Vergleich zum US-Dollar)

    Bedeutet: Wenn für einen US-Dollar ($) mehr Euro gezahlt werden müssen. Also z. B.:

    1 $ = 2 Euro
    $\downarrow$
    1 $ = 2,50 Euro

bezogen auf den Euro folgt daraus:

$$1 \text{ Euro} = 0,50 \text{ } \$ \quad \rightarrow \quad 1 \text{ Euro} = 0,40 \text{ } \$ \text{ } (1{:}2{,}50)$$

Für einen Euro erhält man also nach der Abwertung 0,10 $ weniger.

Exkurs: Unterschiedlich Darstellung der Wechselkurse

Bei der Darstellung von Währungspreisen kann zwischen zwei Formen unterschieden werden:

- **Preisnotierung**: Gibt an, wie viele inländische Geldeinheiten eine ausländische Geldeinheit wert ist (1,80 Euro pro US-Dollar). Diese Darstellungsweise war in Deutschland in der Zeit der DM üblich. Sie stellt den **Devisenkurs** einer Währung dar.

- **Mengenorientierung**: Gibt an, wie viele ausländische Geldeinheiten man für eine inländische Geldeinheit erhält (1:1,80, also 0,55 US-Dollar je Euro). Dieser **Außenwert** einer Währung wird für den Kurs des Euro seit Anfang 1999 üblicherweise in dieser Form in den Medien dargestellt.

Die Auswirkungen veränderter Währungsrelationen auf die Importe und die Exporte einer Volkswirtschaft sollen aus der Sicht Deutschlands im Verhältnis zu den USA in Anlehnung an das Beispiel Euro/US-Dollar gezeigt werden. Dabei wird allerdings nur eine Aufwertungssituation betrachtet. Die Analyse einer Abwertung des Euro im Verhältnis zum US-Dollar kann aber entsprechend vorgenommen werden.

- **Importbetrachtung bei einer Aufwertung des Euro**

    Ausgangslage: Wechselkurs von 1 $ = 2 Euro

    Ein Kfz in den USA kostet vor der Aufwertung 50.000 $

Umgerechnet in Euro bedeutet das:

50.000 \$ = 100.000 Euro

Jetzt erfolgt eine Aufwertung des Euro (steigender Außenwert)

von   1 \$ = 2 Euro
auf   1 \$ = 1,80 Euro

Folge: Der Preis des Kfz umgerechnet in Euro verändert sich durch die Aufwertung

von   50.000 · 2   =   100.000 Euro
auf   50.000 · 1,80   =   90.000 Euro

Ergebnis: Das Kfz ist für die deutsche Einfuhr um 10.000 Euro **billiger geworden**.

Folge dieser Verbilligung: Wenn die Nachfrage (NF) nach einem Produkt vom Preis (P) dieses Produktes abhängig ist (NF = f (P)), dann steigt die Nachfrage nach amerikanischen Kfz in Deutschland an. Die deutschen Importe steigen, die Ausfuhren der USA erhöhen sich.

- **Exportbetrachtung bei einer Aufwertung des Euro**

  Ausgangslage (wie zuvor) Wechselkurs von 1\$ = 2 Euro

  Ein Kfz in Deutschland kostet vor der Aufwertung
  100.000 Euro

  Jetzt erfolgt eine Aufwertung des Euro

  von   1 \$ = 2 Euro
  auf   1 \$ = 1,80 Euro

  Folge: Preis des Kfz umgerechnet in \$ verändert sich durch die Aufwertung

  von   100.000/2   =   50.000 \$
  auf   100.000/1,80   =   55.556 \$

  Ergebnis: Das Kfz ist für die US-amerikanische Einfuhr um 5.556 \$ **teurer geworden**.

Folge dieser Verteuerung: Die Nachfrage in den USA nach deutschen Kfz nimmt tendenziell ab, die Exporte deutscher Hersteller gehen zurück.

Insgesamt gesehen bewirkt die Aufwertung der eigenen Währung zunächst eine Verschlechterung der eigenen Wettbewerbsposition. Das Ausmaß der Beeinträchtigungen ist dabei umso größer, je stärker die Einbindung einer Volkswirtschaft in den Prozess der internationalen Arbeitsteilung ist. Es wird allerdings anhand des Beispiels auch deutlich, dass die Preise für Importgüter sinken. Durch die steigende Kaufkraft können, über eine Anregung der Konsumtätigkeit der Privaten Haushalte, positive Effekte auf die konjunkturelle Entwicklung ausgehen. Möglicherweise eröffnen sich durch die niedrigeren Einfuhrpreise der Zentralbank aber auch zusätzliche Zinssenkungsspielräume, wenn sich diese Entwicklung in einer moderateren Preissteigerung im Inland niederschlägt.

Es gibt allerdings auch wirtschaftliche Konstellationen, in denen aus den Überlegungen zum Preisniveau auch die Abwertung der eigenen Währung erwünscht sein kann. Dies gilt etwa in Zeiten der Deflation, also in einer Lage aus Rezession und negativem Vorzeichen bei der Inflationsrate. In einer solchen Konstellation können durch eine Abwertung der heimischen Währung Preissteigerungen im Inland ausgelöst werden. Da die Konsumenten in einer solchen Situation mit weiter anziehenden Preisen rechnen, kann sich der Nachfragestau bei privaten Haushalten auflösen. Eine solche Politik der schwachen Währung wurde in der Vergangenheit zeitweise etwa durch die japanische Regierung mit dem heimischen Yen betrieben, um die heimische Wirtschaft zu stützen.

Die erwarteten Folgen von Aufwertung und Abwertung der eigenen Währung auf die Handelsbilanz sind allerdings nur mit einer zeitlichen Verzögerung festzustellen. Ursache hierfür ist das Auseinanderfallen von Preis- und Mengeneffekt. Während sich der Preiseffekt nahezu unmittelbar einstellt, reagiert die Mengenkomponente mit einer zeitlichen Verzögerung auf veränderte Währungsrelationen. Bei einer Abwertung bleibt die Import-/Exportmenge zunächst konstant, während die Preise für die Im- und Exporte schneller reagieren (die Preise für importierte Güter steigen, während die Preise für exportierte Güter sinken). Bei einer Abwertung entsteht bei der Handelsbilanz das Bild einer J-Kurve, während bei einer Aufwertung der Spazierstockeffekt entsteht (Abb. 2.4).

Abb. 2.4 J-Kurven- und Spazierstockeffekt

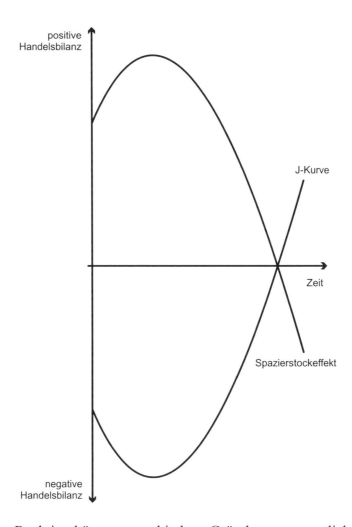

Für diese Reaktion können verschiedene Gründe verantwortlich sein:

- die Abwicklung in Fremdwährung fakturierter bestehender Verträge, die also noch mit den alten Wechselkursen abgeschlossen wurden,

- die zusätzliche Auslandsnachfrage (bei einer Abwertung) kann auf Grund ausgelasteter Kapazitäten bzw. fester Anbieter-Nachfrage-Strukturen zunächst nicht befriedigt werden.

2.4.1   Fundamentalfaktoren

Im Rahmen der so genannten fundamentalen Faktoren werden vor allem die Auswirkungen von Preisen, Zinsen und Wirtschaftswachstum als Erklärungen für
Wechselkursveränderungen betrachtet.

Kaufkraftparitätentheorie

Aussage: Die Änderung des Wechselkurses wird bestimmt durch die Differenz der
Inflationsraten zweier Länder (USA und Deutschland = D).

Bsp.:   1.   USA: Güterpreise + 5% gegen Vorjahr
                   D: Güterpreise + 2% gegen Vorjahr

                  d. h., die Güter werden in den USA relativ zu denen in D teurer

           2.   Folge: Nachfrage nach Gütern aus D steigt und die Nachfrage nach
                   Gütern aus den USA geht zurück

           3.   Die Nachfrage nach Euro steigt gegenüber dem $, da für den Kauf die-
                   ser Güter der Euro benötigt wird.
                                                   ↓
                  Aufwertung des Euro gegenüber dem $

Wenn nur die Preisentwicklung über Wechselkursveränderungen entscheidet, dann
ändert sich der Wechselkurs Euro/US-Dollar genau um 3%. Dieser Zusammenhang
wird auch als die ‚Grundversion der Kaufkraftparitätentheorie' bezeichnet. In einer
erweiterten Version wird etwa berücksichtigt, dass nur die Preise der international
gehandelten Güter von Interesse sind.

Zinsparitätentheorie

Aussage: Zinsdifferenzen bewirken Kapitalbewegungen und diese Kapitalbewegungen beeinflussen die Wechselkurse.

Bsp.:   1.   In den USA steigen die Zinsen schneller oder sind höher als in D; daher
                   besteht ein zunehmendes oder größeres Interesse an Wertpapieren aus
                   den USA

2. Kaufinteressenten brauchen $, um Wertpapiere in den USA kaufen zu können

3. Die Nachfrage nach $ steigt gegenüber dem Euro
↓
Aufwertung des $ gegenüber dem Euro

Mit Hilfe der Zinsparitätentheorie kann zudem gezeigt werden, wie sich die Renditen für Inlands- und Auslandsanlagen bei bestehenden Erwartungen über Wechselkursänderungen durch internationale Kapitalbewegungen angleichen. Ausgangspunkt sollen folgende Annahmen sein:

> deutscher Zins 6%
> amerikanischer Zins 5%
> erwartete Aufwertung des Dollar 3%

In dieser Situation ist die US-Anlage mit einem Gesamtertrag von 8% deutlich attraktiver als die deutsche Anlage (6%). Der Renditevorsprung der US-Anlage würde einen sofortigen Kapitalabfluss von Deutschland in die USA auslösen. Diesen Vorgang – die Kapitalverlagerung zum Ort der höchsten Rendite – nennt man Zinsarbitrage. Durch den Kapitalabfluss wird in Deutschland Kapital knapper, mit der Folge eines Zinsanstiegs in Deutschland (z. B. von 6% auf 7%). Der Kapitalzustrom in den USA macht dort umgekehrt Kapital reichlicher mit der Folge einer Zinssenkung (z. B. von 5% auf 4%). Der Kapitalabfluss kommt zu einem Abschluss, und die Zinssatzveränderungen hören auf, wenn das Zinsarbitragegleichgewicht erreicht ist, also inländische Anlagen wieder die gleiche Rendite erzielen wie Auslandsanlagen. Das ist jetzt der Fall, denn der Rendite für deutsche Anlagen in Höhe von 7% entspricht eine gleich hohe Rendite für die Auslandsanlage (4% + 3%). Weitere Kapitalverlagerungen von Deutschland in die USA lohnen sich nun nicht mehr.[2] Hinter dieser Darstellung stehen allerdings bestimmte Annahmen, die in der Realität nicht immer erfüllt sind:

- es wird von fehlenden Transaktions- und Informationskosten ausgegangen

- es gibt keine Beschränkungen des Kapitalverkehrs

- Steuern auf den Kapitalverkehr und Zinsanlagen werden nicht erhoben

- es besteht Sicherheit über die Erwartungen

---

[2] Beispiel aus Pohl, R., Geld und Währung, Mannheim u. a. 1993.

Wachstumsdifferenzen

Aussage: Mittelfristig höheres Wirtschaftswachstum stimuliert die Anlagebereit-schaft ausländischer Investoren, weil hierdurch eine Teilhabe am Wirtschaftswachs-tum ermöglicht wird und daraus zusätzliche Gewinne resultieren.

Bsp.:   1.   USA: Wirtschaftswachstum + 4%
        D: Wirtschaftswachstum + 1%

        2.   Folge: Es steigt das Interesse an Direktinvestitionen in den USA, im Vergleich zu D

        3.   Nachfrage nach $ steigt gegenüber dem Euro, da zur Verwirklichung von Direktinvestitionen, aber auch zum Kauf von Aktien in den USA (wenn auf Grund des höheren Wirtschaftswachstums steigende Kurse und/oder höhere Dividendenzahlungen dieser Unternehmen erwartet werden) die Fremdwährung benötigt wird

Sonstige Fundamentalfaktoren

Zusätzlich zu diesen Fundamentalfaktoren können weitere Ursachen für Wechsel-kursveränderungen etwa sein:

* **Steigende Rohstoffpreise**

Bsp.   Rohöl: Nachfrage nach Rohöl ist mittelfristig preisunelastisch
$\downarrow$
Rohöl muss gekauft werden
$\downarrow$
Rohöl wird in $ gerechnet
$\downarrow$
ein höherer Rohölpreis erfordert höhere $-Bestände zum Kauf von Rohöl. Die Nachfrage nach US-Dollar steigt.

Ein solcher Einfluss zeigte sich z. B. auf dem internationalen Rohölmarkt in der Zeit von Ende 1999 bis Anfang 2001, aber auch in der jüngeren Vergangenheit mit den entsprechenden Wirkungen auf dem Devisenmarkt.

- **Krisenzeiten**

Bei Kriegen und internationalen Spannungen (Kuwait-Krieg 1990) erfolgt eine ‚Flucht' der Anleger in die wichtigsten Reservewährungen, wovon insbesondere der US-Dollar (vor allem in der Vergangenheit) oder andere Reservewährungen profitieren (safe haven-Effekt).

- **Politische Gründe**

Unsicherheit über eine berechenbare und stabilitätsorientierte Geldpolitik oder über die politische Entwicklung eines Landes (langfristig: Italien 70er/80er Jahre; kurzfristig: USA der 90er Jahre im Gefolge der Clinton/Lewinski-Affäre).

2.4.2   Spekulationsgeschäfte

Am 17. April 2001 erschien in einer norddeutschen Regionalzeitung (Norddeutsche Rundschau) folgende Meldung:

Japan jubelt: Kronprinzessin ist schwanger

Tokio (afp): Die 37-jährige Kronprinzessin Masako erwartet nach Angaben des Hofes in Tokio ihr erstes Kind. Die Frau des japanischen Thronfolgers Naruhito zeige „Anzeichen einer Schwangerschaft", teilte gestern der kaiserliche Palast mit. Hof und Bevölkerung waren begeistert. Der Yen-Kurs schnellte in die Höhe.

Was hat die Geburt eines Kindes mit dem Wechselkurs der Währung eines Staates zu tun? Was zunächst kaum begründbar ist, wurde durch die Spekulation auf eine dadurch ausgelöste wirtschaftliche Aufwärtsbewegung von Teilbereichen der japanischen Wirtschaft begründet: Durch dieses Kind würde in Japan, so die Überlegungen, eine positive Grundstimmung zur Zeugung von mehr Kindern entstehen. Hierdurch würden etwa die Kinderausstatter und die Hersteller von Babynahrung profitieren, das Wirtschaftswachstum würde steigen. Damit wäre aber die Verbindung zu fundamentalen Überlegungen hergestellt. Die Gültigkeit solcher Überlegungen wurde auch Anfang des Jahres 2006 durch die Schwangerschaft der japanischen Prinzessin Kiko in ihren Grundzügen bestätigt. Bereits vor der offiziellen Verkündigung der guten Nachricht durch die kaiserliche Behörde stiegen die Aktienkurse der Firmen ‚Pigeon' und ‚Combi' deutlich an. Sie verkaufen Babynahrung und Kinderwagen.

Solche Gedankenspiele werden aber nicht mit den Spekulationsgeschäften in Verbindung gebracht, die von vielen (kritischen) Beobachtern der internatonalen Finanzmärkte für eine Reihe von wirtschaftlichen Krisen des letzten Jahrzehnts verantwortlich gemacht werden. So urteilt etwa die Enquete-Kommission ‚Globalisierung der Weltwirtschaft – Herausforderungen und Antworten' des Deutschen Bundestages: „Gefährlich wird die Spekulation für eine Volkswirtschaft dann, wenn sie sich vorwiegend oder gar ausschließlich auf Devisen-, Wertpapier- oder Immobilienmärkte konzentriert und die Anbindung an die Entwicklung realer Werte verliert. ... Wenn obendrein spekulative Anleger gleiche Daten nutzen, gleichen Stimmungen unterliegen, gleiche Informationen haben, dann kann es zum ‚Herdenverhalten' kommen, d. h. zur kollektiven Bewegung in die gleiche Richtung. Der Herdentrieb hat im Fall der Asienkrise eine wesentliche Rolle gespielt"[3].

Aber auch hinter dieser Art von Spekulation steht eine rationale Überlegung: das Streben nach Gewinn, wie am Beispiel eines Währungsverkaufes gezeigt werden kann: Zunächst veranlassen ‚bestimmte' Entwicklungen einige wenige Spekulanten zu Währungsverkäufen. Diese bestimmten Entwicklungen können etwa, wie im Fall der Asienkrise, erste Anzeichen sein, dass sich ein lang anhaltendes und kräftiges Wirtschaftswachstum eines Staates langsam abschwächt. Ein Indiz dafür ist etwa eine abnehmende Wachstumsrate bei den Ausfuhren. Der Spekulant hofft nun, dass sich hierdurch eine Unsicherheit über die weitere wirtschaftliche Entwicklung dieses Staates langsam ausbreitet.

Die Spekulation findet zwischen einer ‚sehr starken' Währung, i. d. R. ist dies der US-Dollar, und der Währung des erwähnten Staates statt, sie soll hier X genannt werden. Eine Spekulation kann dabei sogar ohne eigene finanzielle Mittel erfolgen.

1. Der international bekannte Finanzmagnat Herr S. leiht sich von einer inländischen Geschäftsbank Geld (1 Mio) in X. Der Wechselkurs beträgt zu diesem Zeitpunkt **1 $: 1 X**.

2. Das geliehene Geld gibt er als zusätzliches Angebot dieser Währung auf den Devisenmarkt. Er erhält für seine 1 Mio X den Betrag von 1 Mio $.

3. Auf Grund der zunehmenden Unsicherheit über die weitere wirtschaftliche Entwicklung des Staates und der großen Reputation des S. (‚er weiß immer mehr und früher als andere'), tun viele andere Devisenmarktakteure das Gleiche (mit

---

[3]   Deutscher Bundestag, Drucksache 14/6910 vom 13.09.2001, S. 16.

eigenen X-Beständen oder geliehenem X-Geld). Es entsteht ein ,Lemming-Effekt'.

$$\downarrow$$

Das Angebot an X steigt drastisch an. Folge:

$$\downarrow$$

Außenwert von X fällt

4. In unserem Beispiel: Wechselkurs jetzt 1 $: 2 X (d. h., man muss jetzt 2 X bezahlen, um 1 $ kaufen zu können bzw. für 1 $ bekommt man 2 X).

5. Jetzt zahlt S. seinen X-Kredit (1 Mio X) zurück:

Für 1 $ erhält er 2 X, daraus folgt,
für 500.000 $ erhält er 1 Mio X

D. h.: Von den 1 Mio $, die er (unter Punkt 2) auf dem Devisenmarkt erhalten hat, muss er nur 500.000 $ zur Tilgung des Kredites verwenden.

6. Ergebnis: Ohne Berücksichtigung der ihm entstandenen Kosten (Zinsen für Kreditaufnahme; Personal- und sonstige Transaktionskosten) verbleibt S. ein **Gewinn in Höhe von 500.000 $**. Für die Nachahmer wird der Gewinn dabei umso kleiner, je später sie sich zum Mitmachen entschlossen haben. Dadurch wird die große Eigendynamik zu Beginn eines solchen Prozesses auch erklärbar: „Wer zu spät kommt, den bestraft der Devisenmarkt".

Die Folgen durch eine solche internationale Spekulationswelle für den betroffenen Staat können sein:

• Der (teilweise oder vollständige) Verlust der Währungsreserven: Er entsteht durch den Versuch der Zentralbank, das auf dem Devisenmarkt überschüssige Angebot an eigener Währung durch den Verkauf ihrer Devisenreserven vom Markt zu nehmen.

• Extrem hohe Zinssätze auf dem Inlandsmarkt, mit nachteiligen Auswirkungen auf den Konsum und vor allem die Investitionen: Durch hohe Zinssätze sollen die Kredite für die Spekulanten verteuert werden, gleichzeitig soll das Engagement in der eigenen Währung attraktiver gemacht werden.

• Inflationseffekte und wirtschaftlicher Niedergang: Aus der Abwertung der eigenen Währung entsteht Inflationsimport, zudem ziehen ausländische Investoren ihre Finanzmittel fluchtartig ab. In vielen Staaten Südostasiens kam es im Verlauf der Krise zu erheblichen Abwertungen der eigenen Währungen, zu einem kräftigen Anstieg der Verbraucherpreise und zu einem Einbruch der gesamtwirtschaftlichen Produktion. Streiks und soziale Unruhen waren u. a. die Folgeerscheinungen.

Die Auswirkungen solcher Krisen bleiben aber nicht auf die ursprünglich betroffenen Staaten beschränkt. Vielmehr wurden etwa im Zuge der Asienkrise die wirtschaftlichen Perspektiven einer Reihe anderer aufstrebender Staaten (Emerging Markets) skeptischer beurteilt. Selbst kleine Anzeichen wirtschaftlicher und finanzieller Schwäche wurden von den internationalen Märkten mit einem Abzug von Kapital ‚bestraft‘ bzw. führten zu einem Risikoaufschlag in Form von höheren Zinszahlungen bei der Vergabe von neuen Krediten. Damit wurden aber die krisenhaften Entwicklungen insgesamt verstärkt. Aber nicht nur für die Emerging Markets sind die Folgen solcher Krisen spürbar. Sie haben auch Auswirkungen auf die traditionellen Industriestaaten. Dies betrifft die Realwirtschaften (die Exporte in diese Länder werden schwieriger), das Preisklima (günstigere Importe aus diesen Ländern) und auch die Kapital- und Finanzmärkte (safe haven-Effekt der Kapitalanleger). Zudem gibt es auch über indirekte Effekte (Betroffenheit wichtiger Absatzmärkte der Drittstaaten) Auswirkungen auf diese Staaten.

2.5   Grundzüge wirtschaftspolitischer Maßnahmen

Aus den bisherigen Überlegungen lassen sich verschiedene wirtschaftspolitische Eingriffsmöglichkeiten ableiten, die auf die gesamtwirtschaftliche Entwicklung eines Staates Einfluss haben. Dies gilt etwa für die Auswirkungen auf die Handelsbilanz. In Anlehnung an die Differenzierung zwischen realer und monetärer Außenwirtschaftstheorie wird zwischen realwirtschaftlichen und monetären Maßnahmen unterschieden. Dabei sollen die Wirkungen hier nur kurz in **Abb. 2.5** skizziert werden.

Während auf monetäre Maßnahmen zur Beseitigung von Ungleichgewichten im Außenhandel im folgenden Kapitel 2.6 (Wechselkurssysteme) noch ausführlich eingegangen wird, können realwirtschaftliche Instrumente in zwei grobe Kategorien unterteilt werden:

- **Preiswirksame Maßnahmen**

  Alle Maßnahmen dieser Kategorie haben zum Ziel, die Preise der betroffenen Güter zu verändern und damit die Nachfrage zu beeinflussen. Dazu zählen direkt (vor allem die Erhebung von Zöllen, Subventionen, erleichterte Finanzierungen und/oder Versicherung gegen ausfallende Zahlungen) und indirekte preiswirksame Instrumente (nicht-tarifärer Maßnahmen; z. B. müssen im Zuge staatlicher Anforderungen für Importwaren bestimmte Ausstattungsmerkmale erfüllt sein, die diese Produkte bei Erfüllung tendenziell verteuern). Nicht-tarifäre Handelshemmnisse nehmen mitunter im Vergleich zu Zöllen ein größere Bedeutung im grenzüberschreitenden Handel ein.

- **Maßnahmen zur direkten quantitativen Beeinflussung**

  Durch die Einführung von staatlich verordneten Kontingenten werden für den Außenhandel maximale Mengen für den Export/Import zugelassen. So gelten etwa für die Europäische Union mengenmäßige Beschränkungen für die Einfuhr bestimmter Textilwaren aus bestimmten Drittländern bzw. sind diese genehmigungspflichtig. Die betroffenen Waren und Genehmigungsverfahren werden in den so genannten Einfuhrausschreibungen veröffentlicht (in Deutschland durch das Bundesamt für Wirtschaft und Ausfuhrkontrolle [BAFA]). Durch diese Maßnahmen auf der Importseite wird das Angebot im Inland ‚künstlich‘ verknappt – der Preis im Inland steigt an.

  Aber auch auf der Exportseite finden direkte staatliche Eingriffe statt. Typische Beispiele hierfür sind Exportbeschränkungen für Kriegswaffen, Bauteile und Anlagen für Atomkraftwerke sowie verwandte Waren. Hiervon sind i. d. R. nur ausgewählte Empfängerstaaten betroffen. Dabei sind nicht nur nationale Exportbeschränkungen zu beachten. Vor allem die USA haben in der Vergangenheit darauf geachtet, dass ihre Regelungen für Ausfuhrgüter auch von Drittstaaten umgesetzt werden.

Abb. 2.5 Maßnahmen zur Beseitigung von Handelsbilanzungleichgewichten

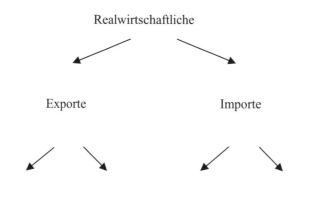

Realwirtschaftliche

Monetäre
(Wechselkurs-
politik)

– Aufwertung:
Förderung
von Importen;
Behinderung
von Exporten
– Abwertung:
Förderung
von Exporten;
Behinderung
von Importen

Exporte   Importe

Förderung	**Behinderung**	**Förderung**	**Behinderung**
• Aufhebung von Export-beschrän-kungen	• Einführung von Exportkontin-genten	• Aufhe-bung von Import-kontin-genten	• Einführung von Im-portkontin-genten
• Gewährung von Export-subventio-nen; z.B. – Export-prämien – Steuerer-leichterun-gen – Zinsver-günstigun-gen für Ex-portkredite	• Abbau von Exportsubven-tionen; z.B. – Exportprä-mien – Steuererleich-terungen – Zinsvergüns-tigungen	• Aufhe-bung o-der Sen-kung von Import-zöllen	• Einführung von Importzöl-len (oder deren Anhebung)
• Gewährung von Export-bürgschaften und -garantien		• Abbau nicht-tarifärer Hemm-nisse	• Einführung von nicht-tarifären Hemmnis-sen

2.6   Wechselkurssysteme

Die Entwicklung von Wechselkursen hat erhebliche Auswirkungen auf andere volkswirtschaftliche Indikatoren. Daher haben Einzelstaaten, aber auch supranationale Organisationen und Staatenzusammenschlüsse Interesse an einer Gestaltung von Wechselkursen. Internationale Vereinbarungen, die die Wechselkursbildung der beteiligten Währungen nach einheitlichen Prinzipien gestalten, werden Wechselkurssysteme genannt. Sie bestimmen, ob und wie sich Wechselkurse verändern. Sie sind der wesentliche Bestandteil der internationalen Währungsordnung und legen den Rahmen fest für den monetären Teil internationaler Wirtschaftsbeziehungen. Darüber hinaus gibt es Bestandteile der Währungsordnung, die sich nicht mit der Ausgestaltung eines Wechselkurses beschäftigen, die aber gleichwohl zu den monetären Maßnahmen der außenwirtschaftlichen Wirtschaftspolitik zählen. So besitzt zwar die Europäische Währungsunion im Innenverhältnis keine Wechselkurse mehr, sie stellt aber quasi einen wichtigen Teil der internationalen Währungsordnung dar und hat durch die Einführung der gemeinsamen Währung für die teilnehmenden Staaten erhebliche ökonomische und gesellschaftliche Auswirkungen nach sich gezogen.

Wie werden nun Wechselkurse ‚organisiert‘, damit sie den wirtschaftlichen Interessen des Einzelstaates dienen können? Zwischen den zwei ‚Grundformen‘, einer freien Preisbildung ausschließlich durch Angebot und Nachfrage über den Markt und der Festlegung eines festen Wechselkurses durch die dafür verantwortlichen staatlichen Institutionen, lassen sich zahlreiche Mischformen unterscheiden. Die Wechselkurszielzonen, crawling peg und der Currency Board stellen dabei die wichtigsten Varianten solcher Mischformen dar. Die Wahl des ‚richtigen‘ Wechselkurssystems wird damit auch zu einem wichtigen Instrument der nationalen Wirtschaftspolitik etwa zum Ausgleich realer Fehlentwicklungen. Nicht nur für die traditionellen Industriestaaten, sondern auch für die Schwellen- und Entwicklungsländer hat die Wahl des Wechselkurssystems besondere ökonomische Relevanz. Da in diesen Staaten die Güter- und Finanzmärkte i. d. R. noch nicht flexibel genug sind, wird hier häufig der Versuch unternommen, exogene Schocks durch Wechselkursveränderungen (Aufwertung oder Abwertung der eigenen Währung, Wahl eines anderen Wechselkurssystems) zu mildern oder vollständig auszuschalten und damit als wichtiges Instrument der nationalen Wirtschaftspolitik zu verwenden.

2.6.1   Flexible Wechselkurse

In Systemen flexibler Wechselkurse bestimmen Angebot und Nachfrage allein den
Preis zwischen zwei Währungen: es existieren frei schwankende Wechselkurse und
die Kursbildung erfolgt nur durch Marktprozesse auf dem Devisenmarkt. In der
Realität wird eine solche reine Marktpreisbildung aber durch Eingriffe der Zentralbank (managed floating) ergänzt. Eine solche Devisenmarktintervention kann zum
einen zur Korrektur von Marktübertreibungen, etwa bei Spekulationsattacken, notwendig sein. Markteingriffe können aber zum anderen auch durch die bewusste
Herbeiführung eines anderen Wechselkurses vorgenommen werden, wenn die nationale Wirtschaftspolitik die Verwirklichung eines bestimmten Zieles anstrebt. So
waren im vergangenen Jahrhundert zahlreiche Staaten von den wirtschaftlichen Folgen starker inflationärer Prozesse bis hin zu den erheblichen negativen gesellschaftlichen Auswirkungen von Hyperinflationen betroffen. Aus der Sicht dieser Staaten
war damit verständlich, dass bewusste Devisenmarktinterventionen zur kontinuierlichen Aufwertung ihrer Währungen vorgenommen wurden, damit von der außenwirtschaftlichen Seite die Preisstabilität im Inland nicht gefährdet wird.

In der Vergangenheit gab es nur in kurzen Zeitabschnitten völlig frei schwankende
Wechselkurse zwischen den größeren Währungen, etwa unmittelbar nach dem Ende
des Bretton-Wood-Systems. Dabei besteht bei den Verfechtern flexibler Wechselkurse die Hoffnung, dass die Anpassung der Wechselkurse quasi automatisch über
die ökonomische Stärke bzw. Schwäche eines Landes erfolgt – vor allem über die
Wirksamkeit der Kaufkraftparitäten- und der Zinsparitätentheorie. In der Realität
wurden diese Erwartungen allerdings kaum erfüllt, sodass andere Wechselkurssysteme in den Vordergrund gerückt sind.

2.6.2   Feste Wechselkurse

Vollkommen feste Wechselkurse stellen die andere grundlegende Variante für
Wechselkurssysteme dar. Eine staatliche Stelle (z. B. das Finanzministerium oder
die Zentralbank) garantiert dabei eine bestimmte Währungsparität und damit einen
bestimmten Umtauschkurs der nationalen Währung zum Gold, einer Leitwährung
oder einem Währungskorb. Die Garantie erfolgt durch den Ankauf/Verkauf der eigenen Währung: Bei einer steigenden Nachfrage nach der eigenen Währung (im
Verhältnis zur Leitwährung) muss die Zentralbank die eigene Währung auf dem
Devisenmarkt verkaufen und dafür die Leitwährung (oder andere Reservewährungen) ankaufen. Greift die Zentralbank nicht ein, entsteht ein Nachfrageüberhang und

der Außenwert der eigenen Währung steigt an. Existiert ein Angebotsüberhang, muss die Zentralbank die eigene Währung ankaufen und günstigstenfalls die Leit-währung (oder andere Reservewährungen) verkaufen, bis die gewünschte Wäh-rungsparität erreicht ist. Während der Verkauf der eigenen Währung durch einen zusätzlichen ‚Druck' von eigenem Geld zunächst relativ einfach erscheint, sind für den Ankauf der eigenen Währung Devisenreserven notwendig. Bei einem nicht aus-reichenden Bestand an Devisenreserven kann der gewählte Paritätskurs nicht auf-rechterhalten werden. In der Praxis genügt bei einem funktionierenden System fester Wechselkurse, d. h. ohne spekulative Einflüsse, allerdings die Zusage, jederzeit die Währung zu einem bestimmten Kurs kaufen oder verkaufen zu können. Damit ist das Vorhandensein von Devisenbeständen in diesen Fällen nicht unbedingt notwen-dig. Bei der Entscheidung für ein System fester Wechselkurse sind zudem zu beach-ten:

- die Bestimmung des richtigen Wertes für die Parität – ein zu hoher Kurs etwa bedeutet eine tendenzielle Aufwertung gegenüber Drittwährungen (Auswir-kungen auf Preise und Export),

- die Wahl der Paritätswährung (i. d. R. US-Dollar, Euro oder ein Währungs-korb mit den Währungen der Haupthandelsländer).

Die Entscheidung für ein bestimmtes Wechselkurssystem hat damit erhebliche Auswirkungen für die Wirtschaftspolitik eines Staates, wie das folgende Beispiel für die Handelsbilanz zeigt.

Exkurs: Wirkungen von Handelsbilanzüberschüssen bei unterschiedlichen Wechselkurssystemen

Bei **festen** Wechselkursen:

Übersteigen die Exporte von Gütern die Importe, entsteht ein Devisenüberschuss. Nettodevisenzuflüsse bewirken eine Erhöhung der inländischen Geldmenge, weil die Zentralbank den Ankauf der Devisen mit Inlandswährung bezahlt (bezahlen muss, weil sie den Wechselkurs zwischen der inländischen und ausländischen Wäh-rung stabil zu halten hat). Eine steigende Geldmenge wirkt bei unterausgelasteten Produktionskapazitäten tendenziell beschäftigungsfördernd. Bei zunehmendem Auslastungsgrad steigt aber die Wahrscheinlichkeit von Preissteigerungen. Daher wird in der Praxis von stabilitätsorientierten Zentralbanken die steigende Geldmenge durch den Einsatz geldpolitischer Instrumente neutralisiert, etwa durch die Verringerung des Volumens bei Wertpapierpensionsgeschäften („sterilisierte' Interventionen).

Bei **flexiblen** Wechselkursen:

Bei flexiblen Wechselkursen erfolgt der Ausgleich der Handelsbilanz quasi automatisch. Auf dem Devisenmarkt ist bei einem Handelsbilanzüberschuss das Angebot an ausländischer Währung größer als die Nachfrage (Ausländische Importeure bieten die eigene Währung auf dem Devisenmarkt an, um die Währung des Exportlandes zur Bezahlung der Rechnung kaufen zu können. Derselbe Effekt entsteht, wenn die Exporte mit der Währung des Importlandes direkt bezahlt werden.) Die inländische Währung wertet auf: für eine Einheit der Auslandswährung müssen weniger Einheiten der inländischen Währung gezahlt werden. Mit dem Anstieg des Außenwertes der Inlandswährung werden einerseits inländische Waren im Ausland teurer werden. Die Exporte sinken, das inländische Wachstum wird beeinträchtigt, mit Auswirkungen auf den Arbeitsmarkt. Durch den steigenden Außenwert werden aber andererseits die Einfuhren günstiger. Rückläufige Einfuhrpreise wirken mäßigend auf die inländische Preissteigerungsrate und unterstützen damit die wirtschaftliche Entwicklung.

Bei flexiblen Wechselkursen besteht für die Zentralbank **keine** Verpflichtung die ausländische Währung aufzukaufen → Keine automatische Erhöhung der inländischen Geldmenge durch die Zentralbank.

Nach traditioneller Theorie müssten Ungleichgewichte der Handels- bzw. Leistungsbilanz daher bei **flexiblen** Wechselkursen vermieden werden. Es zeigt sich aber, dass mittelfristig auch Ausnahmen möglich sind:

• Dauerhaftes Leistungsbilanzdefizit (verursacht durch eine negative Handelsbilanz) der USA seit Anfang der 90er Jahre (erhöhte Investitions- und Konsumbedürfnisse). Es findet trotz flexibler Wechselkurse kein Ausgleich über den Devisenmarkt statt. Entgegen der üblichen Lehrbuchweisheit hat sich der Wechselkurs des US-Dollar seither tendenziell aufgewertet. Andere Einflussfaktoren auf den Wechselkurs des US-Dollar sind anscheinend bedeutsamer gewesen. Damit konnte aber ein Ausgleich des Leistungsbilanzdefizits über die Abwertung der US-amerikanischen Währung nicht erfolgen.

- Von Wechselkursentwicklung unabhängiges Leistungsbilanzdefizit in Deutschland in der Wiedervereinigung zur Finanzierung des erhöhten Kapitalbedarfs (erhöhte Konsumbedürfnisse).

2.6.3   Wechselkursbandbreiten

Zu den zahlreichen Zwischenformen gehören Wechselkursbandbreiten (auch Wechselkurszielzonen genannt). In der wirtschaftspolitischen Realität der ‚Nach-Bretton-Woods-Ära‘ wurden die Wechselkurse der wichtigen Währungen zunächst keinen Beschränkungen unterworfen. Im Zuge des Abkommens der Staats- und Regierungschefs von Den Haag (1969) sollte die EG allerdings zu einer Wirtschafts- und Währungsunion ausgebaut werden, sodass auch auf dem Gebiet der Währungspolitik eine intensivere Zusammenarbeit anzustreben war. Darüber hinaus wurde schnell deutlich, dass sich Probleme für eine nationale Wirtschaftspolitik auch durch flexible Wechselkurse ergaben. Es wurden daher Lösungen angestrebt, die die Vorteile von flexiblen und festen Wechselkursen zu verbinden suchten.

Als Ergebnis der genannten Überlegungen gingen die Staaten der EG 1972 zunächst zu einem gemeinsamen Floaten (so genanntes Blockfloaten) gegenüber dem US-Dollar über: Dieses Floaten des Wechselkursverbundes wird bildhaft mit einer ‚Schlange im Tunnel‘ beschrieben. Dabei bilden die Wände des Tunnels den Rahmen in dem sich die einzelnen Währungen bewegen. Zwischen den Währungen der EG-Staaten, also im Innenverhältnis bzw. im Tunnel, bestanden stabile Paritäten (interne Wechselkursbindung). Den Rahmen (die Wand des Tunnels) bildete der Wechselkurs zum US-Dollar, der die höchstzulässige Abweichung beschrieb. Im Verlauf der 70er Jahre ergab sich, dass auf Grund der mangelnden Koordinierung der nationalen Wirtschaftspolitiken der Teilnehmerkreis stark schwankte: die zwischen den Staaten vereinbarten Wechselkurse konnten auf Dauer nicht gehalten werden. In einer Weiterentwicklung der Währungsschlange wurde schließlich 1979 das Europäische Währungssystem (EWS) errichtet. Ziel war es, die Wechselkurse zwischen den Währungen der EG-Staaten zu stabilisieren. Dadurch sollte eine stabile Währungszone im ökonomischen Kernbereich Europas geschaffen werden. Das EWS gilt als das wichtigste Beispiel für ein Währungssystem mit Wechselkursbandbreiten. In den vergangenen Jahren wurde die Idee eines solchen Bandes im Zuge der Diskussion über die vom ehemaligen Bundesminister der Finanzen Oskar Lafon

taine propagierten Wechselkurszielzonen zwischen den Währungen der so genannten Triade (USA, Eurozone, Japan) wieder belebt.

In einem solchen System können also die Wechselkurse der beteiligten Währungen
frei schwanken – allerdings innerhalb einer bestimmten Bandbreite. Überschreitet
der Wechselkurs einer Währung diese Bandbreite, treten bestimmte Mechanismen in
Kraft, die den Wechselkurs der Währung wieder in dieses Band zurückführen sollen
(Abb. 2.6).

Abb. 2.6 Wechselkursbandbreiten

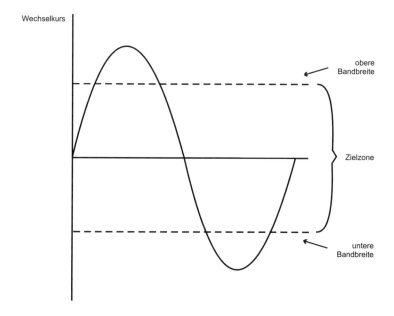

Für ein System von Wechselkursbandbreiten sind einige zentrale Elemente unverzichtbar:

- eine Bezugsgröße, um den die Wechselkurse der beteiligten Währungen
  schwanken; im Rahmen des EWS war dies die gemeinsame Kunstwährung ECU
  (European Currency Unit).

- Bandbreiten als obere und untere Begrenzung für Wechselkursbewegungen. Die
  Bandbreite betrug im EWS zunächst ± 2,25% (italienische Lira ± 6%; zeitweise
  britisches Pfund und spanische Peseta ± 6%). Im Zuge der schweren Devisen-
  marktturbulenzen 1992/1993 wurde die Bandbreite ab August 1993 auf ± 15%
  erweitert.

- Maßnahmen (Interventionen), die eine Rückkehr der Wechselkurse in die Zielzone gewährleisten. Bilaterale Notenbankinterventionen wurden verpflichtend vereinbart, wenn die Bandbreiten tangiert wurden, z. B. bei einer zu starken Aufwertung der DM zum französischen Franc (Ankauf von französischen Franc durch die Deutsche Bundesbank und Verkauf von DM durch die Zentralbank Frankreichs). Bereits vorher waren allerdings nationale Maßnahmen zu ergreifen, wenn die Abweichung des ECU-Wertes der eigenen Währung 75% der maximalen Bandbreite erreichte (sog. Abweichungsindikator). Bei großen, dauerhaften Wechselkursveränderungen und bei einer Veränderung des Teilnehmerkreises wurden Realignments (Leitkursanpassungen) vorgenommen. Zum Schutz der eigenen Volkswirtschaften konnte auch eine Suspendierung der Teilnahme am Wechselkursmechanismus erfolgen (italienische Lira und britisches Pfund am 17. September 1992).

Durch diese vergleichsweise strikten Regelungen sollten die aus großen und schnellen Wechselkursbewegungen resultierenden volkswirtschaftlichen Auswirkungen für die EG-Staaten vermindert werden. Die Politik der Wechselkursbandbreiten erwies sich über einen Zeitraum von etwa 15 Jahren auch als erfolgreich. Im Zuge der Spekulationen von 1992/1993 gegen nahezu alle Währungen des EWS und mit Ausweitung der Bandbreiten als Reaktion darauf, war aber dieses System faktisch nicht mehr existent.

Als Nachfolger des EWS wurde im Zuge der Europäischen Währungsunion (EWU) der Wechselkursmechanismus II (WKM II) errichtet. Nach dem Vertrag von Maastricht müssen Staaten, die sich für eine Teilnahme an der EWU qualifizieren wollen, das Wechselkurskriterium erfüllen, um den Wechselkurs ihrer Währung im Verhältnis zum Euro zu stabilisieren: Dies erfolgt durch die Teilnahme am WKM II. Danach muss ein beitrittswilliger Staat mindestens zwei Jahre innerhalb der normalen Bandbreiten zum Euro (± 15%) die Stabilität seiner Währung im Außenverhältnis unter Beweis stellen. Allerdings ist bei einem hohen Konvergenzstand auch eine engere Bandbreite möglich (Dänemark mit ± 2,25%). Damit sollen sich die betroffenen Staaten daran ,gewöhnen', den Wechselkurs nicht mehr als Mittel der nationalen Wirtschaftspolitik einsetzen zu können. Durch die Erweiterung der EG um die Staaten Mittel- und Osteuropas zum 1. Mai 2004 hat das WKM II eine erhebliche Bedeutung erlangt. Zur Teilnahme an der EWU muss schließlich u. a. das Wechselkurskriterium (spannungsfreie Mitgliedschaft im WKM II für die Dauer von zwei Jahren) eingehalten werden.

2.6.4   Currency Board

Während Wechselkursbandbreiten immerhin Schwankungen der nationalen Währungen im gewählten Rahmen zulassen, stellt ein Currency Board eine noch strenge-
re Form der Wechselkursbindung dar: Die nationale Währung wird in einem festen
Verhältnis an eine ausländische Währung oder einen Währungskorb gebunden. Gegenüber einem System fester Wechselkurse kommt es hier allerdings zu einem weit-
gehenden Verzicht auf eine eigenständige Gestaltung von Geld- und Währungspolitik. Die wesentlichen Bestandteile eines Currency Boards sind:

- Die ‚gesetzliche‘ Festlegung der gewählten Wechselkursrelation, d. h. eine Änderung der gewählten Wechselkursrelation kann nur durch eine Änderung der gesetzlichen Grundlage erfolgen (im Gegensatz zu einem System mit festen Wechselkursen). Insofern stellt ein Currency Board eine extreme Variante eines Fest-
  kurssystems dar.

- Eine vollständige Deckung der monetären inländischen Geldbasis (Banknoten,
  Münzen, Sichteinlagen) durch Devisenreserven. Eine Unterdeckung wird zum
  Problem, wenn auf Grund von Währungsspekulationen die in- und ausländischen
  Anleger die Guthaben in nationaler Währung in Guthaben in der Ankerwährung
  umtauschen wollen. In einem solchen Fall sind die Geschäftsbanken für die vollständige Deckung durch die Ankerwährung verantwortlich. Sollte es notwendig
  sein, eine steigende Nachfrage nach der Ankerwährung zu befriedigen, können
  sie Aktiva verkaufen bzw. Kredite kündigen, sodass ein steigendes Zinsniveau
  die Folge ist – mit entsprechenden Konsequenzen für die wirtschaftliche Entwicklung des Staates.

- Der Zentralbank wird nahezu jeder Entscheidungsspielraum entzogen, da etwa
  Zinsentscheidungen auch den Wechselkurs beeinflussen würden. Damit wird eine nationale Geldpolitik weitgehend aufgegeben.

Ein solches Wechselkurssystem findet sich z. B. in einigen EU-Staaten (Bulgarien,
Estland, Litauen; Stand 2009). Hier ist die Bindungswährung der Euro, in außereu-
ropäischen Staaten wird eher de US-Dollar als Ankerwährung verwendet. In der
jüngeren Vergangenheit ist die Bedeutung des Currency Boards besonders durch die
Finanzkrise in Argentinien in den Mittelpunkt der Medien und wissenschaftlicher
Analysen gerückt.

Ziel eines Currency Boards ist der Glaubwürdigkeits- und Stabilitätsimport durch
eine stabile Fremdwährung (oder eines Währungskorbes), also die Übertragung der

Reputation der Anker- auf die eigene Währung. Durch die Anbindung des Wechselkurses der eigenen Währung an den Kurs einer Fremdwährung mit einem stabilen, möglichst leicht steigenden Außenwert soll vor allem die Bekämpfung hoher Inflationsraten ermöglicht werden. Durch sinkende Inflationsraten wird schließlich das Vertrauen in die Stabilität der Volkswirtschaft erhöht und ausländische Investoren zu einem verstärkten Engagement ermuntert. Niedrige Preissteigerungen, positive Auswirkungen auf das Wirtschaftswachstum und den Arbeitsmarkt würden dann als Ergebnis die Durchführung des Currency Boards rechtfertigen.

Bei einer Aufwertung der Ankerwährung erfährt damit auch die angebundene Währung eine Aufwertung. Dadurch sinken die Preise für importierte Güter, wodurch sich auch für die Inlandspreise ein Preissenkungsspielraum ergibt: die Inflationsrate geht damit tendenziell zurück, es wird Stabilität importiert. Unterstützt wird dieser Prozess durch eine zurückhaltende Ausgabenpolitik im Bereich der öffentlichen Finanzen: Die Kreditwünsche staatlicher Ebenen können von der nationalen Zentralbank i. d. R. nicht mehr erfüllt werden, da sich die Geldbasis an der Höhe der Devisenreserven zu orientieren hat. Fiskalpolitische Stabilität und Preisstabilität sollen schließlich zu niedrigeren Inlandszinsen führen, mit positiven Impulsen für die gesamtwirtschaftliche Entwicklung. Allerdings sind die Probleme dieses Systems nicht unerheblich. Die ökonomischen und gesellschaftlichen Schwierigkeiten eines Staates werden mitunter auch auf die Einrichtung eines Currency Boards zurückgeführt, wie das Beispiel Argentiniens mit seiner Anbindung des Peso an den US-Dollar zeigt (bei der Aufwertung der Ankerwährung im Vergleich zu Währungen von Mitwettbewerbern erfolgt quasi eine Überbewertung der eigenen Währung, was zu einem Einbruch bei den Exporten, in der wirtschaftlichen Entwicklung, zu Kapitalabfluss und zu einem kräftigen Anstieg der Arbeitslosigkeit führen kann). Auf Grund dieser Probleme hat deshalb der IWF einen Katalog von Kriterien definiert, die ein Staat bei einer festen Anbindung seiner Währung an eine Ankerwährung erfüllen sollte:

- eine geringe Einbindung in die internationalen Kapitalmärkte
- ein großer Handelsanteil mit dem Land, an dessen Währung eine Anbindung erfolgen soll
- die wirtschaftlichen Schocks, vor denen es steht, sind denjenigen ähnlich, denen das Land gegenübersteht, an dessen Währung die Anbindung erfolgen soll
- es ist dazu bereit, seine geldpolitische Unabhängigkeit zu Gunsten der monetären Glaubwürdigkeit seines Partners aufzugeben
- sein Wirtschafts- und Finanzsystem stützt sich bereits beträchtlich auf die Währung des Partners

- auf Grund einer hohen aus der Vergangenheit übernommenen Inflation ist eine auf den Wechselkurs gestützte Stabilisierung attraktiv
- die Fiskalpolitik ist flexibel und nachhaltig
- die Arbeitsmärkte sind flexibel
- der Staat hat hohe Währungsreserven

2.6.5   Crawling Peg

Eine weitere Zwischenform stellt der Crawling Peg dar. Dabei wird die Parität (an eine fremde Währung oder einen Währungskorb) regelmäßig, mit zuvor festgelegten Schritten (i.d.R. ein Prozentsatz oder als Reaktion auf Entwicklungen ausgewählter makroökonomischer Indikatoren, wie etwa der Inflationsrate) verändert. Crawling Pegs werden in erster Linie für eine kontinuierliche Abwertung der eigenen Währung eingesetzt, um die Konkurrenzfähigkeit der heimischen Industrien zu unterstützen. Sowohl Auf- als auch Abwertungen werden vorher bekannt gegeben, um eine verlässliche Basis für Wechselkurserwartungen zu geben und Devisenspekulationen entgegenzuwirken. Diese Form eines Wechselkurssystems ist daher etwa für Schwellenländer besonders interessant. Ein wichtiges Beispiel für die praktische Durchführung eines Crawling Peg stellt die Verwirklichung dieses Wechselkurssystems durch Polen im Jahre 1991 dar. Am 12. April 2000 wurde dann der Wechselkurs des polnischen Zloty im Hinblick auf die beabsichtigte Teilnahme Polens an der EU, und damit als potenzieller Kandidat an der EWU, freigegeben. Die Deutsche Bundesbank ordnet Mitte 2009 etwa China diesem Wechselkurssystem zu.

2.6.6   Devisenbewirtschaftung

Systeme flexibler Wechselkurse verwirklichen marktwirtschaftliche Überlegungen am weitest gehenden. Zwar sind in den anderen bisher dargestellten Wechselkursvereinbarungen staatliche Eingriffe in unterschiedlicher Intensität vorhanden, marktwirtschaftliche Elemente sind aber die wesentlichen Bestandteile dieser Systeme. Ein vollständig nicht-marktwirtschaftliches System stellt die Devisenbewirtschaftung dar. Damit und mit der Kontrolle des Kapitalverkehrs, versucht eine Regierung den gesamten Devisenstrom zu lenken. Eine Wechselkursbildung wird in einem solchen System nicht mehr durch den Markt bestimmt. Werden sämtliche Transaktionen, d. h. auch im Waren- und Dienstleistungsverkehr, mit dem Ausland genehmigungspflichtig, findet eine vollständige Kontrolle über die Leistungsbilanz statt. Deviseneinnahmen aus Exporten müssen an die Zentralbank/den Staat abgeliefert werden (Ablieferungspflicht), die Zuteilung der eingenommenen Devisen erfolgt nach einem Wirtschaftsplan, etwa für den Kauf notwendiger Importe. Mögliche Ziele einer solch protektionistischen Verhaltensweise können sein:

- Möglichkeit, einem Devisenmangel zu begegnen oder den Einfluss von Spekulationen zu begrenzen (Malaysia während der Asienkrise)

- Ideologische Gründe (Verwirklichung einer autonomen Volkswirtschaft)

Hierfür können eine Reihe von Instrumenten eingesetzt werden, z. B.:

- Kapitalexportsteuern; sie beschränken die Kapitalflucht in- und ausländischer Anleger

- Kapitalimportsteuern; inländische Kreditinstitute und Unternehmen dürfen (kurzfristige) Kredite in Auslandswährung aufnehmen, allerdings wird dieser Import besteuert

- Mengenbeschränkungen des Kapitalimports und des Kapitalexports, bzw. die Genehmigungspflicht für entsprechende Transaktionen

Der Wert der Währung im Außenverhältnis wird daher indirekt, über die Beschränkung der Kapitalströme, oder direkt, z. B. von der Regierung (etwa in Tunesien), festgelegt. Probleme einer solchen Politik können sein:

- Die eigene Währung ist international nicht handelbar; Importe können nur über Deviseneinnahmen finanziert werden. Zudem koppelt sich der Zins auf dem inländischen Kapitalmarkt vom internationalen Zins ab.

- Der Staat ist i. d. R. auch auf anderen ökonomischen Gebieten isoliert. Das bedeutet: kein Handelsaustausch, keine internationale Konkurrenz, kein Aufbau effizienter Industrien und damit kaum eine oder keine Steigerung des Wohlstandsniveaus.

- Es findet eine Umgehung der staatlichen Reglementierungen durch illegale Transaktionen statt; ein Schwarzmarkt für ausländische Währungen (insbesondere für die wichtigen Währungen) entsteht.

Kurzfristig können Beschränkungen des Kapitalverkehrs die negativen Einflüsse von extremen Wechselkursschwankungen abmildern, wie das Beispiel Malaysias (der Handel mit der eigenen Währung [Ringgit] wurde eingeschränkt; ausländische Investoren durften ihre Anlagen erst nach einem Jahr in ausländische Währung konvertieren, 1999 wurde diese Regelung durch eine Steuer auf Kapitalexporte ersetzt) im Verlauf der Asienkrise gezeigt hat.

Vor dem Hintergrund der durch starke Kapitalbewegungen verstärkten oder sogar ausgelösten ökonomischen und gesellschaftlichen Krisen wird die Einführung einer Tobin-Steuer diskutiert. Der Vorschlag hat in erster Linie das Ziel, die Währungsspekulationen zu verringern, um deren negative Folgen für die Realwirtschaft auszuschalten. Der positive Nebeneffekt wäre eine zusätzliche Einnahmequelle, allerdings nur solange, wie diese Lenkungsabgabe ihr Ziel, die Vermeidung der Währungsspekulationen, nicht voll erreicht. Hierfür soll auf die Devisenumsätze eine Steuer erhoben werden. Durch einen einheitlichen Steuersatz auf alle Devisentransaktionen entsteht eine degressive Wirkung, die relative steuerliche Belastung sinkt mit der zunehmenden Haltedauer der Finanzaktiva. Sie trifft also die Marktteilnehmer am härtesten, die am häufigsten mit Devisen handeln. In der praktischen Umsetzung dürften sich allerdings Schwierigkeiten ergeben, weil sich alle Staaten der Welt an einer solchen beteiligen müssten. Ansonsten bestünde die Gefahr, dass die Devisenbörsen in Steueroasen abwandern würden. Devisenspekulationen würden damit aber unverändert stattfinden. Zudem ist nicht sicher, ob bei großen Wechselkursbewegungen (etwa bei der Asienkrise) die Spekulationsgewinne nicht doch die Spekulationskosten durch eine solche Steuer übersteigen.

2.6.7   (Europäische) Währungsunion

Eine Währungsunion stellt eigentlich kein Währungssystem im engeren Sinne dar, da nur eine Währung für mehrere Staaten existiert. Daher können auch keine Wechselkurse bestehen. Allerdings bedeutet der Weg zur Verwirklichung einer Währungsunion die Zusammenführung verschiedener Währungen, womit auch ökonomische Auswirkungen, sowohl im Innen- als auch im Außenverhältnis, für die entsprechenden Staaten verbunden sind. Zudem verändern sich für die jeweilige nationale Wirtschaftspolitik im Moment der Einführung der gemeinsamen Währung die gesamtwirtschaftlichen Rahmenbedingungen erheblich. Die Pufferfunktion des Wechselkurses (durch Auf- oder Abwertung) muss dann von anderen ökonomischen Größen übernommen werden.

Das bekannteste Beispiel einer Währungsunion stellt die EWU dar. Zum 1. Januar 1999 wurden die nationalen Währungen der Teilnehmerstaaten zu Untereinheiten der gemeinsamen Währung, dem Euro. Damit können zwischen dem Euro und den

‚alten' Währungen der Euro-Staaten auch keine Wechselkurse bestehen. Vielmehr tauscht die Deutsche Bundesbank auf DM lautende Banknoten und Münzen zum festgelegten Umrechnungsfaktor (1 Euro = 1,95583 DM) zeitlich unbegrenzt in Euro um. Grundlage der EWU ist der Vertrag über die EU von 1992 (‚Maastrichter Vertrag') sowie die ergänzenden Protokolle. In diesen Dokumenten kam es zur Festlegung des Weges von den nationalen zur gemeinsamen Währung. Die konkrete Ausgestaltung erfolgte durch spätere Entscheidungen (Umrechnungsfaktoren, Übergangsregelungen). Die Auswirkungen auf die einzelnen Bereiche der Wirtschaftspolitik waren und sind z. T. erheblich:

- **Geldpolitik:** Am stärksten sind die Auswirkungen für die Geldpolitik, weil die nationalen Zentralbanken der Teilnehmerstaaten ihre geldpolitische Entscheidungsgewalt auf den Rat der Europäischen Zentralbank übertragen haben. Damit kann sich die Geldpolitik mit dem größeren Währungsraum nicht mehr an nationalen Besonderheiten ausrichten. Entscheidungen erfolgen vielmehr auf der Grundlage der ökonomischen Situation im gesamten Euro-Raum.

- **Finanzpolitik:** Die anderen Bereiche der Wirtschaftspolitik sind etwa durch ergänzende Regelungen des Maastrichter Vertrages, inklusive nachfolgender Vereinbarungen, oder durch die ökonomischen Wirkungen des Euro beeinflusst. Dies gilt auch für die Finanzpolitik. Hier liegen die Verantwortlichkeiten zwar immer noch bei den Nationalstaaten, aber durch die Budgetregeln des Vertrages und des Stabilitäts- und Wachstumspaktes sind die Spielräume nationaler Finanzpolitik, neben den ökonomischen Zwängen durch eine steigende Zinsbelastung, kleiner geworden.

- **Lohnpolitik:** Kein Staat kann sich den Regeln eines einheitlichen Währungsraums entziehen – der Druck zu einer disziplinierten Lohnpolitik hat sich durch den Euro verstärkt. Die Möglichkeit, zu hohe Tarifabschlüsse durch eine Abwertung der eigenen Währung in ihren negativen Wirkungen auszugleichen oder zumindest abzuschwächen, ist nicht mehr vorhanden. Vielmehr ist der Verlust von Wettbewerbsfähigkeit und Arbeitsplätzen das Resultat einer solchen Strategie. Das betreffende Land müsste folglich den Schaden seiner verfehlten Tarifpolitik selbst tragen. Seine Partner brauchen hingegen keine negativen Folgen zu befürchten; ihre relative Wettbewerbsposition würde sich sogar verbessern. Eine vergleichbare Argumentation besteht auch für die durch sozialpolitische Regelungen entstehenden Kostenbelastungen des Faktors Arbeit.

In der Literatur finden sich immer wieder Forderungen nach neuen Formen der Währungskooperation. Befürworter einer rein marktwirtschaftlich orientierten internationalen Währungsordnung (etwa der IWF) lehnen Eingriffe in die Bildung der Wechselkurse aus dem Zusammenspiel von Angebot und Nachfrage prinzipiell ab. Andere Beobachter sehen Handlungsbedarf und lehnen solche Maßnahmen nicht kategorisch ab. Hierfür bieten sich verschiedene Varianten an:

- Der weitest gehende Vorschlag stellt sicherlich die Einführung einer Weltwährung dar. Damit würden Probleme, die durch Wechselkursschwankungen entstehen können beseitigt, gleichzeitig würde aber den Nationalstaaten die Möglichkeit genommen, den Wechselkurs (kurzfristig) als Mittel einer wohlstandsmehrenden Wirtschaftspolitik einsetzen zu können. Weitere ökonomische Probleme, wie etwa die Übertragung inflationärer Impulse, kommen hinzu. Zudem ist die Einführung einer Weltwährung derzeit politisch nicht durchsetzbar und damit eher in der theoretischen Diskussion verhaftet.

- Eine weitere Möglichkeit stellt die intensivere Zusammenarbeit der wichtigen Triade-Staaten (USA, Staaten der Eurozone, Japan) in Form von Währungskooperationen dar. Eine Ergänzung würde eine solche Zusammenarbeit in regionalen Kooperationen, bis zu regionalen Gemeinschaftswährungen, zwischen kleineren Staaten finden, die einen Großteil ihres Außenhandels miteinander abwickeln. Durch die steigenden Handelsverflechtungen in einer Währung nimmt die Anfälligkeit der beteiligten Länder gegenüber exogenen Schocks ab.

Die temporäre Zusammenarbeit zwischen wichtigen Währungen wurde bereits in der Vergangenheit verwirklicht. Neben dem System von Bretton-Woods, mit der Verpflichtung der beteiligten Notenbanken (außer der US-amerikanischen), die Wechselkurse ihrer Währungen innerhalb einer Bandbreite von einem Prozent zur Dollarparität zu halten, wird bei der Diskussion währungspolitischer Kooperationen zum einen auf das Plaza-Abkommen und zum anderen auf den Louvre-Akkord abgestellt. Solche Kooperationen waren in der Vergangenheit allerdings nur zeitweise erfolgreich. Zudem scheinen sie politisch überhaupt nur durchführbar, wenn alle Beteiligten Vorteile aus einer solchen Zusammenarbeit gewinnen.

Zumindest auf regionaler Ebene haben die Vorteile einer gemeinsamen Währung zu Nachahmern geführt. So wird in Südamerika und in Teilen Asiens über regionale Währungsverbünde konkret nachgedacht. Einen konkreten Beschluss zur Realisierung einer gemeinsamen Währung haben dagegen bereits die vier Golf-Staaten, Saudi Arabien, Kuwait, Katar, Bahrain, gefasst.

2.7 Fragestellungen/Ergänzende Literatur

Fragestellungen

- Aus welchen Teilbilanzen setzt sich die deutsche Leistungsbilanz zusammen?
- In der Öffentlichkeit wird häufig eine Verbindung zwischen der Leistungsbilanz eines Landes und dem Wechselkurs der Währung hergestellt. Stellen Sie dar, wie ein solcher Zusammenhang aussehen könnte!
- Welche Überlegungen beinhaltet das Faktorproportionen-Theorem?
- Geben Sie einen Überblick über fundamentale Erklärungen von Wechselkursentwicklungen!
- Zeigen Sie den Ablauf einer Währungsspekulation auf!
- Stellen Sie eine Veränderung des Wechselkurses zwischen zwei Währungen in einem Preis-Mengen-Diagramm grafisch dar. Gehen Sie dabei von einer Verringerung der Nachfrage nach der inländischen Währung aus!
- Stellen Sie dar, welche Auswirkungen von Wechselkursveränderungen auf die Realisierung der Ziele des ‚magischen Vierecks' ausgehen können!
- Stellen Sie die ökonomischen Auswirkungen eines Currency Board dar!
- Beschreiben Sie den Unterschied zwischen einer Währungsunion und Wechselkursbandbreiten!
- Welche ökonomischen Auswirkungen könnten von einer Weltwährung ausgehen?

Ergänzende Literatur

Die Grundzüge der Außenwirtschaftstheorie und –politik werden ausführlicher erläutert in

- Krugman P.; Obstfeld, M., Internationale Wirtschaft. Theorie und Politik der Außenwirtschaft, 8. Aufl., München 2009
- Weeber, J., Internationale Wirtschaft, München 2002

Primärquellen für die deutsche Zahlungsbilanz sind Veröffentlichungen der Deutschen Bundesbank:

- Deutsche Bundesbank (jeweils im Märzheft des Monatsberichtes erscheint der Bericht über die Entwicklung der Zahlungsbilanz des Vorjahres)

- Deutsche Bundesbank, Statistisches Beiheft zum Monatsbericht 3, Zahlungsbilanzstatistik, Franfurt/Main (Datengrundlage; erscheint monatlich)

Speziell zur Vertiefung der Themen Wechselkurse und –systeme eignen sich

- Jarchow, H.-J.; Rühmann, P., Monetäre Außenwirtschaft, Band I: Monetäre Außenwirtschaftstheorie, 5. Aufl., Göttingen 2000
- Jarchow, H.-J.; Rühmann, P., Monetäre Außenwirtschaft, Band II: Internationale Währungspolitik, 5. Aufl., Göttingen 2002
- Rübel, G., Grundlagen der Monetären Außenwirtschaft, 2. Aufl., München 2005

3 Wirtschaftskreislauf und Volkswirtschaftliche Gesamtrechnungen

---

Lernziele:

In diesem Kapitel lernen Sie:

- Warum die Volkswirtschaftlichen Gesamtrechnungen überhaupt wichtig sind
- Das Grundprinzip eines Wirtschaftskreislaufs kennen – mit seinen möglichen Erweiterungen
- Den Inhalt und die Struktur des Kontensystems der Volkswirtschaftlichen Gesamtrechnungen
- Was eigentlich das Bruttoinlandsprodukt ist
- Wo der Unterschied ist zwischen dem Bruttoinlandsprodukt und dem Bruttonationaleinkommen
- Warum die Aussagekraft des Bruttoinlandsproduktes begrenzt ist
- Wie Wohlstand bzw. Wohlfahrt eines Staates alternativ gemessen werden kann

---

3.1 Grundlagen

Volkswirtschaftliche Gesamtrechnungen (VGR) sollen die wirtschaftlichen Aktivitäten einer Volkswirtschaft erfassen. In Deutschland werden die Daten der VGR vom Statistischen Bundesamt zur Verfügung gestellt. Hierfür werden sowohl amtlich ermittelte Angaben (von Monatserhebungen in der Verarbeitenden Industrie bis zu vierjährlichen Kostenstrukturerhebungen) als auch nicht-amtliche Statistiken (etwa Berichte von Wirtschaftsverbänden) verwendet.

Diese Daten dienen u. a. zur Überprüfung theoretisch abgeleiteter Zusammenhänge und sind Grundlage von Prognosen. Hierfür werden verschiedene volkswirtschaftliche Größen ermittelt, die eine Zusammenfassung der wirtschaftlichen Beziehungen in der Volkswirtschaft liefern sollen. Der bekannteste aus der VGR gewonnene Indikator ist das Bruttoinlandsprodukt (BIP). Allerdings bieten auch andere Kennzahlen der VGR wichtige Anknüpfungspunkte für gesetzgeberische oder administrative Regelungen und für ökonomische Entscheidungen; die Ergebnisse der VGR sind damit von erheblichem Interesse. Wichtige Beispiele hierfür sind:

- die Anpassung der Renten, die sich nach der jährlichen Veränderung der Bruttolöhne und -gehälter aus den VGR errechnet,

- die Steuerschätzungen des Bundes, die sich u. a. an der wirtschaftlichen Entwicklung – d. h. dem BIP – orientieren,

- die Zinsentscheidungen der Zentralbank, die sowohl die aktuelle als auch die zukünftige wirtschaftliche Entwicklung in ihre Überlegungen einbezieht,

- die Berechnung der Defizit- und Schuldenquoten (Bezugsgröße BIP) für den Stabilitäts- und Wachstumspakt der Europäischen Union (EU) und für einen späteren Beitritt von EU-Staaten zur Europäischen Währungsunion,

- Bestimmung von großen Teilen des Beitrags der einzelnen Mitgliedstaaten an den Eigenmitteln der EU anhand des Anteils ihres Bruttonationaleinkommens (BNE) am gesamten BNE der EU.

Diese Beispiele zeigen die große Bedeutung der VGR und wie wichtig es ist, dass sie zuverlässige und in der EU auch vergleichbare Ergebnisse liefert. Große Probleme gab es in früheren Jahren beim Vergleich der VGR-Statistik im internationalen Vergleich. Die gemeinsame Anwendung des Europäischen Systems Volkswirtschaftlicher Gesamtrechnungen (ESVG ´95) in allen Mitgliedstaaten der EU hat die Vergleichbarkeit der jeweiligen VGR-Ergebnisse deutlich verbessert. In Deutschland hat das ESVG ´95 die nationale Berechnungsweise zum April 1999 abgelöst. Auf der Grundlage dieser neuen Berechnungsweise werden in Deutschland entsprechende Angaben für die Jahre ab 1991 veröffentlicht.

Probleme der zeitlichen Vergleichbarkeit von VGR-Daten in einer Kurzfristbetrachtung können allerdings durch sog. Kalendereffekte entstehen. Diese können zum einen die Ergebnisse von Quartalsvergleichen beeinflussen. So wird das BIP im ersten Quartal eines Jahres höher sein, wenn Ostern in den April und nicht in den März fällt, weil dann mehr Arbeitstage im ersten Quartal zur Verfügung stehen. Zum anderen entstehen Verzerrungen des Produktionsergebnisses durch die unterschiedliche Lage von Feiertagen bei aufeinander folgenden Jahren. Dadurch steht in diesen Jahren jeweils eine unterschiedliche Anzahl von Arbeitstagen für die Produktion von Waren und Dienstleistungen in einer Volkswirtschaft zur Verfügung. So lagen in den Jahren 2003/2004 die Feiertage auf folgenden Wochentagen:

	2003	**2004**
Maria Himmelfahrt (15.8.; Feiertag Saarland, Bayern)	Freitag	Sonntag
3. Oktober	Freitag	Sonntag
Reformationstag (31.10.; Feiertag in einigen Bundsländern)	Freitag	Sonntag
26. Dezember	Freitag	Sonntag
1. Mai	Donnerstag	Samstag
25. Dezember	Donnerstag	Samstag

Während das Jahr 2003 mit einer Vielzahl von Feiertagen an einem Donnerstag bzw. Freitag recht arbeitnehmerfreundlich war, verschoben sich diese Feiertage im Jahre 2004 auf das Wochenende. Zwar findet an diesen Tagen auch die Produktion von Gütern statt, jedoch in einem wesentlich geringeren Umfang als an ‚normalen‘ Werktagen. So standen im Jahre 2004 umgerechnet 3,3 Arbeitstage mehr als im Vorjahr zur Verfügung. Dies bedeutete rein rechnerisch eine Steigerung des BIP um 0,6%-Punkte oder ein Drittel des gesamten rechnerischen Wirtschaftswachstums in 2004 (Quelle: Arbeitsgemeinschaft deutscher wirtschaftswissenschaftlicher Forschungsinstitute, Frühjahrsgutachten 2003).

Wirtschaftswachstum	**2003**	**2004**
Prognose ohne Herausrechnung des Kalendereffektes	0,5%	1,8%
mit Herausrechnung	0,5%	1,2%

3.2   Der Wirtschaftskreislauf

Die Abbildung volkswirtschaftlicher Aktivitäten beruht auf kreislauftheoretischen Überlegungen über das Zusammenwirken der einzelnen Wirtschaftssubjekte in einer Volkswirtschaft. Die Grundidee des Wirtschaftskreislaufes stammt von François Quesnay (1694–1774, Leibarzt Ludwigs XV. und der Marquise de Pompadour), der in seinem Hauptwerk ‚Tableau économique' die erste Gesamtdarstellung eines volkswirtschaftlichen Kreislaufs vorlegte. Mit Hilfe von Polen (den volkswirtschaftlichen Sektoren) und Strömen (den jeweils zwischen den Sektoren fließenden realen und finanziellen Leistungen) sollen die wechselseitigen, komplexen wirtschaftlichen Verflechtungen in vereinfachender Weise dargestellt werden. Hierzu bietet sich vor allem die grafische Darstellungsform an, die in Form von Kreisen (als Pole) und Pfeilen (für die Ströme) die Abläufe in der Realität darstellt.

Zur Verdeutlichung des Grundprinzips eines einfachen Wirtschaftskreislaufs (Abb. 3.1) kann folgendes Beispiel für den Zusammenhang zwischen einem Privaten Haushalt (HH) und einem Unternehmen (U.) gelten:

Abb. 3.1 Einfacher Wirtschaftskreislauf

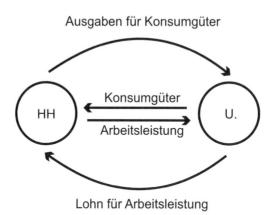

Auf der Basis bestimmter Annahmen (kein Staat, kein Ausland, es findet keine Vermögensänderung statt) kann gezeigt werden, dass der Lohn für Arbeitsleistung (Y, Zahlungsstrom vom Unternehmen an den Privaten Haushalt) vollständig zum Kauf von Konsumgütern (C, Ausgaben für Konsumgüter) des Privaten Haushalts beim Unternehmen dient. Als Ergänzung des Kreislaufbildes kann die Darstellung in einer einfachen Input-Output-Matrix verwendet werden, die stärker auf die Zuflüsse bzw. Abflüsse der Sektoren abstellt:

Pol	Zuflüsse	Abflüsse
Privater Haushalt	Faktoreinkommen (Lohn für Arbeitsleistung)	Konsumausgaben
Unternehmen	Konsumausgaben	Faktoreinkommen (Lohn für Arbeitsleistung)

Wird z. B. die Annahme ‚es findet keine Vermögensänderung statt' aufgegeben, erweitert sich die grafische Darstellung um den Vermögensänderungspol (VÄ, Abb. 3.2).

Abb. 3.2 Erweiterter Wirtschaftskreislauf

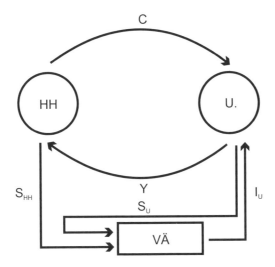

Dabei ist der Vermögensänderungspol nicht als Institution (etwa im Sinne einer Bank), sondern als volkswirtschaftliche Funktion anzusehen. Dies wird daran deutlich, dass hierunter auch Abschreibungen von Unternehmen erfasst werden: Sie verbergen sich hinter dem Zahlungsstrom I_U, der die Nettoinvestitionen als Ergebnis aus Bruttoinvestitionen minus Abschreibungen darstellt. Die Input-Output-Matrix erweitert sich ebenfalls:

Pol	Zuflüsse	Abflüsse
Privater Haushalt	Faktoreinkommen	Konsumausgaben + **Sparen**
Unternehmen	Konsumausgaben + **Investitionen**	Faktoreinkommen + **Sparen**
Vermögensänderung	**Sparen** • des Unternehmens • des Privaten Haushalts	**Investitionen**

Bei einer vollständigen Darstellung der wirtschaftlichen Aktivität einer Volkswirtschaft kann dieses Kreislaufbild in weiteren Schritten um die Pole ‚Staat' und ‚Ausland' mit den entsprechenden Strömen erweitert werden – dies gilt auch für die Input-Output-Matrix.

3.3   Volkswirtschaftliche Gesamtrechnungen

Die Grenzen der bisher gezeigten Darstellungsformen lassen sich bereits bei einer kleinen Erweiterung des bekannten Wirtschaftskreislaufbildes erahnen. Die übliche Präsentation der VGR-Ergebnisse erfolgt deshalb in Kontenform, die sich aus dem verwendeten Buchungssystem der doppelten Buchhaltung ergibt. Für die Öffentlichkeit werden die gewonnenen Daten dann i. d. R. zusätzlich in Tabellen aufbereitet.

3.3.1   Aktivitätskonten

Ausgangspunkt ist zunächst die Erfassung der ökonomischen Aktivitäten: Produktion, Einkommensentstehung, Einkommensverteilung, Einkommensverwendung, Vermögensänderung, Finanzierung.

Zur Vereinfachung können

- die Wirtschaftsbeziehungen mit dem Ausland in einem Konto (Konto ‚Übrige Welt') und

- die Einkommenskonten in einem gemeinsamen Konto ‚Einkommen'

zusammengefasst werden.

Die ökonomischen Aktivitäten werden für die jeweiligen Sektoren erhoben. In der VGR werden – neben der ‚Übrigen Welt' (Staaten, Institutionen der EU und internationale Organisationen) – fünf Sektoren unterschieden:

- **Nichtfinanzielle Kapitalgesellschaften**

Der Sektor nichtfinanzielle Kapitalgesellschaften umfasst institutionelle Einheiten, deren Verteilungs- und finanzielle Transaktionen sich von jenen ihrer Eigentümer unterscheiden und die als Marktproduzenten in der Haupttätigkeit Waren und nichtfinanzielle Dienstleistungen produzieren.

Zu den nichtfinanziellen Kapitalgesellschaften werden vor allem die früheren ‚Produktionsunternehmen' aus dem Produzierenden Gewerbe und dem Dienstleistungssektor gezählt. Seit der ESVG ′95 gehören auch Quasi-Kapitalgesellschaften dazu. Kriterien hierfür sind vor allem: Anwendung eines umfassenden Buchhaltungssystems und weitgehende Entscheidungsautonomie in der Wirtschaftsführung. Zudem müssen sie das Kriterium für Marktproduktion (Verkaufserlöse decken über die Hälfte der Produktionskosten [50%-Kriterium]) erfüllen. Dies trifft etwa auf die Krankenhäuser der öffentlichen und frei-gemeinnützigen Träger und auf rechtlich unselbstständige Eigenbetriebe des Staates, die früher im Sektor Staat enthalten waren, zu.

- **Finanzielle Kapitalgesellschaften**

Der Sektor finanzielle Kapitalgesellschaften umfasst die Kapitalgesellschaften und Quasi-Kapitalgesellschaften, deren Hauptfunktion in der finanziellen Mittlertätigkeit liegt und/oder die hauptsächlich im Kredit- und Versicherungshilfsgewerbe tätig sind.

Neben dem Bankensektor, Finanzierungsleasinggesellschaften und dem Versicherungsgewerbe gehören auch Investmentfonds, Versicherungs-, Finanz- und Effektenmakler, Anlageberater als finanzielle Mittler zu diesem Sektor. Zu diesem Sektor wird auch die Zentralbank gerechnet, da sie Zahlungsmittel ausgibt und somit als ‚Mutter' aller finanziellen Tätigkeiten angesehen werden kann.

- **Staat**

Der Sektor Staat umfasst alle institutionellen Einheiten, die zu den sonstigen Nichtmarktproduzenten zählen, deren Produktionswert für den Individual- und Kollektivkonsum bestimmt ist, die sich primär mit Zwangsabgaben von Einheiten anderer Sektoren finanzieren und/oder die Einkommen und Vermögen umverteilen.

Der Sektor Staat wird dabei in vier Teilsektoren unterteilt: Bund (Zentralstaat), Länder, Gemeinden und die gesetzlichen Sozialversicherungen.

- **Private Organisationen ohne Erwerbszweck**

Dieser Sektor umfasst Organisationen ohne Erwerbszweck mit eigener Rechtspersönlichkeit, die als private sonstige Nichtmarktproduzenten privaten Haushalten dienen. Ihre Hauptmittel stammen aus freiwilligen Geld- oder Sachbeiträgen, die private Haushalte in ihrer Eigenschaft als Konsumenten leisten, aus Zahlungen des Staates sowie aus Vermögenseinkommen.

Hierzu zählen z. B. Gewerkschaften, wissenschaftliche Gesellschaften, Forschungseinrichtungen, Verbraucherverbände, politische Parteien, Kirchen, Sport- und Freizeitvereine und Wohlfahrtsverbände.

- **Private Haushalte**

Der Sektor private Haushalte umfasst die Einzelpersonen und Gruppen von Einzelpersonen in ihrer Funktion als Konsumenten und gegebenenfalls auch in ihrer Eigenschaft als Produzenten. Die Hauptmittel der in diesem Sektor erfassten Einheiten stammen aus Arbeitnehmerentgelt, Vermögenseinkommen, Transfers von anderen Sektoren und ggf. Einnahmen aus dem Verkauf von marktbestimmten Gütern.

Zu diesem Sektor gehören auch Personen, die auf Dauer in Anstalten und Einrichtungen leben und in wirtschaftlichen Fragen nur eine geringe oder überhaupt keine Entscheidungsfreiheit genießen (z. B. in Klöstern lebende Mitglieder religiöser Orden, Strafgefangene...). In diesem Sektor werden auch Einzelunternehmen und Personengesellschaften ohne eigene Rechtspersönlichkeit (soweit sie nicht als Quasi-Kapitalgesellschaften behandelt werden) subsumiert, deren Hauptfunktion darin besteht, marktbestimmte Waren und Dienstleitungen zu produzieren (auch Leistungen bezahlter Hausangestellter).

3.3 Volkswirtschaftliche Gesamtrechnungen   85

Theoretisch existiert – aus Sicht der VGR – für jedes einzelne Wirtschaftssubjekt ein entsprechendes Konto mit der jeweiligen ökonomischen Aktivität. In der Praxis werden diese Aktivitäten für jeden einzelnen Sektor in einem eigenen Konto erfasst. Als wichtige Beispiele für solche einzelwirtschaftlichen Konten gelten:

Das Produktionskonto einer nichtfinanziellen Kapitalgesellschaft

Käufe von Vorleistungen	Verkäufe von Vorleistungen
Abschreibungen	Verkäufe an private Haushalte
Gütersteuern minus Güter-subventionen	Verkäufe von Investitionsgütern
Nettowertschöpfung (Löhne, Gehälter, Mieten/Pacht, Zinsen, Gewinn)	Verkäufe an das Ausland

Auf der rechten Seite finden sich die Einnahmen aus Verkäufen, auf der linken Seite die Kosten der Produktion (und der Gewinn). Unter Vorleistungen werden Güter verstanden, die in der Betrachtungsperiode in den Produktionsprozess vollständig eingehen. Die verkauften Güter werden zu Marktpreisen bewertet. Zu den Verkäufen von Investitionsgütern werden auch ‚Lagerinvestitionen‘ und ‚Selbsterstellte Anlagen‘ gerechnet, die zu Herstellungspreisen in die VGR eingehen. Beim Produktionskonto öffentlicher Haushalte existieren für nahezu alle hergestellten Güter keine Marktpreise. Daher werden hier die Kosten der Herstellung als Bewertungsansatz verwendet (= linke Seite des Produktionskontos).

Das Einkommenskonto eines privaten Haushaltes

Geleistete Einkommensteuer, Sozialversicherungsbeiträge und andere laufende Transfers	Empfangene Arbeitnehmerentgelte und Selbstständigeneinkommen
Konsumausgaben	Empfangene minus geleistete Vermögenseinkommen
Sparen	Empfangene laufende Transfers

Die Einnahmen sind auf der rechten Seite (sortiert nach Einkommensarten), die Ausgaben auf der linken Seite zu finden. ‚Sparen' führt zum Ausgleich des Kontos. Auch eine negative Ersparnis ist möglich.

Das Vermögensänderungskonto einer nichtfinanziellen Kapitalgesellschaft

Bruttoanlageinvestitionen	Abschreibungen
Vorratsveränderung	Empfangene Vermögenstransfers
Geleistete Vermögenstransfers	Sparen
Finanzierungssaldo	

Im Wesentlichen finden sich Veränderungen des Sachvermögens auf diesem Kontentyp. Der Finanzierungssaldo ergibt sich als Differenz zwischen dieser Veränderung und den erwirtschafteten finanziellen Mitteln (Sparen) und den Vermögenstransfers.

Die Aktivitätskonten der einzelnen Sektoren werden durch Konsolidierung zusammengefasst. Hierdurch wird die Mehrfacherfassung von Vorleistungen vermieden. Den Abschluss der einzelwirtschaftlichen Erfassung bildet die Veränderungen von Forderungen und Verbindlichkeiten durch die Verbuchung der Finanzierungssalden über entsprechende Finanzierungskonten ab.

3.3.2   Gesamtwirtschaftliche Konten

Die Darstellung des BIP erfolgt in Deutschland mit Hilfe von drei Verfahren:

- **Verwendungsrechnung**: Hier werden die Angaben über die verschiedenen Nachfragekomponenten (Konsumausgaben, Bruttoinvestitionen, Außenbeitrag) zur gesamtwirtschaftlichen Nachfrage aggregiert.

- **Entstehungsrechnung**: Für die einzelnen Wirtschaftsbereiche einer Volkswirtschaft wird die jeweilige Bruttowertschöpfung ermittelt und zum BIP aggregiert (unter Korrektur der unterstellten Bankgebühr, der Gütersteuern und Gütersubventionen).

- **Verteilungsrechnung**: Grundsätzlich ist eine Berechnung des BIP auch aus dem im Produktionsprozess entstandenen Einkommen (Arbeitnehmerentgelt, Unternehmens- und Vermögenseinkommen) möglich. In Deutschland gibt es aber eine mangelnde Datenverfügbarkeit bei den Unternehmens- und Vermögenseinkommen, sodass bei dieser Berechnungsweise das BIP aus den Ergebnissen der Verwendungs- und Entstehungsrechnung vorgegeben wird. Eine eingeschränkte Ermittlung des BIP ist allerdings nicht unüblich – in den USA wird das BIP z. B. nur über die Verwendungsseite ermittelt.

Gesamtwirtschaftliche Konten lassen sich für jede einzelne ökonomische Aktivität bilden. Sowohl für die Öffentlichkeit als auch für die wissenschaftliche Analyse und Wirtschaftsprognose ist aber vor allem die verwendungsseitige Betrachtung von Interesse, die aus dem Gesamtwirtschaftlichen Produktionskonto abgeleitet wird.

Gesamtwirtschaftliches Produktionskonto (Inlandskonzept)

Abschreibungen (D)	Verkäufe von Konsumgütern an private Haushalte
Gütersteuern minus Gütersubventionen (T^{ind-Z})	Konsumausgaben des Staates (Eigenverbrauch)
Nettoinlandsprodukt zu Faktorkosten (Summe aller Nettowertschöpfungen)	Bruttoinvestitionen <ul><li>des Staates</li><li>der Unternehmen</li></ul> Export minus Import
Summe (BIP^M)	**Summe (BIP^M)**

Dabei zeigen die Ergebnisse der rechten Seite die Aufteilung der Produktion auf die Endverwendungskategorien auf. Daraus wird z. B. die große Bedeutung des privaten Konsums für die wirtschaftliche Entwicklung Deutschlands sichtbar. So machen diese Ausgaben rund drei Fünftel des gesamten BIP aus. Ohne eine nachhaltige Belebung dieser Verwendungskategorie ist also ein dauerhaftes Wirtschaftswachstum kaum möglich.

Der Zusatz zu Marktpreisen (BIP^M) soll bedeuten, dass die produzierten Güter zu Marktpreisen bewertet werden. Die Veränderung des BIP^M im Vergleich zum Vorjahr enthält dann auch die Preise der Waren und Dienstleistungen. Ein Wachstum des BIP^M kann daher sowohl durch eine mengenmäßige Veränderung und/oder durch eine Veränderung der Preise entstehen. Für zahlreiche Fragestellungen (etwa zu den Auswirkungen wirtschaftlichen Wachstums auf den Arbeitsmarkt) ist aber ein um Preissteigerungen bereinigtes BIP von Interesse. Im Rahmen einer Deflationierung wird daher aus der Zeitreihe des nominalen BIP (also unter Einschluss der Preisentwicklung) eine Zeitreihe für das reale BIP ermittelt. Nur bei kleinen Wachstumsraten kann man als **Faustformel** für diese Preisbereinigung anwenden:

Wachstum des BIP^M minus Preissteigerungsrate = Wachstum des realen BIP

Ausgehend vom BIP^M lassen sich weitere wichtige Größen der VGR ermitteln, z. B.

- das Nettoinlandsprodukt zu Marktpreisen (NIP^M). ‚Netto‘ bedeutet, dass die Abschreibungen nicht enthalten sind, d. h.:

$$NIP^M = BIP^M - D$$

Dadurch soll der ‚Ersatz‘ der Wertminderung aus der gesamtwirtschaftlichen Produktion herausgerechnet werden. Als relevanter Begriff für das Inländerkonzept wird im Zuge des ESVG ´95 hierfür das ‚Nettonationaleinkommen (Primäreinkommen)‘ verwendet:

- das Nettoinlandsprodukt zu Faktorkosten (NIP^F), mit

$$NIP^F = NIP^M - (T^{ind} - Z)$$

Da das Nettoinlandsprodukt zu Faktorkosten aus der Summe aller einzelwirtschaftlichen Nettowertschöpfungen (NWS) besteht und die NWS sich wiederum aus der Addition aller Faktorkosten (Arbeit, Boden, Kapital) zuzüglich Gewinn ergibt, hat man für diesen Indikator den Zusatz ‚zu Faktorkosten‘ gewählt. Als relevanter Begriff für das Inländerkonzept wird im Zuge des ESVG ´95 hierfür das ‚Volkseinkommen‘ verwendet:

3.3.3   Inlands- vs. Inländerkonzept

Die Ermittlung des BIP steht im Zentrum der VGR. Grundlage hierfür ist die Verwendung des Inlandskonzeptes. Im Gegensatz dazu steht das Inländerkonzept. Beide Konzepte grenzen sich wie folgt voneinander ab:

- **Inlandskonzept**

  Einkommen, die innerhalb der Grenzen einer Volkswirtschaft (durch Produktion) entstanden sind, unabhängig davon, ob die Einkommen in- oder ausländischen Wirtschaftssubjekten zugeflossen sind.

- **Inländerkonzept**

  Einkommen, die Inländern zugeflossen sind, unabhängig davon, ob aus in- oder ausländischen Produktionsaktivitäten.

Während damit beim Inlandskonzept die Produktionsaktivitäten (entstandene Einkommen aus Inlandsproduktion) im Mittelpunkt stehen, z. B. um die Auswirkungen auf den Arbeitsmarkt analysieren zu können, steht beim Inländerkonzept der Zufluss/Abfluss von Einkommen der inländischen Wirtschaftssubjekte im Fokus der Betrachtung. Auf der Grundlage dieses Konzeptes wurde früher das Bruttosozialprodukt (BSP) und wird heute das BNE ermittelt. Allerdings kommt neben der Namensänderung – im Zuge der Umgestaltung der nationalen VGR-Berechnungsweise an das ESVG ´95 – auch ein methodischer Unterschied zwischen BSP und BNE hinzu.

Vom BIP zum BNE
(in jeweiligen Preisen, in Mrd DM, Daten für 1998, Deutschland)

Bruttoinlandsprodukt (BIP)	3784,20
– Von Ausländern im Inland erzielte Einkommen	155,66
+ Von Inländern im Ausland erzielte Einkommen	139,37
Bruttosozialprodukt (BSP) *Inlandskonzept*	3767,91
– Zahlungen an die EU (z.B. an die EU abgegebene Zolleinnahmen, Mehrwertsteueranteile)	25,33
+ Einnahmen von der EU (z.B. Subventionen)	11,47
Bruttonationaleinkommen (BNE)	3754,05

Inländerkonzept

Dafür werden die ‚Zahlungen an die EU' und die ‚Einnahmen von der EU' als Einkommensveränderungen erfasst. Das Statistische Bundesamt hat dies im Zusammenhang mit der Anpassung an die ESVG ´95 im Jahre 1999 (daher die DM-Angaben) am Beispiel für 1998 verdeutlicht. Der Unterschied zwischen BSP und BNE ist im Beispiel erheblich, da Deutschland in absoluten Beträgen der größte Nettozahler der EU ist. Die Differenz zwischen beiden Indikatoren betrug im Jahre 2008 nach ersten Berechnungen rund 40 Mrd Euro. Das BSP wird vom Statistischen Bundesamt nicht mehr ermittelt.

3.4   Wohlstands- und Wohlfahrtsmaßstäbe

Zwar werden ein hohes BIP bzw. BNE i. d. R. mit einem Wohlstands- (vergleichsweise hohes Versorgungsniveau mit wirtschaftlichen Gütern) bzw. Wohlfahrtsniveau (umfasst auch nicht monetär bewertbare Größen, wie z. B. Glück und allgemeine Lebenszufriedenheit) einer Volkswirtschaft gleichgesetzt. Beide VGR-Indikatoren sind als Wohlstands- bzw. Wohlfahrtsmaßstab allerdings nur teilweise geeignet. Zum einen werden bei internationalen Vergleichen diese Werte zur besseren Vergleichbarkeit in eine einheitliche Währung umgerechnet (etwa in den US-Dollar). Dadurch entscheiden aber Wechselkurse mit über die ausgewiesenen Größenordnungen. Vor allem das Niveau weniger entwickelter Staaten wird wegen ihrer tendenziell unterbewerteten Währungen bei solchen Berechnungen unterschätzt. Daher werden bei solchen Vergleichen die VGR-Indikatoren häufig auch in Kaufkraftstandards („Wie viel Güter können mit einer Einheit Währung gekauft werden?") ausgewiesen, womit die Unterschiede der Preisniveaus zwischen den Staaten berücksichtigt werden. Die weitere Kritik richtet sich zum anderen vor allem an folgenden Punkten aus:

- **Umweltschäden**

  Umweltschäden durch Produktion werden nicht als Wohlstands-/Wohlfahrtsminderung erfasst; Maßnahmen zur Beseitigung der Umweltschäden steigern sogar u. U. das BIP (z. B. bei der Beseitigung der Schäden an den Küsten durch einen Tankerunfall).

- **Beeinträchtigungen des Wohlstandspotenzials zukünftiger Generationen werden nicht erfasst**

  Der Abbau von nicht-regenerierbaren Ressourcen zur Steigerung der heutigen Produktion vermindert zukünftige Fördermöglichkeiten und damit die künftige Produktion – womit eine Einschränkung des künftigen Wohlstands erreicht wird.

- **Zeitaufteilung in Arbeitszeit und Freizeit wird nicht erfasst**

  Die Verringerung/Erhöhung der Arbeitszeit bedeutet eine geringere/höhere potenzielle Produktionsmenge, damit ist aber für die Menschen auch ein Freizeitgewinn/Freizeitverlust verbunden.

- **Fehlende Verteilungsaspekte**

  Zwar kann die Aussagekraft des BIP dadurch gesteigert werden, dass der Anstieg des realen **BIP pro Kopf der Bevölkerung (intensives Wachstum)** betrachtet wird. Die Verteilung von Einkommen und/oder Vermögen innerhalb einer Volkswirtschaft auf einzelne Bevölkerungsgruppen wird aber auch hierdurch nicht erfasst. Dies kann besonders für Entwicklungsländer von besonderem Interesse sein, da hier die Ungleichverteilung von Einkommen und Vermögen vergleichsweise hoch ist und hierin ein wesentlicher Grund für die mangelnde wirtschaftliche Dynamik gesehen wird.

- **Nicht-ökonomische Größen werden vernachlässigt**

  Wohlstand/Wohlfahrt wird auch über nicht-messbare und/oder nicht-ökonomische Größen definiert (z. B. politische Freiheit, soziale Sicherheit, Lebenszufriedenheit).

- **Nichtmarktleistungen bleiben unberücksichtigt**

  Zwar gehen einige Nichtmarktleistungen als Schätzungen in die Berechnung des BIP ein (z. B. für Eigenleistungen am Hausbau oder in Form von Zuschlägen für die Erfassung schattenwirtschaftlicher Aktivitäten, etwa beim Verkauf von Leistungen ohne Rechnung). Dagegen werden wichtige Bereiche der Eigenleistungen nicht erfasst (wie z. B. die private Kindererziehung, Zubereitung von Mahlzeiten, Waschen….), da selbst verrichtete Hausarbeit nach internationalen Konventionen nicht zum Produktionsbegriff gehört.

Die genannten Kritikpunkte haben zu Ergänzungen der VGR durch zusätzliche Konzepte (Satellitensysteme) geführt. Vor allem geht es hierbei um die Erforschung von Tatbeständen, die zwar in Zusammenhang mit wirtschaftlichen Aktivitäten stehen, die aber nicht notwendigerweise mit monetären Transaktionen verbunden sind. Die daraus gewonnenen Erkenntnisse können zusätzlich zum BIP bzw. BNE verwendet werden. Als Beispiel für solche ‚Satellitensysteme‘ können genannt werden:

- **Umweltökonomische Gesamtrechnung**

  Im Rahmen ‚Umweltökonomischer Gesamtrechnungen‘ sollen etwa die aus der volkswirtschaftlichen Produktion entstehenden Belastungen für die Umwelt ermittelt werden. Auf der Grundlage eines Nachhaltigkeitsansatzes werden z. B. Kennziffern für die Inanspruchnahme neuer Siedlungs- und Verkehrsflächen, Treibhausgasemissionen oder auch Rohstoff- und Energieproduktivität erhoben. Damit kann ein System quantitativer Messgrößen als Indikator für Erfolg oder Misserfolg ökologischer Politik erstellt werden. Unmittelbaren Einfluss auf die Wohlstandsmessung haben vor allem quantitativ gut erfassbare Umweltschutzausgaben, die der Beseitigung, Verringerung oder Vermeidung von Umweltbelastungen dienen – etwa im Bereich der Abfallbeseitigung, der Lärmbekämpfung und des Luft- und Gewässerschutzes. Umweltökonomische Gesamtrechnungen stellen damit auch das statistische Grundgerüst für die Verfolgung der Ziele im Rahmen des Sustainable Development (dauerhafte Verbesserung der menschlichen Lebensqualität innerhalb der Tragfähigkeit der Umwelt als Ziel einer nachhaltigen Entwicklung) dar.

- **Messung der Haushaltsproduktion**

  Im Haushalt erbrachte Dienstleistungen bleiben in der Wirtschaftsberichterstattung unberücksichtigt. Im Zuge der gesellschaftlichen Auseinandersetzung über die Bedeutung der unbezahlten Arbeiten im Haushalt hat das Statistische Bundesamt Schätzungen für den Wert der Haushaltsproduktion vorgelegt. Dabei wird im Rahmen von Zeitbudgeterhebungen der Anteil der Haushaltsarbeit (aufgegliedert nach verschiedenen Tätigkeiten) bei privaten Haushalten erhoben und mit Stundenlöhnen bewertet. Für das Jahr 2001 wurde für solche Leistungen ein Wert 820 Mrd. Euro ermittelt, das entsprach knapp 40% des offiziell ausgewiesenen BIP.

- **Soziale Indikatoren**

  Systeme ‚Sozialer Indikatoren‘ wurden in Deutschland bereits in 70er Jahren konstruiert. Sie entstanden vor allem aus der Kritik an der Vernachlässi-

gung wohlstandsmindernder Effekte wirtschaftlichen Wachstums. Soziale
Indikatoren beziehen aber auch wohlstandsmehrende, allerdings nicht im
BIP enthaltene Effekte mit ein. Darüber hinaus enthalten sie Aspekte der
Wohlfahrt und sind damit ein mehrdimensionales Konzept, das sowohl mo-
netär bewertbare als auch nicht-bewertbare Größen verbindet. So umfasst
das System der OECD (Organization for Economic Cooperation und Development) acht Hauptzielbereiche, darunter auch ‚Persönliche Sicherheit und
Rechtspflege' und ‚Einbindung in das gesellschaftliche Leben'. Für
Deutschland stellt das Statistische Bundesamt im Rahmen des ‚Datenrepor-
tes' auch Fragen zum subjektiven Wohlbefinden zur Lebenszufriedenheit.
Durch eine im Zeitverlauf unveränderte Skalierung für hohe (max. 10 Punkte) bzw. niedrige (bis 0 Punkte) Zufriedenheit, kann ermittelt werden, wie
sich die Lebenszufriedenheit der deutschen Bevölkerung im Verlauf der
letzten Jahre verändert hat – und zwar (wie die empirischen Ergebnisse zeigen) unabhängig vom wirtschaftlichen Wohlstand.

Die Kritik an den Produktionskonzepten als Wohlstandsmaßstab hat bereits in den
40er Jahren des letzten Jahrhunderts zu einer umfangreichen Debatte außerhalb
Deutschlands geführt. Ergebnis waren Alternativen zur Wohlstandsdarstellung, die
unter dem Aspekt der internationalen Verbreitung weitgehend innerhalb der akade-
mischen Diskussion geblieben sind (mit Ausnahme der Sozialen Indikatoren). In den
vergangenen Jahren hat dagegen der Human Development Index (HDI) der Vereinten Nationen eine breitere Beachtung gefunden, mit dessen diese Organisation die
Wohlfahrt ihrer Mitgliedsländer misst. Vier Indikatoren werden zur Berechnung
verwendet:

- die Lebenserwartung zum Zeitpunkt der Geburt,
- die Alphabetisierungsquote,
- die Einschulungsquote und
- der Lebensstandard (gemessen als BIP pro Kopf, kaufkraftbereinigt).

Aus diesen einzelnen Indikatoren wird in mehreren Berechnungsstufen ein Gesamtindikator gebildet, der jährlich neu ermittelt wird. Bei den Berechnungen für den
HDI 2007/2008 (Datenbasis 2005) ergab sich folgendes Ergebnis:

Die 5 Staaten mit dem … HDI-Wert

höchsten	niedrigsten
Island	Mali
Norwegen	Niger
Australien	Guinea-Bissau
Kanada	Burkina Faso
Irland	Sierra Leone

Quelle: United Nations Development Programme,
Human Development Report 2007/2008, New York 2007.

Im Vergleich zu einer Reihenfolge nach BIP oder BIP pro Kopf sind die Grund-strukturen identisch: tendenziell schneiden Staatengruppen mit einem hohen BIP oder BIP pro Kopf (Industriestaaten im Vergleich zu Schwellen- und Entwicklungs-länder) auch beim HDI besser ab. Innerhalb von Staatengruppen wird diese Aussage allerdings nicht vollumfänglich bestätigt. Deutschland lag im Jahre 2005 beim HDI-Vergleich übrigens auf dem 22. Platz.

3.5   Fragestellungen/Ergänzende Literatur

Fragestellungen

- Warum sind die Ergebnisse die VGR wichtig für wirtschaftspolitische Ent-scheidungen?
- Erläutern Sie die Grundprinzipien eines einfachen Wirtschaftskreislaufs und stellen Sie die Annahmen hierfür dar.
- Geben Sie einen kurzen Überblick über die einzelnen Sektoren der VGR!
- Stellen Sie das gesamtwirtschaftliche Produktionskonto auf!
- Warum sind die privaten Konsumausgaben wichtig für die wirtschaftliche Entwicklung in Deutschland?
- Stellen Sie wichtige Kennzahlen der VGR dar!
- Worin besteht der konzeptionelle Unterschied zwischen dem Bruttoinlands-produkt und dem Bruttonationaleinkommen?
- Beurteilen Sie die Eignung des Bruttoinlandsproduktes als Wohlstandsindi-kator!
- Was versteht man unter dem Konzept der ‚Sozialen Indikatoren‘?

- Welcher Indikator (mit Begründung) kann im internationalen Vergleich als Wohlfahrtsmaßstab verwendet werden?

Ergänzende Literatur

Für die Volkswirtschaftliche Gesamtrechnungen insgesamt:

- Brümmerhoff, D., Volkswirtschaftliche Gesamtrechnungen, 8. Aufl., München u. a. 2007
- Frenkel, M.; K. D. John, Volkswirtschaftliche Gesamtrechnungen, 6. Aufl., München 2006
- Nissen, H.-P., Das Europäische System Volkswirtschaftlicher Gesamtrechnungen, 5. Aufl., Heidelberg 2004

Originaldaten stammen für Deutschland vom Statistischen Bundesamt (besonders detailliert: Fachserie 18, Volkswirtschaftliche Gesamtrechnungen), für andere Staaten der Europäischen Union vom Statistischen Amt der Europäischen Gemeinschaften.

4 Beschäftigungs- und Arbeitsmarktpolitik

Lernziele:

In diesem Kapitel lernen Sie:

- Die theoretischen Grundlagen der Arbeitsangebots- und Arbeitsnachfragetheorie
- Warum sich Menschen bei ihrem Arbeitsangebot nicht wie erwartet verhalten
- Was Ungleichgewichte auf dem Arbeitsmarkt bedeuten
- Den Zusammenhang zwischen Wirtschafts- und Arbeitsmarktentwicklung kennen
- Welche Faktoren die Konsum- und Investitionsgüternachfrage einer Volkswirtschaft bestimmen
- Die wesentlichen Bestandteile der Lohnpolitik
- Warum die Lohnquote als Maßstab für die Einkommensverteilung kontrovers diskutiert wird

4.1 Grundlagen

In den letzten Jahrzehnten ist in Deutschland das Ziel eines hohen Beschäftigungsstandes, im Vergleich zu anderen Zielen des magischen Vierecks, am weitesten verfehlt worden. Sowohl strukturelle Gründe als auch ein schwächeres Wirtschaftswachstum haben in ihrer Spitze zu einer registrierten Arbeitslosigkeit von jahresdurchschnittlich fast 5 Mio arbeitsfähigen Personen im Jahre 2005 geführt. Durch die Belebung der wirtschaftlichen Entwicklung und auch durch Arbeitsmarktreformen konnte in den Folgejahren eine Verbesserung der Arbeitsmarktlage erreicht werden (Abb. 4.1). Allerdings bleibt die Beschäftigungslosigkeit auch vor dem Hintergrund der Wirtschafts- und Finanzkrise 2008/2009 eine zentrale Herausforderung der Wirtschaftspolitik.

Abb. 4.1 Entwicklung der Arbeitslosigkeit in Deutschland (registrierte Arbeitslose in Tsd; Jahresdurchschnitte)

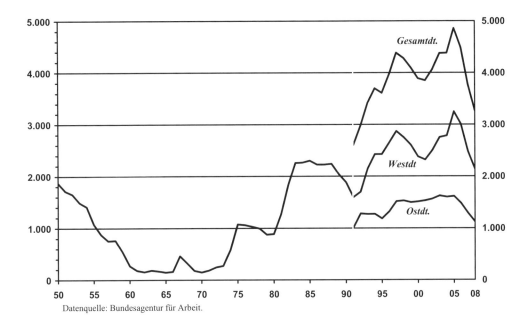

Datenquelle: Bundesagentur für Arbeit.

Damit erlangen Ausführungen zum Arbeitsmarkt ein besonderes Gewicht. Auf dem Arbeitsmarkt wird zwischen Arbeitsangebot und Arbeitsnachfrage unterschieden:

- Arbeitsangebot (AA): Personen, die ihre Arbeitskraft gegen Entgelt verkaufen wollen, d. h. ihre Arbeitskraft anbieten

- Arbeitsnachfrage (AN): Unternehmen, die diese Arbeitskraft im Produktionsprozess einsetzen wollen, d. h. Arbeitskraft nachfragen

Für Unternehmen lohnt sich die Einstellung zusätzlicher Arbeitskräfte nur, wenn der erwirtschaftete Ertrag (Menge multipliziert mit dem Preis des Produktes) die Kosten übersteigt, die durch diese zusätzliche Arbeitskraft verursacht werden. Wird auf der Ertragsseite vereinfachend nur auf den Preis des Produktes abgestellt und auf der Kostenseite nur der Nominallohn betrachtet, ergibt sich aus der theoretischen Ableitung der neoklassischen Grenzproduktivitätstheorie, dass der Unternehmer umso mehr Personen einstellt

je **niedriger** der Nominallohn (W)

bzw.

je **höher** der Verkaufspreis des Produktes (P) ist.

Da das Verhältnis von Nominallohn zum Produktpreis als Reallohn (W/P) bezeichnet wird, kann die Arbeitsnachfrage als negativ geneigte Funktion des Reallohnes dargestellt werden: je niedriger der Reallohn, desto größer die Arbeitsnachfrage **(Abb. 4.2)**.

Abb. 4.2 Arbeitsnachfrageverlauf

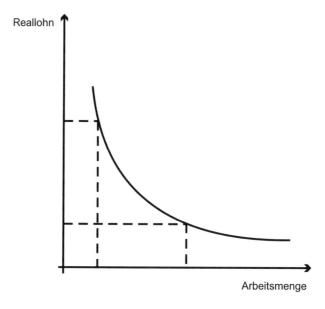

Einer solchen Ableitung liegen allerdings sehr restriktive Annahmen zugrunde, wie zum einen die Vernachlässigung des Technikeinsatzes und damit der Arbeitsproduktivität und zum anderen die Vernachlässigung des Mengenabsatzes und seiner Einflussfaktoren.

Auch das Arbeitsangebot – und damit auch das Ausmaß des Verzichtes auf Freizeit
– der privaten Haushalte kann in Abhängigkeit vom Reallohn dargestellt werden.
Werden normale Verhaltensweisen unterstellt, wird er sein Arbeitsangebot mit steigendem Reallohn ausweiten. Damit entsteht eine positiv ansteigende Funktion im
Preis-Mengen-Diagramm **(Abb. 4.3)**.

Abb. 4.3 Arbeitsangebotsverlauf

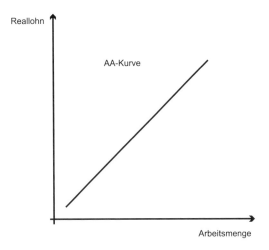

Allerdings sind auch atypische Verläufe des Arbeitsangebots mit negativen Steigun-
gen möglich **(Abb. 4.4)**.

Abb. 4.4 Atypische Arbeitsangebotsverläufe

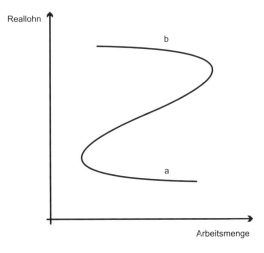

Wird z. B. bei einem steigenden Reallohn die Präferenz für Freizeit größer, kann es zu einer Reduzierung des Arbeitsangebotes kommen (Bereich b). Dagegen ist bei einem sehr niedrigen Reallohn auch eine Ausweitung des Arbeitsangebotes denkbar, wenn ein bestimmtes (notwendiges oder gewünschtes) Einkommen nur durch eine Ausweitung der Arbeitszeit erreicht werden kann (Bereich a). Dabei stellt die staatliche Gewährleistung eines Grundeinkommens (in Deutschland die Sozialhilfe, da ein gesetzlich festgeschriebener Mindestlohn für alle Wirtschaftszweige nicht existiert) eine Art Untergrenze für das Erwerbseinkommen und damit auch für das Arbeitsangebot dar.

Diese bisher mikroökonomische Betrachtungsweise von Arbeitsnachfrage und Arbeitsangebot wird zur Analyse des gesamten Arbeitmarktes aufgegeben – normale Verläufe beider Funktionen werden daher unterstellt. Es entsteht ein Arbeitsmarktgleichgewicht **(Abb. 4.5)**.

Abb. 4.5 Arbeitsmarktgleichgewicht

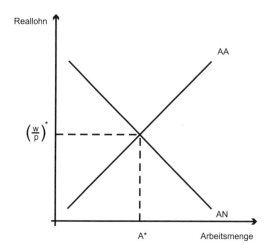

Es gibt einen Reallohn (W/P)*, bei dem sich Arbeitsnachfrage und Arbeitsangebot genau entsprechen (A*). Unfreiwillige Arbeitslosigkeit könnte demnach nicht existieren, nur freiwillige Beschäftigungslosigkeit in Form von

- friktioneller (Zeit der Arbeitslosigkeit nach einem ‚freiwilligen' Ausscheiden aus einem früheren Arbeitsverhältnis und einem neuen Arbeitsverhältnis) und

- struktureller Arbeitslosigkeit (wegen mangelnder regionaler und qualifikatorischer Mobilität) besteht. Milton Friedman, Wirtschaftsnobelpreisträger und einer der bekanntesten Ökonomen des 20. Jahrhunderts, bezeichnete dies als natürliche Arbeitslosigkeit in Folge von Marktunvollkommenheiten, die aber mit der Zeit beseitigt werden (z. B. durch verbesserte Arbeitsvermittlung oder zusätzliche Qualifikation der Arbeitslosen).

In der Realität sind dagegen Ungleichgewichte am Arbeitsmarkt in Form unfreiwilliger Arbeitslosigkeit die Regel – das Arbeitsangebot (AA^0) größer ist als die Arbeitsnachfrage (AN^0), es entsteht Arbeitslosigkeit (AL).

Abb. 4.6 Ungleichgewicht auf dem Arbeitsmarkt

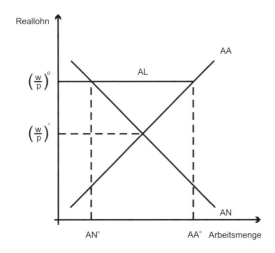

Zur Beseitigung dieser Ungleichgewichtssituation **(Abb. 4.6)** werden je nach Theoriestandpunkt verschiedene Wege vorgeschlagen:

- **Senkung des Reallohns**: Da der aktuelle Reallohn mit $(W/P)^0$ über dem Gleichgewichtsreallohn von $(W/P)^*$ liegt, führt seine Senkung zu einem Anpassungsprozess bei Arbeitsangebot (Arbeit wird weniger attraktiv) und Arbeitsnachfrage (die Einstellung von Arbeitskräften lohnt sich zunehmend), damit kommt es tendenziell zu einem Gleichgewichtszustand (neoklassische Sichtweise).

- **Steigerung der Arbeitsnachfrage**: Über ein Zunahme des Wirtschaftswachstums und damit der Produktion kommt es zu einem höheren Bedarf an

Arbeitskräften, die Arbeitsnachfragefunktion verschiebt sich nach rechts (keynesianische Sichtweise[4]).

- **Verringerung des Arbeitsangebots**: Durch gesetzliche Regelungen (etwa im sozialpolitischen Bereich) kann die Attraktivität von Freizeit bzw. die Verwendung der verfügbaren Zeit für andere Aktivitäten im Vergleich zur Arbeit erhöht werden, das Interesse an einer bezahlten Arbeit sinkt und es kommt zu einer Linksverschiebung der Arbeitsangebotsfunktion.

Abb. 4.7 Gesamtwirtschaftliche Nachfrage

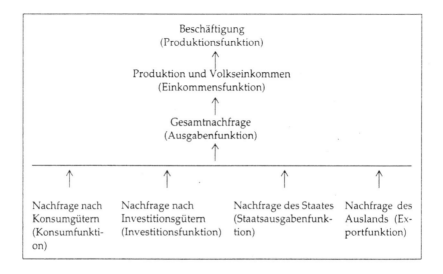

Quelle: Woll, A., Allgemeine Volkswirtschaftslehre, München 2007, 15. Auflage, S. 342.

Eine mangelnde Nachfrage nach Arbeitskräften in Folge eines zu geringen Wirtschaftswachstums wird auch als konjunkturelle Arbeitslosigkeit bezeichnet. Eine Überwindung dieser Form der Unterbeschäftigung kann – so die keynesianische Sichtweise – nur durch eine Zunahme der gesamtwirtschaftlichen Nachfrage und Produktion erfolgen **(Abb. 4.7)**. Reichen hierzu die Marktkräfte nicht aus, tritt der Staat als zusätzlicher Nachfrager vor allem zur Überwindung einer Rezession auf. Diese Überlegungen beruhen auf der Annahme einer festen Beziehung zwischen Wirtschafts- und Arbeitsmarktentwicklung, die allerdings nicht immer gegeben ist.

---

[4] In Anlehnung an John Maynard Keynes, der als Begründer der nachfrageorientierten Wirtschaftspolitik gilt. Sein wichtigstes Werk ist The General Theory of Employment, Interest and Money, London 1936.

Exkurs: Zusammenhang Wirtschafts- und Arbeitsmarktentwicklung

Eine der wichtigsten Beziehungen in der Ökonomie ist der Zusammenhang zwischen der Wirtschaftsentwicklung (Indikator: Bruttoinlandsprodukt, BIP) und der Arbeitsmarktentwicklung. Ein Wachstum des BIP führt demnach zu einem Anstieg der Beschäftigung bzw. zu einem Abbau der Arbeitslosigkeit. Wirtschaftswachstum, das ohne die Schaffung neuer Arbeitsplätze einhergeht (jobless growth), zieht große gesellschaftliche Probleme nach sich, wenn eine solche Entwicklung dauerhaft wäre. Allerdings gibt es keinen proportionalen Zusammenhang zwischen Wirtschafts- und Arbeitsmarktentwicklung. Die grundsätzlichen Überlegungen eines Auseinanderfallens beider Größen sind schon lange bekannt. Bereits 1962 hat Arthur M. Okun den Zusammenhang von Sozialprodukts- und Beschäftigungsgradentwicklung untersucht (Okunsches Gesetz).

Eine erste intensivere Auseinandersetzung in Deutschland fand im Zusammenhang mit der Diskussion um die so genannte Entkoppelungsthese statt, die einen engen Zusammenhang beider Größen bestritt. Im Kern geht es auch derzeit um die Frage, wo es zu Bruchstellen der so genannten postkeynesianischen Wirkungskette – Mehrnachfrage führt über eine Mehrproduktion auch zu einer Mehrbeschäftigung und damit zu einem Abbau der Arbeitslosigkeit – kommen kann. Zur Erläuterung solcher Bruchstellen wird von der Möglichkeit des Auseinanderfallens von Einkommens- und Beschäftigungseffekt ausgegangen, dessen Grundlage die zeitliche Trennung von Mengen- und Preiseffekt ist. Auf zusätzliche Investitionsgüternachfrage und aus Einkommenssteigerungen resultierende zusätzliche Konsumgüternachfrage reagieren Unternehmen mit Produktionssteigerungen. Dies geschieht solange, bis das Beschäftigungsvolumen ausgeschöpft ist. Erst dann folgt bei weiterer Nachfrageerhöhung der Preiseffekt. Sind also die Produktionskapazitäten nicht voll ausgelastet und besteht ein Überschussangebot an Arbeit, führt eine Mehrnachfrage durch die Multiplikatorwirkung zu Mehreinkommen. Dieser Prozess hält an, bis Investition wieder gleich Ersparnis ist. Führen Einkommensveränderungen zu einem gleich starken Effekt auf die Beschäftigung, würde eine proportionale Beziehung vorliegen (Proportionalitätshypothese).

Die Wirkungen der Einkommensveränderung auf die Beschäftigung sind damit zwar theoretisch einleuchtend, jedoch gibt es zahlreiche Möglichkeiten (Bruchstellen), die zu einem Auseinanderfallen von Einkommens- und Beschäftigungseffekt führen können (wobei das gleichzeitige Auftreten mehrerer Effekte hierbei nicht ausgeschlossen ist). Als wichtige Beispiele für solche Bruchstellen gelten:

- **Erhöhung des Preisniveaus**

Eine Erhöhung der Gesamtnachfrage führt genau dann zu keiner Reaktion auf dem Arbeitsmarkt, wenn eine Erhöhung des Preisniveaus in genau gleichem Ausmaß erfolgt. Hier wird die Wahlmöglichkeit des Unternehmens deutlich, auf zusätzliche Güternachfrage entweder mit erhöhter Ausbringung und/oder mit Preissteigerungen zu reagieren, wobei die Durchsetzung von Preiserhöhungen nicht immer ganz problemlos sein dürfte. Dies hängt u. a. von der jeweiligen konjunkturellen Lage ab, die Überwälzungsspielräume eröffnet oder nicht. Man kann in diesem Zusammenhang auch von einer Simultanität von Preis- und Mengeneffekten sprechen. Dass in aller Regel nur Kombinationen beider Effekte möglich sind, kann damit begründet werden, dass die Unternehmen bereits vor dem Erreichen eines sehr hohen Beschäftigungsgrades Probleme bei der Befriedigung ihrer Nachfrage nach Arbeitskräften haben können. Damit sind aber Preissteigerungen infolge von Nominallohnerhöhungen zu erwarten.

- **Erhöhung der Arbeitsproduktivität**

Durch die Erhöhung der Arbeitsproduktivität kann eine Zunahme der Güterproduktion bei gleich bleibendem Arbeitsvolumen erreicht werden. Der Unternehmer hat hier eine Technikentscheidung zu treffen (mittel- bzw. langfristiger Aspekt). Wenn die Neueinstellung von Arbeitskräften hohe Kosten verursacht, wird eine billigere technische Anpassung vorgezogen. Diese Entkoppelung durch Steigerung der Arbeitsproduktivität findet in der sog. Scherenbildung von Produktions- und Produktivitätsentwicklung ihren Ausdruck. Die daraus entstehende Arbeitslosigkeit wird auch als technologische Arbeitslosigkeit bezeichnet. Für den kurzfristigen Zusammenhang gilt, dass bei einem/einer Anziehen/Abschwächung der wirtschaftlichen Aktivität nur eine unterproportionale Erhöhung/Verminderung des Arbeitsinputs – in Form von neuen Beschäftigten – stattfindet. Dies erklärt sich aus dem ,quasi-fixen' Charakter der Arbeit. Die aus Sicht der Unternehmung notwendige Anpassung des Personalbestands an Nachfrageschwankungen ist nur z. T. möglich (Gründe: Tarifvereinbarungen und Kündigungsschutzvorschriften, Kosten der Entlassung und Wiederanstellung, Kosten der Ausbildung und Einarbeitung).

Eine überproportionale Steigerung der Beschäftigtenproduktivität ist dann messbar, wenn mit einer stärker kapazitätsorientierten Flexibilisierung der Arbeitszeit auf Veränderungen der Güternachfrage reagiert wird. So kann auch durch eine Erhöhung der Arbeitsstundenzahl der bereits Beschäftigten eine steigende Güternachfrage befriedigt werden. Die aus der steigenden Güternachfrage resultierende zusätzliche Arbeitsnachfrage kann also entweder durch Erhöhung der Beschäftigtenzahl oder durch Mehrarbeit, also z. B. durch Überstunden oder Abbau von Kurzarbeit, gedeckt werden. Daraus folgt, dass die aus einer Mehr-/Minderproduktion resultierende Steigerung/Minderung des Arbeitsvolumens nur dann zu einer Verringerung/Erhöhung der Arbeitslosenquote führt, wenn die Arbeitsstunden je Erwerbstätigen konstant bleiben.

Hierbei muss bei einer konjunkturellen Aufwärtsbewegung zumindest zunächst von einer Reaktion über den Parameter ,Variation der Arbeitszeit je Erwerbstätigen' ausgegangen werden. Zudem dürften die Unternehmen in Rezessionsphasen ihre Arbeitsabläufe überprüfen, sodass eine verbesserte Arbeitsorganisation auch zu einer Erhöhung der Arbeitsproduktivität pro Stunde in der konjunkturellen Aufschwungphase führen kann. Erst bei einem länger andauernden Wirtschaftsaufschwung wird auch eine Anpassung über die Steigerung der Beschäftigungszahl erfolgen. Damit wird erklärbar, warum die Arbeitsproduktivität im Aufschwung überproportional ansteigt, während sie im Abschwung überdurchschnittlich abnimmt.

- **Veränderung des Arbeitsangebots**

Bei einer Erhöhung des Arbeitsangebots kann auch eine durch Mehrnachfrage verursachte Erhöhung der Erwerbstätigenzahl zu einem gleichen Beschäftigungsgrad wie vor der Güternachfrageerhöhung führen. Ursache dafür können demografisch bedingte Steigerungen des Arbeitsangebots, wirtschaftlich bedingte Schwankungen der Erwerbsbeteiligung und Überschüsse bei Wanderungsbewegungen (Einwanderungen > Auswanderungen) sein.

Hierbei sind die Veränderungen des Arbeitsangebots z. T. unmittelbar von der tatsächlichen Wirtschaftsentwicklung abhängig. Deutlich zeigt sich dies am Zusatzarbeitereffekt (additional-worker Effekt) und an seinem Gegenpart, dem Entmutigungs- bzw. Resignationseffekt (discouraged-worker Effekt). Diese werden durch Variationen des Familien- bzw. Haushaltseinkommens und der Beschäftigungssituation – insbesondere des Hauptverdieners – ausgelöst. Als Beispiel kann das zunehmende Auftreten von Frauen auf dem Arbeitsmarkt dienen, deren Ehemänner/Lebenspartner von einem möglichen Verlust des Arbeitsplatzes betroffen sind. Daraus folgt, dass bei einer Reduzierung des Einkommens durch Arbeitslosigkeit der Primärarbeitskraft die anderen Familienmitglieder ihre Arbeitskraft verstärkt auf dem Arbeitsmarkt anbieten werden, um den Einkommensverlust auszugleichen. Folge hiervon ist die Steigerung der Erwerbspersonenzahl; das Arbeitsangebot nimmt zu. Gleichzeitig kann aber ei-

ne steigende Arbeitslosenquote auch zu einer Entmutigung der Arbeitssuchen-
den führen, da dann das Auffinden eines Arbeitsplatzes für diese Personen-
gruppe unmöglich erscheint. Die Folge ist Resignation und – daraus resultie-
rend – das Ausscheiden aus der Arbeitslosenstatistik (diese Arbeitslosen wan-
dern in die so genannte ‚Stille Reserve‘). Welcher Effekt schließlich überwiegt
und inwieweit es damit zu einem Nettoeffekt kommt, ist umstritten. Zu diesen
wirtschaftlich bedingten Schwankungen der Erwerbsbeteiligungen können sozial bedingte Veränderungen des Arbeitskräfteangebots vor allem von Frauen
hinzutreten. Auch Wanderungsbewegungen zwischen Regionen können auftreten. Wanderungen zwischen zwei Gebieten entstehen insbesondere dann, wenn
die wirtschaftlichen Entwicklungen in den beiden Regionen sich in ihrer Dynamik deutlich unterscheiden und Hemmnisse beim ‚Grenzübertritt‘ nicht bestehen. Für die wirtschaftlich prosperierende Region ergibt sich dabei eine
Mehrbeschäftigung bei nur unterproportionaler Verringerung der Arbeitslosenquote.

Die theoretischen Überlegungen werden für die empirische Analyse in unterschiedliche Konzepte umgesetzt. Im Rahmen eines ökonometrischen Verfahrens (Regres-
sionsrechnung) wird die Intensität des Zusammenhanges zwischen dem Wirtschaftswachstum (Indikator BIP als exogene Variable) und einem Arbeitsmarktindikator (endogene Variable) ermittelt:

- **Beschäftigungsschwelle**: Zusammenhang zwischen Wirtschaftsentwicklung
  und Beschäftigung (endogene Variable z. B. ‚Erwerbstätige‘; in den letzten
  Jahrzehnten waren in Deutschland rd. 1%–1½% BIP-Wachstum notwendig,
  um die Erwerbstätigkeit zu erhöhen) – Wachstumsschwelle, ab der zusätzliche Beschäftigung (in Personen) entsteht,

- **Arbeitslosigkeitsschwelle**: Zusammenhang zwischen Wirtschaftsentwicklung und Arbeitslosigkeit (endogene Variable z. B. ‚Arbeitslose‘; in den
  letzten Jahrzehnten waren in Deutschland rd. 2% BIP-Wachstum notwendig,
  um die Arbeitslosenquote zu senken) – Wachstumsschwelle, ab der Arbeitslosigkeit abgebaut wird.

Für andere Staaten sind in der Vergangenheit z. T. deutlich andere Ergebnisse ermittelt worden. So können etwa lockere Kündigungsvorschriften zu einem beschleunig-
ten Einstellungs-/Entlassungsverhalten von Unternehmen bei einer Veränderung des
wirtschaftlichen Umfeldes führen. Dadurch sinkt die Beschäftigungsschwelle tendenziell. Für Deutschland zeigen die jüngsten Ergebnisse, dass die Beschäftigungs-

schwelle in den vergangenen drei Jahren beträchtlich gesunken ist. Wegen der zeitlichen Übereinstimmung liegt es nahe, diesen Erfolg den im Zuge der Hartz-Gesetze umgesetzten Arbeitsmarktreformen zuzurechnen. Zudem dürfte die Lohnzurückhaltung der vergangenen Jahre zum Rückgang der Beschäftigungs- bzw. Arbeitslosigkeitsschwelle beigetragen haben, da sie die Kosten für den Arbeitseinsatz stabilisiert und dadurch Neueinstellungen gefördert hat.

4.2   Instrumente der Beschäftigungspolitik

Maßnahmen im Rahmen der Beschäftigungspolitik sollen durch eine indirekte, gesamtwirtschaftliche Wirtschaftspolitik einen positiven Effekt auf den Arbeitsmarkt haben. Indirekt deshalb, weil die entsprechenden Maßnahmen zunächst auf andere Märkte einwirken und sich erst dadurch Wirkungen auf die Beschäftigung einstellen. Am Beispiel des Gütermarktes (Ort des Angebots und der Nachfrage der gesamten marktgerichteten Nachfrage und Produktion) können diese Überlegungen verdeutlicht werden. Grundvoraussetzung ist dabei allerdings, dass ein Zusammenhang zwischen Wirtschafts- und Arbeitsmarktentwicklung angenommen wird. Damit sind zwei Fragen verbunden:

- Was bestimmt die Nachfrage nach Gütern? und

- Wie kann die Wirtschaftspolitik diese Faktoren so beeinflussen, dass die Güternachfrage steigt oder sinkt und dadurch Arbeitsmarkteffekte ausgelöst werden?

Ausgehend von der Verwendungsseite des gesamtwirtschaftlichen Produktionskontos kann zwischen der Staats-, der Auslands-, der Konsumgüter- und der Investitionsgüternachfrage unterschieden werden. Während die Staatsnachfrage im Rahmen der Finanzpolitik zu Nachfrageeffekten führen kann (Kapitel 5), werden die Maßnahmen für die Auslandsnachfrage im Rahmen der Außenwirtschaftstheorie erfasst (Kapitel 2). Für die Güternachfrage sind hier damit vor allem die Konsumenten und die Unternehmen von Interesse.

Konsumgüternachfrage

Die für den wirtschaftspolitischen Gestaltungsprozess wichtigen Einflussfaktoren für die Konsumnachfrage der privaten Haushalte werden in verschiedenen Einkommens- bzw. Konsumhypothesen diskutiert.

- **absolute Einkommenshypothese**

Die zentrale Annahme der absoluten Einkommenshypothese ist die große Bedeutung kurzfristiger Überlegungen für die Konsumnachfrage C_t (hohe Relevanz der kurzfristigen Konsumfunktion) und diese sei abhängig vom Volkseinkommen (Y; teilweise wird auch das BIP verwendet) derselben Periode:

$$C_t = C_a + c \cdot Y_t$$

C_a stellt dabei den autonomen Konsum dar, also die Konsumgüternachfrage, die nicht abhängig ist vom laufenden Einkommen (für Staaten insgesamt ist eine solche Größe allerdings nur schwer vorstellbar).

Die marginale Konsumquote (c) gibt an, um wie viel Geldeinheiten die privaten Haushalte ihre Konsumausgaben erhöhen (senken), wenn das Volkseinkommen um eine Geldeinheit ansteigt bzw. sinkt. Typischerweise liegt der Wert der marginalen Konsumquote für Volkswirtschaften zwischen 0 und 1. Liegt er z. B. bei 0,8 nehmen die Konsumausgaben um 0,8 Euro bzw. 80 Cent zu, wenn sich das Volkseinkommen um einen Euro erhöht.

Abb. 4.8 Fundamental-psychologisches Gesetz

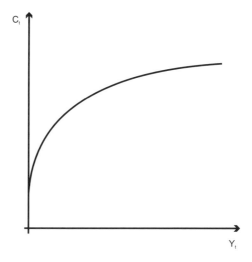

Eine Modifikation erfährt diese Überlegung durch die so genannte ‚Keynessche Hypothese‘, die auf dem ‚fundamental psychologischen Gesetz‘ beruht. Danach sinkt mit zunehmendem Einkommen die zusätzliche Konsumnachfrage immer weiter ab, da mit steigendem Einkommen Sättigungstendenzen auftreten – also die durchschnittliche Konsumquote (C/Y) ab- und die Spartätigkeit zunimmt. Die Konsumfunktion nimmt dann nicht den Verlauf einer Geraden an, sondern der Anstieg verflacht mit zunehmender Einkommenshöhe **(Abb. 4.8)**.

Für die Wirtschaftspolitik lässt sich bei Gültigkeit der absoluten Einkommenshypothese eine Reihe von möglichen Maßnahmen zur Belebung der gesamtwirtschaftlichen Entwicklung ableiten. Sie beruhen im Wesentlichen auf Forderungen nach einer Umverteilung von Einkommen und Vermögen – dadurch soll eine Steigerung der Konsumnachfrage unterer Einkommensgruppen erreicht werden. Bsp.:

Finanzpolitik: Erhöhung des Grundfreibetrags beim Einkommensteuertarif; Entlastungen im unteren und mittleren Bereich des Tarifverlaufs

Lohnpolitik: Die Lohnabschlüsse müssten tendenziell zugunsten unterer Lohngruppen ausfallen

Sozialpolitik: Sozialtransfers sollten nur für untere Einkommensschichten gewährt werden

- **Hypothese des permanenten Einkommens**

Die große Relevanz der kurzfristigen Konsumfunktion wird allerdings von einer Reihe von Autoren abgelehnt. Die Lebenszyklushypothese behauptet etwa, dass die privaten Haushalte ihre Konsumausgaben möglichst über den gesamten Lebenszeitraum optimieren wollen, womit allerdings Kenntnisse über den gesamten Einkommensverlauf während des Lebens verbunden sein müssten. Auch Milton Friedman betont die langfristige Bedeutung von Konsum und Einkommen, wählt dafür aber nicht eine gesamte Lebensspanne. Konsumausgaben sind danach nicht nur abhängig vom laufenden Einkommen, sondern auch von den zukünftig erwarteten, permanenten Einkommen. Für die Wirtschaftspolitik sind daher Kenntnisse wichtig, welche Faktoren das zukünftige Einkommen bestimmen und wie diese Faktoren so beeinflusst werden können, dass die Konsumenten auf Dauer bereit sind, ihre Konsumausgaben auf einem möglichst hohen Niveau zu tätigen. Als wesentliche Faktoren identifiziert Friedman z. B.:

a) eine stabilitätsorientierte Geldpolitik zur Sicherung eines stabilen Preisniveaus für Güter (damit der Konsument über eine stabile Kaufkraft seines Einkommens verfügt),

b) die Förderung von Humankapital (damit die privaten Haushalte auch langfristig eine sicheres Einkommen über eigene Erwerbstätigkeit erzielen können),

c) auch in Zukunft erzielbare Lohneinkommen und damit gegebenenfalls auch der Verzicht auf kurzfristige übermäßige Lohnanstiege (sichere Arbeitsplätze in der Zukunft für möglichst viele Arbeitnehmer sichern die gesamtwirtschaftliche Kaufkraft) und

d) nicht nur Einkommen aus Erwerbstätigkeit ist relevant, sondern auch aus Sach- und Finanzvermögen. Die Förderung stabiler Rahmenbedingungen etwa im Bereich der Steuergesetzgebung hat dies zu beachten. Vor allem Vertrauen in die Berechenbarkeit in die Politik ist hier von Bedeutung.

Im Vergleich zur absoluten Einkommenshypothese beeinflussen bei Friedman zahlreiche Faktoren das langfristige Einkommen und verringern dadurch die Abhängigkeit des laufenden Konsums von einer kurzfristigen Einkommensveränderung (etwa durch Arbeitslosigkeit), die Konsumfunktion weist damit bei Friedman eine größere Stabilität auf. Er weist allerdings anderen Politikbereichen damit eine große Verantwortung zu (Geldpolitik).

- **Habit-Persistence-Hypothese**

Diese Hypothese beschreibt die Abhängigkeit der aktuellen Konsumnachfrage vom Einkommen derselben Periode und vom Konsum der Vorperiode. Auch hier wirken sich also nicht nur kurzfristige Einflüsse auf die laufende Konsumtätigkeit der privaten Haushalte aus. Vielmehr sind auch angenommene Gewohnheiten und die damit verbundenen Verbrauchsausgaben wichtig. Trägheit im menschlichen Verhalten bewirkt eine nur zögerliche und schrittweise Anpassung an eine veränderte Einkommenslage.

- **relative Einkommenshypothese**

Auch diese Hypothese betont nicht nur kurzfristige Einflüsse. Vielmehr kommt es nach J. S. Dusenberry bei den Konsumausgaben zu einem ratchet-Effekt, da private Haushalte ein einmal erreichtes Konsumniveau auch bei einer Ver schlechterung der wirtschaftlichen Lage und einem damit verbundenem Einkommensrückgang aufrecht erhalten werden. Der Konsum des privaten Haushalts hängt danach auch von einem in der Vergangenheit erreichten höheren Einkommen ab. Der Konsum wird dann auf das Niveau angehoben, über das gesellschaftliche Gruppen mit einem weiterhin hohen Einkommen verfügen.

Insgesamt sind damit zahlreiche Einflussfaktoren für die gesamtwirtschaftliche Konsumnachfrage von Bedeutung. Ganz wesentlich dürften allerdings Einkommensgrößen und Erwartungen über ihre Entwicklung sein.

Investitionsgüternachfrage

Zur Beantwortung der Frage, „Welche Faktoren beeinflussen die Nachfrage nach Investitionen?" wird üblicherweise auf die einfache Investitionsfunktion [I = f (r/i, ΔNF)] abgestellt, die einen Zusammenhang zwischen der Investitionstätigkeit (I) und der internen Rendite von Investitionen (r) bzw. dem Marktzinssatz (i) einerseits und den Auswirkungen von Nachfrageveränderungen (ΔNF) andererseits herstellt.

• **Auswirkungen von Zinssatz/Rendite**

Danach werden Investitionen nur vorgenommen, wenn die Rendite eines Investitionsobjektes höher ist, als ein am Kapitalmarkt erzielbarer Marktzinssatz. Wird von der Annahme ausgegangen, dass die interne Rendite durch optimale betriebswirtschaftliche Entscheidungen feststeht, dann hängt es vom Marktzinssatz ab, ob die Investition erfolgt [I = f (i)]. Die Investitionen sind dabei umso höher, je niedriger der Marktzinssatz ist – und die Höhe dieses Zinssatzes wird von verschiedenen Faktoren, vor allem aber von der Geldpolitik beeinflusst. Insgesamt entsteht ein negativ geneigter Verlauf der Investitionsfunktion.

• **Auswirkungen einer Nachfrageveränderung**

Die Auswirkungen der Güternachfrageveränderung auf die Investitionen beschreibt die Akzeleratorhypothese [I = f (ΔNF)]. Hierfür werden zwei Annahmen gesetzt:

  • Es besteht eine feste Beziehung zwischen der produzierten Gütermenge und dem dafür notwendigen Kapitalstock in einer Volkswirtschaft.

  • Die produzierte Gütermenge passt sich der Nachfrage an.

Damit gilt: eine bestimmte Gütermenge wird mit einem bestimmten Kapitalstock produziert. Erhöht sich die Nachfrage nach Gütern, muss mehr produziert werden. Notwendig ist dafür eine Ausweitung des Kapitalstocks. Eine Ausweitung des Kapitalstocks ist aber nur durch Nettoinvestitionen möglich:

Für: K = Kapitalstock; v = Akzelerator; NF = Nachfrage

gilt $K = v \cdot NF$

Wenn die Güternachfrage steigt, ergibt sich

$$\Delta K = v \cdot \Delta NF$$

Da $I = \Delta K$ gilt, ergibt sich

$$I = v \cdot \Delta NF$$

Der Wert für v wird dabei aus einer Vergangenheitsbetrachtung gewonnen (Kapitalstock/Nachfrage). Für den Nachfrageindikator können unterschiedliche Größen aus der VGR verwendet werden. Zum einen der umfassende Indikator BIP (für die gesamte Nachfrage einer Volkswirtschaft), zum anderen Teilaggregate, wie etwa die Konsumgüternachfrage (C).

Die Kritik an der Akzeleratorhypothese richtet sich u. a. an der Möglichkeit des Einsatzes in der Wirtschaftspolitik, da diese Überlegungen nur bei voll ausgelasteten Kapazitäten (also in einer Phase einer ohnehin guten gesamtwirtschaftlichen Entwicklung) greifen. Die Überwindung einer Rezession kann damit allerdings nicht gelingen, da in einer solchen Konjunkturphase üblicherweise freie Kapazitäten des Kapitalstocks bestehen. Neue Investitionen zur Befriedigung einer höheren Güternachfrage müssen daher nicht getätigt werden.

Die einfache Investitionsfunktion erfasst damit wesentliche Einflussfaktoren für die Investitionsgüternachfrage. Ergänzungen können vor allem durch die Berücksichtigung des technischen Fortschritts und von Erwartungen erfolgen.

4.3   Instrumente der Arbeitsmarktpolitik

Während die Beschäftigungspolitik einen positiven Arbeitsmarkteffekt über den ‚Umweg' anderer Märkte zu erreichen versucht, setzt die Arbeitsmarktpolitik an den direkten Arbeitsmarkteffekten staatlicher Maßnahmen an. Entsprechende Instrumente sind in den Sozialgesetzbüchern II und III (SGB II/III) geregelt. Verantwortlich für deren Umsetzung ist vor allem die Bundesagentur für Arbeit – mit den entsprechenden regionalen Stellen. In der jüngeren Vergangenheit wurden die arbeitsmarktpolitischen Instrumente durch die Änderungen im Zuge der Hartz-Gesetze einem z. T. grundlegenden Wandel unterworfen (Erstes bis Viertes ‚Gesetz für Moderne Dienstleistungen am Arbeitsmarkt', Inkrafttreten zwischen 2003 und 2005). Einen ausführlichen Überblick über die jeweils gültigen Instrumente liefert die Zeitschrift ‚Amtliche Nachrichten der Bundesagentur für Arbeit' in ihrer Sondernummer zum jährlichen Arbeitsmarktbericht. Für eine einfache Systematisierung können verschiedene Maßnahmengruppen gebildet werden (einzelne Instrumente können dabei verschiedenen Gruppen angehören; mit Beispielen für bestimmte Instrumente):

- **Erhaltung bestehender Arbeitsplätze**

  Durch die Gewährung z. B. von Kurzarbeitergeld werden vor allem zur Überwindung eines kurzfristigen Nachfrageausfalls auf den Gütermärkten die Beschäftigungsverhältnisse stabilisiert und den Unternehmen qualifizierte Arbeitskräfte erhalten. Ein entsprechendes Kurzarbeitergeld wird i. d. R. für die Dauer von 18 Monaten gewährt. Durch Verordnung wurde durch das Bundesministerium für Arbeit und Soziales (BMAS) die Bezugsfrist für das konjunkturelle Kurzarbeitergeld in der Zeit vom 1. Januar 2009 bis zum 31. Dezember 2009 zur Abfederung der krisenhaften Entwicklung auf dem Arbeitsmarkt im Zuge der Finanz- und Wirtschaftskrise 2008/2009 auf 24 Monate verlängert.

- **Schaffung ‚neuer' Arbeitsplätze**

  Eine temporäre Beschäftigung soll die Erhaltung oder Wiedereingliederung der Beschäftigungsfähigkeit geförderter Arbeitnehmer gewährleisten (Arbeitsbeschaffungsmaßnahmen, [ABM]) oder es sollen langfristig neue Arbeitsplätze durch eine zeitlich befristete Förderung initiiert werden (vor allem frühere ‚Ich-AG'). Zum 1. August 2006 wurde die Ich-AG durch den

stärker reglementierten Gründerzuschuss der Bundesagentur für Arbeit abgelöst, da es bei den ‚Ich-AG'-Anträgen zu Missbrauchsvorwürfen kam.

- **Anreize für Arbeitgeber zur Schaffung neuer Arbeitsplätze**

  Gewährung von Zuschüssen bei Neueinstellungen von Arbeitslosen (Lohn-
  bzw. Eingliederungszuschüsse; z. B. durch Erstattung für den Arbeitgeber
  von bis zu 50 Prozent des regelmäßig gezahlten Arbeitsentgelts sowie des
  pauschalierten Arbeitgeberanteils am Gesamtsozialversicherungsbeitrag für
  die Dauer von längstens zwölf Monaten – für ältere, schwerbehinderte oder
  sonstige behinderte Menschen kann der Leistungsumfang erweitert werden)
  oder Übernahme der Kosten bei Verleihung an Unternehmen mit dem Ziel
  einer späteren Übernahme des Arbeitslosen (Personal-Service-Agenturen).
  Weitere Zuschussregelungen gibt es bei Vertretungen und Neugründungen.

- **Verbesserung der Qualifikation von Arbeitslosen**

  Schaffung der Voraussetzungen bzw. Verbesserung der Chancen zur Arbeitsvermittlung (Ausbildungs-, Umschulungs- und Fortbildungsmaßnah-
  men).

- **Allgemeine Maßnahmen**

  Reduzierung der Verweildauer in Arbeitslosigkeit (Verbesserung der Arbeitsvermittlung durch Verminderung der Betreuungszahlen pro Arbeits-
  vermittler) und Förderung der Arbeitsaufnahme (Gewährung von Mobili-
  tätshilfen für Arbeitslose und Ausbildungssuchende in Form von Zuschüssen zu Fahr-, Lebenshaltungs- und Umzugskosten).

- **Soziale Eingliederung – besonders für Problemgruppen**

  Förderung von Menschen mit geringen oder keinen Chancen zur Aufnahme
  einer Beschäftigung auf dem regulären Arbeitsmarkt (Programme für Langzeitarbeitslose in kommunalen Einrichtungen, Befreiung der Arbeitgeber
  von der Beitragspflicht bei Beschäftigung von Arbeitslosen ab dem 55. Le-
  bensjahr für vor dem 1. Januar 2008 begründete Beschäftigungsverhältnisse,
  Betreuungsprogramme für besonders benachteiligte Jugendliche).

Der Beitrag arbeitsmarktpolitischer Maßnahmen zur Vermeidung bzw. Verringerung
von Arbeitslosigkeit wird von einer Reihe von Wissenschaftlern eher als gering ein-

gestuft. So werden z. B. die aktiven Anreize zur Beschäftigung von Problemgruppen von Schwierigkeiten bei der gesamtwirtschaftlichen Entwicklung und damit auf dem Arbeitsmarkt insgesamt überlagert. Eher positive Wirkungen entfalten noch Lohn-kostenzuschüsse und betriebliche Trainingsmaßnahmen. Dagegen werden allenfalls punktuell positive Wiedereingliederungswirkungen bei den ABM festgestellt. Und auch die im Zuge der Hartz-Reformen neu kreierten Instrumente sind quantitativ nur vereinzelt im erhofften Ausmaß wirksam gewesen. Dies gilt etwa für die Inan-spruchnahme der Regelungen zu den Ich-AGs, während die Beschäftigungseffekte der Personal-Service-Agenturen oder der Instrumente zur Förderung der Beschäfti-gung älterer Arbeitnehmer deutlich unter den Planungen liegen. Hinzu kommt das bereits bei den älteren Maßnahmen festzustellende Problem des Mitnahmeeffektes. Damit haben die arbeitsmarktpolitischen Instrumente insgesamt nicht dazu beigetra-gen, das deutsche Hysterese-Problem mit seinen Beharrungstendenzen am Arbeits-markt (ein Anstieg der Arbeitslosigkeit in der Rezession lässt sich auch bei einer guten Konjunktur nicht im gleichen Ausmaß verringern) nachhaltig zu reduzieren. Vor allem die registrierte Langzeitarbeitslosigkeit (Arbeitslosigkeit über ein Jahr) mit durchschnittlich über 1 Mio Betroffenen (ca. 37% der Arbeitslose; Daten für 2008) trägt zur hohen Sockelarbeitslosigkeit in Deutschland bei.

4.4   Die Rolle der Tarifparteien

Vor allem aus angebotstheoretischer Sicht wird der Lohnpolitik eine zentrale Rolle zur Reduzierung der Arbeitslosigkeit eingeräumt. Im Rahmen der Tarifautonomie handeln in Deutschland ohne unmittelbaren Einfluss des Staates Gewerkschaften und Arbeitgeber als Tarifpartner Löhne und andere Arbeitsbedingungen aus. Die rechtliche Grundlage der Tarifautonomie (‚Einrichtungsgarantie für das Tarifver-tragssystem‘) liefert zunächst Art. 9 Abs. 3 Satz 1 GG:

> Das Recht, zur Wahrung und Förderung der Arbeits- und Wirtschaftsbedin-
> gungen Vereinigungen zu bilden, ist für jedermann und für alle Berufe ge-
> währleistet.

Wichtige Mindestarbeitsbedingungen werden aber auch vom Gesetzgeber festgelegt, z. B. den Mindesturlaub im Rahmen des Mindesturlaubsgesetzes für Arbeitnehmer (Bundesurlaubsgesetz). Konkretere Regelungen zu einzelnen Aspekten der Tarifau-tonomie finden sich schließlich im Tarifvertragsgesetz (inkl. Hinweise auf Durch-führungsbestimmungen) vom 9. April 1949. Unter ökonomischen Gesichtspunkten sind zunächst zwei wichtige Formen von Tarifverträgen (mit wesentlichen Merkma-len) zu unterscheiden:

Manteltarif- bzw. Rahmentarifverträge

- regeln die allgemeinen Arbeitsbedingungen eines gesamten Industrie- oder Gewerbezweigs regional oder bundesweit,

- enthalten Vorschriften etwa über Einstellung, Kündigung, Arbeitszeit, Urlaub, Mehrarbeit,

- Neuverhandlungen finden i. d. R. nicht jedes Jahr statt.

Lohntarifverträge

- regeln die Lohn- und Gehaltshöhen sowie Eingruppierungen,

- Abschluss i. d. R. als Flächentarifvertrag: gültig für alle Mitglieder der Tarif- parteien (Gewerkschaften und Unternehmen der Arbeitgebervereinigung); häufigste Form des Tarifvertrages,

- weitere Form: Firmentarifvertrag (einzelner Arbeitgeber handelt mit einer Gewerkschaft für den Bereich dieses Unternehmens die Tarifregelungen aus; diese Tarifverträge gehen vor Flächentarifverträgen),

- Lohntarifverhandlungen finden regelmäßig statt (sehr oft jährlich, aber auch längere Laufzeiten möglich).

Besonders kontrovers wird in der Öffentlichkeit die Rolle der Flächentarifverträge eingeschätzt. Von den Befürwortern solcher Verträge werden die (vermeintlichen) Vorteile hervorgehoben:

- **Schutzfunktion** – Vermeidung eines Unterbietungswettlaufes von Arbeit- nehmern.

- **Ordnungsfunktion** – Festlegung verbindlicher Mindeststandards bei Löhnen und Arbeitsbedingungen für alle Arbeitnehmer und Firmen.

- **Friedensfunktion** – Für die Dauer der Laufzeit des Vertrages gilt Friedens- pflicht und damit das Verbot eines Arbeitskampfes, daraus resultieren für Ar- beitgeber vorhersehbare Kosten für Streiks und Arbeitsniederlegungen.

Als (vermeintlicher) Nachteil wird dagegen von den Gegnern eingewandt, dass durch Flächentarifverträge keine Berücksichtigung unterschiedlicher wirtschaftlicher Situationen einzelner Firmen stattfindet. In der Praxis ist diesem Argument mit der Einführung von Öffnungsklauseln Rechnung getragen worden. Durch Öffnungsklauseln können für gefährdete Unternehmen Sonderregelungen vereinbart werden. Grundlage solcher Klauseln sind Vereinbarungen zwischen den jeweiligen Tarifparteien; sie bilden damit keine gesetzlichen oder tarifübergreifenden Regelungen ab. Zur groben Unterscheidung können bei den tariflichen Öffnungsklauseln zwei Arten unterschieden werden:

1. **Veränderungen der Arbeitszeiten** – dies bietet schnelle Reaktionsmöglichkeiten auf schwankende Auftragslagen. Möglich sind:

   - Arbeitszeitverlängerung

   - Arbeitszeitverkürzung

   - Arbeitszeitkorridore

2. **Veränderungen der Arbeitsentgelte** – damit sollen Modifikationen bei den direkten Lohnkosten zur Vermeidung von Entlassungen beitragen. Unterschieden werden:

   - **Öffnungsklauseln mit oder ohne Zustimmungsvorbehalt der Tarifparteien** (Abweichung vom Tarifentgelt nach unten und Aussetzung von Tariferhöhungen bei Notlage des Betriebes; vor allem bei Kleinbetrieben ohne Zustimmungsvorbehalt)

   - **Härteklauseln** (Beantragung bei den Tarifparteien über die Art der Maßnahme)

   - **Kleinbetriebsklauseln** (prozentuale Kürzung des Tariflohnes; für mittelständischen Einzel-, Groß- u. Außenhandel in Ostdeutschland)

   - **Einstiegstarife** (Entlohnung für Neueinsteiger unter Tarif; vor allem für Langzeitarbeitslose; Regelung z. B. für die Chemische Industrie minus 10% gegenüber des Tarifentgeltes)

   - **Erfolgsabhängige Löhne** (Zahlungen, z. B. von Weihnachtsgeld in Abhängigkeit von der Geschäftslage)

Die ökonomische Bedeutung der Tarifparteien bestimmt sich aber auch aus der Beantwortung der Frage, in welcher Höhe die Lohnvereinbarungen erfolgen sollen. Aus theoretischen Überlegungen und Erfahrungen der Praxis haben sich folgende möglichen Orientierungsgrößen für Lohnveränderungen heraus gebildet:

- Produktivitätsentwicklung

- Preisentwicklung

- Wirtschaftswachstum

- Internationale Konkurrenz

- Entwicklung anderer Kostenarten (Lohnnebenkosten, Steuern, Terms of Trade, Zinsen, ...)

- Änderung der bestehenden Einkommensverteilung

Basierend auf diesen Orientierungsgrößen werden verschiedene Lohnkonzepte abgeleitet; die unterschiedlichen Ansichten über die ‚richtige‘ Lohnpolitik prägen auch alljährlich die Auseinandersetzungen der Tarifparteien in der Öffentlichkeit (mit den wesentlichen Orientierungsgrößen):

- **Expansive Lohnpolitik**

  Ziel: Umverteilung zur Stärkung der Arbeitnehmerseite

  Orientierungsgröße: unbestimmt (Richtwerte: zukünftiges Wirtschaftswachstum + Inflationsrate + Produktivitätsentwicklung + zurückliegende, für die Arbeitnehmer ungünstige Lohnabschlüsse + …)

- **Produktivitätsorientierte Lohnpolitik**

  Ziel: Festigung der vorhandenen Verteilungsstruktur

  Orientierungsgröße: Produktivitätsentwicklung

- **Kostenniveauneutrale Lohnpolitik**

    Ziel: Berücksichtigung sämtlicher Kostenveränderungen in der angestrebten Lohnvereinbarung

    Orientierungsgröße: alle Kostenbestandteile (z. B. Kapitalkosten; Preisrelationen im Außenhandel → Terms of Trade; Lohnnebenkosten)

Besonders kontrovers zwischen den Vertretern von Arbeitgebern und Arbeitnehmern wird die Lohnquote als Maßstab für die Einkommensverteilung diskutiert. Dabei wird vereinfachend von folgendem Zusammenhang ausgegangen:

$$\text{Volkseinkommen} \quad = \quad \text{Löhne (Gehälter)} \quad + \quad \text{Gewinne}$$

Der Anteil der Löhne + Gehälter (verwendet wird dafür das in der VGR enthaltene ‚Arbeitnehmerentgelt') am Volkseinkommen wird dabei als (unbereinigte) Lohnquote bezeichnet, während der Anteil der Gewinne am Volkseinkommen als Gewinnquote bezeichnet wird – beide Quoten ergänzen sich damit zum Wert ‚Eins'. Vernachlässigt wird bei dieser Betrachtung aber, dass sich die Lohnquote bereits deshalb verändert, weil die Struktur der Erwerbstätigen (unselbstständig Erwerbstätige zu Selbstständige) im Zeitverlauf variieren kann. Daher wird die unbereinigte Lohnquote um die Betrachtung der bereinigten Lohnquote ergänzt, bei der von einer unveränderten Erwerbstätigenstruktur auf der Grundlage eines Basisjahres ausgegangen wird. Die unbereinigte Lohnquote des jeweiligen Jahres wird dafür mit dem Anteil der unselbstständig Erwerbstätigen an der Zahl der Erwerbstätigen insgesamt des Basisjahres multipliziert und durch den Anteil des jeweiligen Jahres dividiert. Steigt z. B. der Anteil der unselbstständig Erwerbstätigen im Zeitverlauf an, dann liegt der Wert für die bereinigte Lohnquote unter dem Wert für die unbereinigte Lohnquote. Gleichwohl verbleiben einige methodische Schwächen:

- Die Erwerbstätigen werden in sehr grobe Gruppen eingeteilt. So enthält die Gruppe der unselbstständigen Erwerbstätigen sowohl Hilfsarbeiter als auch Manager großer Unternehmen – diese Inhomogenität gilt auch für die Gruppe der Selbstständigen.

- Der Gewinnquote werden auch Vermögenseinkommen zugerechnet. Hierin sind auch Zins- und Dividendeneinnahmen aus Kapitalanlagen privater Haushalte enthalten.

- Das Arbeitnehmerentgelt enthält nicht den kalkulatorischen Unternehmerlohn für die Arbeitsleistung des Unternehmers und seiner mithelfenden Familienangehörigen, vielmehr ist es im Einkommen aus Unternehmertätigkeit enthalten. Der SVR hat deshalb ein Konzept der Arbeitseinkommensquote (AEQ) entwickelt, das eine Schätzung der Arbeitseinkommen der Selbstständigen und der mithelfenden Familienangehörigen vornimmt. Da der SVR ein festes Verhältnis zwischen Lohnquote und der AEQ unterstellt, liegt die Lohnquote im zeitlichen Verlauf immer unterhalb der AEQ.

Die Höhe der Lohnquote ist auch abhängig von der jeweiligen konjunkturellen Lage. Während eines Aufschwungs steigen zunächst die Unternehmenseinkommen deutlich an, während Beschäftigung und Löhne entweder nicht oder nur unterproportional ansteigen. Dadurch steigt die Gewinnquote, die Lohnquote sinkt. Im weiteren Konjunkturverlauf kommt es zu einem Aufholprozess auf dem Arbeitsmarkt, die Arbeitnehmer kommen in eine verbesserte Verhandlungsposition, was über höhere Lohnabschlüsse und zusätzlichen Einstellungen zu einer anziehenden Lohnquote führt.

4.5   Fragestellungen/Ergänzende Literatur

Fragestellungen

- Zeichnen Sie ein Arbeitsmarkt-Gleichgewicht! Beschriften Sie alle Teile der Grafik mit den entsprechenden Bezeichnungen.
- Stellen Sie eine Überbeschäftigungssituation mit Hilfe eines Preis-Mengen-Diagramms dar! Wie kann wieder ein Gleichgewicht erreicht werden?
- Der Zusammenhang zwischen Wirtschaftsentwicklung und Arbeitsmarkt kann gestört sein. Welche Möglichkeiten für eine solche Störung sind in der Theorie möglich?
- Worin unterscheiden sich ,Beschäftigungsschwelle' und ,Arbeitslosigkeitsschwelle'?
- Welche Einflussfaktoren können die Konsumausgaben eines privaten Haushaltes beeinflussen?
- Was besagt die marginale Konsumquote?
- Zeigen Sie die Bedeutung des Zinses für die Investitionsgüternachfrage auf.
- Welche Lohnkonzepte werden unterschieden?
- Diskutieren Sie Vor- und Nachteile von Flächentarifverträgen!

- Welche Aussagekraft hat die Lohnquote für die Verteilung der Einkommen aus unselbstständiger Arbeit?

Ergänzende Literatur

Zur Vertiefung nahezu sämtlicher wirtschaftspolitischer Bereiche dienen:

- Koch, W. A. S.; Czogalla, C.; Ehret, M., Grundlagen der Wirtschaftspolitik, 3. Aufl., Stuttgart 2008
- Mussel, G; Pätzold, J., Grundfragen der Wirtschaftspolitik, 7. Aufl., München 2008
- Teichmann, U., Wirtschaftspolitik, 5. Aufl., München 2001

sowie für den aktuellen Stand jeweils:

- Sachverständigenrat zur Begutachtung der gesamtwirtschaftlichen Entwicklung, jeweilige Jahresgutachten

Speziell für den Bereich Beschäftigungs- und Arbeitsmarktpolitik:

- Franz, W., Arbeitsmarktökonomik, 6. Aufl., Heidelberg 2006
- Zerche, J.; Schönig, W.; Klingenberger, D., Arbeitsmarktpolitik und -theorie, München 2000

Der aktuelle Stand der Arbeitsmarktforschung und -politik findet sich im regelmäßig erscheinenden Band

- Möller, J.; Walwei, U. (Hg.), Handbuch Arbeitsmarkt (2009), Institut für Arbeitsmarkt- und Berufsforschung, Bielefeld 2009

5 Der Staat in der Wirtschaft (Finanzpolitik)

Lernziele:

In diesem Kapitel lernen Sie:

- Warum die Aussagefähigkeit des Indikators ‚Staatsquote' als Messgröße für den Staatseinfluss sehr beschränkt ist
- Die wichtigsten Arten der Staatseinnahmen kennen
- Was die Funktionen von Steuern ist
- Was antizyklische Finanzpolitik bedeutet und warum sie kaum steuerbar ist
- Für welche Aufgaben der Staat Geld braucht
- Das Staatsverschuldung nicht immer nur schlecht ist
- Die Grundlagen unseres Sozialstaates kennen
- Welche Faktoren den Sozialstaat in der Zukunft besonders belasten werden

5.1 Grundlagen

In der deutschen Öffentlichkeit wurde in der Vergangenheit der immer stärker werdende Einfluss des Staates auf die privaten Wirtschaftsaktivitäten überwiegend kritisch betrachtet. Dabei bereitet schon die exakte Messung der staatlichen Aktivitäten in einer Volkswirtschaft erhebliche Probleme. Wichtigster Indikator für das Ausmaß des staatlichen Eingriffes in die Wirtschaftstätigkeit – auch im internationalen Vergleich zwischen Volkswirtschaften – ist die Staatsquote. Zwar finden sich in der

Literatur unterschiedliche Abgrenzungen (alleine Brümmerhoff listet in seinem Lehrbuch zur Finanzwissenschaft ein Dutzend verschiedene Variationen auf), eine vergleichsweise häufige Definition für die Staatsquote (Q_{St}) ist aber der Anteil der Staatsausgaben am Bruttoinlandsprodukt zu Marktpreisen (BIP_M) in folgender Form:

$$Q_{St} = \frac{A_{St} + T_{St} + Z_{St}}{BIP_M} \cdot 100$$

mit:
A_{St} = Konsum- und Investitionsausgaben des Staates
T_{St} = Transferzahlungen und Subventionen (an Unternehmen)
Z_{St} = Zinsaufwendungen

Allerdings kann es auch bei einer sowohl im zeitlichen Verlauf als auch bei einer vergleichbaren Definition der Staatsquote in verschiedenen Ländern zur Unter- oder Übererfassung staatlicher Einflussnahme auf den Wirtschaftsprozess kommen. Gründe können sein:

• Staatliches Handeln ist nicht immer ausgabenwirksam, so greifen Rechtsnormen (Gebote und Verbote) in die freie Einkommensverwendung von privaten Haushalten und Unternehmen ein. So können etwa Umweltauflagen die Warenproduktion erheblich verteuern. Auch die Festlegung von Höchstgrenzen bei Mietanhebungen (Mietpreisbindung) bedeutet einen Eingriff die private Wirtschaftstätigkeit, der sich nicht in der Staatsquote widerspiegelt. Auch kommt es zu quasi-unentgeltlicher Bereitstellung öffentlicher Dienste durch Private, z. B. durch Militärdienst, Ehrenämter (Vormund, Beisitzer bei Gerichten u. ä.).

• Die Auslagerung staatlicher Aktivitäten, z. B. ‚Umwidmung' von Regiebetrieben in Eigenbetriebe des Staates, verringert zwar statistisch den staatlichen Einfluss. Durch die Besetzung wichtiger Kontrollfunktionen durch politische Entscheidungsträger (z. B. bei der Besetzung von Aufsichtsratssitzen kommunaler Ent- und Versorger, wie etwa Stadtwerken) ist de facto weiterhin ein erheblicher Staatseinfluss vorhanden.

• Auch die unterschiedliche Absicherung sozialrelevanter Tatbestände bei Privaten kann die Aussagekraft der Staatsquote beschränken – vor allem im internationalen Vergleich. So ist in Deutschland die Entgeltfortzahlung bei Krankheit eines Arbeitnehmers durch den Arbeitgeber für sechs Wochen gewährleistet. Nach Ablauf dieser sechs Wochen besteht in der Regel ein Anspruch gegen die Krankenkasse auf Zahlung von Krankengeld. Denkbar sind aber auch gesetzliche Regelungen, die die Absicherung im Krankheitsfall vollständig auf den Arbeitgeber auslagern. Tendenziell sinkt dadurch die Staatsquote, die Belastung für die Unternehmen steigt aber an (Überwälzungen der Kosten werden bei dieser Betrachtung vernachlässigt). Eine sinkende Staatsquote wäre in diesem Fall kein aussagefähiger Indikator für einen Rückzug staatlicher Einflussnahme auf die Wirtschaft. Auch die teilweise Umstellung der Alterssicherung vom bestehenden Umlageverfahren (= hohe Staatsquote) auf eine kapitalgedeckte Eigenvorsorge (= niedrigere Staatsquote; unabhängig, ob freiwillig oder gesetzlich verpflichtend) beeinflusst diesen Indikator.

Die Kindergeldumstellung 1996 liefert ein praktisches Beispiel: So wurde in diesem Jahr die Auszahlung des Kindergeldes umgestellt und statt von den Arbeitsämtern nun von den Unternehmen vorgenommen. Zur Kompensation erfolgte eine Verrechnung der Kindergeldauszahlungen mit der Abführung der zu zahlenden Lohnsteuer für die beschäftigten Arbeitnehmer der Unternehmen. Da es sich hierbei um Mindereinnahmen und nicht um Ausgaben des Staates handelte, sank dadurch alleine die Staatsquote um etwa 0,8%-Punkte, obwohl die Kostenbelastung für die Unternehmen durch die verwaltungsmäßige Abwicklung der Kindergeldzahlung noch zusätzlich anstieg.

• Auch die Verbuchung von Einmaleffekten bereitet mitunter statistische Zuordnungsprobleme. So wurden die Einnahmen aus der Versteigerung von UMTS Lizenzen in Höhe von 51 Mrd Euro im Staatshaushalt 2000 als Minderausgaben verbucht. Dies bedeutet eine Bilanzverkürzung und damit in letzter Konsequenz eine Senkung der Staatsquote. Bei einer Erfassung als Mehreinnahme wäre dagegen die ausgewiesene Kreditaufnahme verringert worden, allerdings ohne die Absenkung der Staatsquote zu erreichen. Inzwischen wird die Staatsquote aber zusätzlich auch um diesen Sondereffekt bereinigt ausgewiesen.

Daher bietet sich an, weitere Indikatoren zur Messung der Belastung einer Volkswirtschaft durch staatlichen Aktivitäten heran zuziehen:

• **Schuldenquote** (Verhältnis von Schuldenstand zum BIP_M)

• **Abgabenquote** (Verhältnis von Steuereinnahmen und Sozialversicherungsbeiträgen zum BIP_M)

- **Zins-Ausgaben-Quote** (Verhältnis der öffentlichen Zins- zu den öffentlichen Gesamtausgaben)

- **Zins-Steuer-Quote** (Verhältnis öffentlicher Zinsausgaben zum Steueraufkommen)

5.2 Einnahmen und Ausgaben des Staates

A. Staatseinnahmen

Die wichtigste Einnahmequelle des Staates stellen Steuern dar. Nach § 3 Abs. 1 Abgabenordnung sind sie definiert als „Geldleistungen, die nicht eine Gegenleistung für eine besondere Leistung darstellen und von einem öffentlich-rechtlichen Gemeinwesen zur Erzielung von Einnahmen allen auferlegt werden, bei denen der Tatbestand zutrifft, an den das Gesetz die Leistungspflicht knüpft; die Erzielung von Einnahmen kann Nebenzweck sein." Eine häufige Gliederungsmöglichkeit, die vor allem für ökonomische Fragestellungen von Interesse ist, ist die Unterscheidung. nach ‚direkten‘ und ‚indirekten‘ Steuern:

> Bei einer direkten Steuer ist die Zahllast direkt vom Steuerschuldner oder einem Dritten (etwa der Arbeitgeber bei der Lohnsteuer) zu erfüllen. Bei einer indirekten Steuer ist der Zahler an den Fiskus nicht der Träger der Steuerlast. Vielmehr gibt er die entsprechende Belastung an den eigentlichen Steuerschuldner weiter (z. B. bei der Umsatzsteuer, ugs. Mehrwertsteuer), d. h. die Belastung wird überwälzt. Direkte Steuern erscheinen dagegen als nicht unmittelbar überwälzbar.

Ebenfalls zu den Abgaben zählen die

- Gebühren (hier stehen sich etwa bei Verwaltungsgebühren Leistung und Gegenleistung unmittelbar auf individueller Ebene gegenüber, sie treffen also den direkten Nutznießer der entsprechenden Leistung),

- Beiträge (keine individuelle Inanspruchnahme, vielmehr liegt eine gruppenspezifische Nutzung und Verteilung der Kosten vor, z. B. bei Erschließungs- und Anliegerbeiträgen) und

- Sonderabgaben (Abgaben sind nur von bestimmten Gruppen zu zahlen, wie etwa bei der Ausgleichsabgabe nach dem neunten Buch des Sozialgesetzbuches [ehem. Schwerbehindertengesetz]).

Auch Sozialversicherungsbeiträge haben einen steuerähnlichen Charakter, da sie zwar eine Gegenleistung des Staates begründen, aber nicht exakt in welcher Höhe. Zu den weiteren Arten der Staatseinnahmen zählen die Einnahmen aus wirtschaftlicher Tätigkeit (Erwerbseinkünfte des Staates: Einnahmen des Staates, die ihm aus eigenen Betrieben und Unternehmen, Beteiligungen an privaten Unternehmen und Grundvermögen zufließen), Einnahmen aus der Kapitalrechnung (z. B. Veräußerung von Sachvermögen) und sonstige Einnahmen (z. B. Auflösung von Rücklagen). Buchhaltungstechnisch gehört auch die Kreditaufnahme zu den Einnahmen.

Funktionen der Besteuerung

Hinsichtlich der Funktionen werden neben dem Ziel der Einnahmenerzielung zur Deckung des öffentlichen Finanzbedarfs (**fiskalischer Zweck**) folgende **nichtfiskalische** Zwecke (mit der Angabe von möglichen Instrumenten) unterschieden:

- Konjunkturpolitischer Zweck (Stabilisierung von Einkommen, Beschäftigung, Preisen)

  Instrumente: Verlangsamung oder Beschleunigung der zulässigen Abschreibung von Wirtschaftsgütern; Erhebung von rückzahlbaren oder nichtrückzahlbaren Konjunkturzuschlägen auf Steuern (etwa im ‚Stabilitätsgesetz‘ festgelegt)

- Wachstumspolitischer Zweck (Hohes und stetiges Wirtschaftswachstum)

  Instrumente: Steuerarten und Höhe der Steuersätze; Arten der Staatseinnahmenverwendung

- Sozialpolitischer Zweck (Beeinflussung der Einkommens- und Vermögensverteilung)

  Instrumente: progressive Gestaltung von Steuertarifen; Ausgestaltung von Sozialtransfers (mit/ohne Einkommens- und Bedürftigkeitsprüfungen)

- Ökologische Zielsetzungen

Instrumente: Ökosteuer, steuerliche Abschreibungsmöglichkeiten für Aufwendungen zur Ressourcenschonung im privaten Wohnungsbau

Exkurs: Steuertarife

Zur Erreichung der unterschiedlichen Zielvorstellungen können verschiedene Ausgestaltungsformen bei den Steuertarifen verwendet werden:

- progressiver Tarif: der Steuerbetrag steigt stärker als die Bemessungsgrundlage an, der Durchschnittssteuersatz (Verhältnis zwischen Steuerbetrag und Bemessungsgrundlage) nimmt zu. Typisches Beispiel ist die deutsche Einkommensteuer.

- proportionaler Tarif: die durchschnittliche steuerliche Belastung ist immer gleich hoch, weil auf jede Einheit der Bemessungsgrundlage derselbe Steuersatz angewandt wird; dies gilt etwa für den Normalsatz bei der Mehrwertsteuer oder auch für die Kaffeesteuer (fester Euro-Betrag je kg).

- regressiver Tarif: mit wachsender Bemessungsgrundlage nimmt das Ausmaß der steuerlichen Belastung ab (mit steigender Bemessungsgrundlage verringert sich der Durchschnittssteuersatz). Extrembeispiel ist eine Kopfsteuer, da mit steigendem Einkommen die Belastung sinkt.

Grundsätze der Steuerlastverteilung

Bei den Grundsätzen der Steuerlastverteilung geht es um die Ausgestaltung des Steuersystems. Diese richtet sich nach den Steuerverteilungsprinzipien:

- **Äquivalenzprinzip**

   Die Bemessung der Steuer erfolgt entsprechend dem Vorteil, den eine Person aus öffentlichen Leistungen bezieht. Dabei besteht das Problem der genauen Zurechnung (Ermittlungs- und Messproblem) des Nutzens aus der staatlichen Leistung.

- **Leistungsfähigkeitsprinzip**

  Prinzip, das sich in der Praxis durchgesetzt hat. Die Aufteilung der benötigten Steuereinnahmen des Staates auf die einzelnen Bürger richtet sich nicht danach, wem die staatlichen Leistungen genau zufließen, sondern nach deren individueller Leistungsfähigkeit. Indikatoren dieser Leistungsfähigkeit können sein: Einkommen, Konsum, Vermögen.

  Diesen Indikatoren folgt auch die bekannte Klassifikation der Besteuerung nach

  - der Einkommensentstehung (z. B. Einkommensteuer),
  - der Einkommensverwendung (z. B. Umsatzsteuer) und
  - dem Vermögen (z. B. private Vermögensteuer [bis Ende 1996] und Erbschaftsteuer).

Probleme der Steuerschätzungen

Die genaue Kenntnis der Einnahmenentwicklung ist wichtig für die Planung eines öffentlichen Haushaltes. Besondere Probleme auf der Einnahmenseite können für die öffentlichen Haushalte aus einer ungenauen Steuerschätzung resultieren. Solche Schätzungen werden zweimal im Jahr (Mai und November), unter der Verwendung bestimmter Annahmen, von Experten (etwa von der Bundesregierung, der Deutschen Bundesbank und von den Wirtschaftsforschungsinstituten) vorgenommen. In den letzten Jahren gab es z. T. erhebliche Abweichungen zwischen den Steuereinnahmenschätzungen und den tatsächlichen Steuereinnahmen eines Jahres. Besonders problematisch ist dabei, wenn die Steuereinnahmenentwicklung zunächst sehr positiv eingeschätzt wird, im Zeitablauf aber immer weiter nach unten revidiert werden muss. So betrugen die Fehlschätzungen seit Mitte der 90er Jahre von der ersten Schätzung bis zum Rechnungsergebnis des entsprechenden Jahres selbst bei ‚normalen‘ Konjunkturverläufen. für die öffentlichen Haushalte mitunter über 10 Mrd Euro. Und im Zuge der Wirtschafts- und Finanzkrise 2008/2009 wurden im Mai 2009 im Vergleich zur Schätzung im Mai 2008 zurückgehende Steuereinnahmen in Höhe von 85 Mrd Euro alleine für 2010 prognostiziert. Aus welchen Entwicklungen resultieren diese Abweichungen?

- Differenzen in der Wirtschaftsentwicklung des jeweiligen Jahres gegenüber den ursprünglichen Annahmen: die Steuerschätzung orientiert sich u. a. am prognostizierten Wirtschaftswachstum. Fällt das Wirtschaftswachstum niedriger als geplant aus, sind auch die Steuereinnahmen niedriger.

- Veränderungen in der Struktur des Wirtschaftswachstums: wenn das Wirtschaftswachstum von einer Zunahme des Exportes getragen wird, entstehen keine Einnahmen bei der Umsatzsteuer, da diese Steuer bei der Ausfuhr von Gütern abgezogen wird. Wird dagegen das Wirtschaftswachstum vom privaten Konsum getragen, steigen auch die Einnahmen bei der Umsatzsteuer an.

- Zwischenzeitliche Steuerrechtsänderungen: die Einnahmen bei den verschiedenen Steuerarten verändern sich, wenn sich die jeweilige Rechtslage der Besteuerung ändert (z. B. Anhebung des Grundfreibetrages bei der Einkommensteuer). Die Auswirkungen auf die Prognostizierbarkeit des Steueraufkommens sind allerdings zumindest für die folgende Prognose vorhersehbar, weil die finanziellen Auswirkungen im entsprechenden Gesetzentwurf aufgeführt sein müssen. Deshalb sind Mindereinnahmen/Mehreinnahmen aus diesem Grunde i. d. R. nicht überraschend.

- Erosion der inländischen Steuerbasis: die ungeplante übermäßige Inanspruchnahme steuerlicher Vergünstigungen führt zu einer Verkleinerung der Steuerbemessungsgrundlage (z. B. steuerliche Subventionierung von Investitionen in Ostdeutschland in den 90er Jahren wg. Sonderabschreibungen im Wohnungsbau). Auch die Verlagerung von Unternehmensgewinnen in ausländische Niedrigsteuerländer reduziert die Steuereinnahmen. Damit entfallen die Steuerzahlungen auf Unternehmensgewinnen, wenn es zu einer Abwanderung der Unternehmen, z. B. wegen allgemein niedrigeren Steuertarifen, aber auch wegen spezieller Vergünstigungen einiger Länder bei der Ansiedlung ausländischer Unternehmen (Irland/Niederlande), kommt.

B. Staatsausgaben

Die Höhe der Staatsausgaben wird bestimmt durch das Ausmaß der Staatsaufgaben. Die jeweilige Gesellschaft entscheidet (manchmal nur indirekt über Wahlen ihrer Vertreter) über die Aufteilung der Aufgaben zwischen Staat und Markt. Dabei wird es in föderal organisierten Staaten zu Aufgabenverteilungen auch zwischen einzelnen Ebenen des Staates kommen. Eine solche Organisation der staatlichen Aufgaben hat in Deutschland häufig zu einer Verletzung des Konnexitätsprinzips (Grundsatz der Haushaltspolitik: Die Entscheidungsebene für ein Gesetz ist auch für die Finanzierung der Auswirkungen zuständig) geführt. Vor allem bei sozialen Regelungen sind Abweichungen von diesem Prinzip anzutreffen (z. B. Kindergartengesetz in den 90er Jahren). Umgekehrt ist es im Zusammenhang mit den Hartz-Gesetzen zu finanziellen Entlastungen der Kommunen gekommen.

In der theoretischen Diskussion ist es bereits im 19. Jahrhundert zu einer Debatte über die Frage „Was bestimmt die Ausgaben des Staates grundsätzlich?" und damit zu einer Suche nach Gesetzmäßigkeiten gekommen. Erklärungen liefern etwa:

- **Wagners ‚Gesetz der wachsenden Ausdehnung der öffentlichen und speziell der Staatstätigkeit' (1893)**

$\downarrow$

These, dass es im Zuge des ‚Fortschritts der Volkswirtschaft und Kultur' tendenziell zu einer Ausdehnung der Staatstätigkeit bei den "beiden Staatszwecken" (Zitat Wagner) kommt

$\downarrow$

Staatszwecke: a) Rechts- und Machtzweck (= Verwaltung und Sicherheit)

b) Kultur und Wohlfahrt (= Bildung und Soziales)

- Ergänzung von Wagner durch **Peacock/Wiseman (1961): ‚Displacement Effect'**

$\downarrow$

These, dass sich der Anstieg der Staatsaufgaben in Stufen vollzieht: in normalen Zeiten gibt es eine Grenze für die Steuerzahlungsbereitschaft

$\downarrow$

Aber: Verschiebung dieser Grenze nach oben bei sozialen Krisen und Kriegen

$\downarrow$

Nach Überwindung der Krisen: Rückgang der Ausgaben, aber nicht auf das alte Niveau

Empirisch sind keine abschließenden Aussagen möglich. Zwar hat sich der Staatsanteil am BIP in Deutschland tendenziell erhöht, in anderen Staaten sind entsprechende Entwicklungen aber nicht so deutlich ausgeprägt. Zudem scheint mittlerweile ein

Niveau der staatlichen Einflussnahme in einer Reihe von Staaten erreicht, bei dem eine Steigerung in nennenswertem Umfang nicht mehr denkbar erscheint. Erklärungsansätze für föderale Staatssysteme und der Aufgabenverteilung für einzelne Ebenen liefern:

- **Popitz ‚Gesetz der Anziehungskraft der größten Etats' (1927)**

$$\downarrow$$

These, dass a) Zentralstaaten flexibler auf Änderungen von Rahmenbedingungen reagieren können (Frage nach der Organisation des Staates → Föderalismusdiskussion in Deutschland)

b) Übergeordnete staatliche Ebenen ‚örtliche Fragen' zu ‚Massenforderungen' machen (Bsp.: örtliche Wohlfahrtspflege verwandelt sich in gesetzlich geregelte Versorgung)

- **A. Brechts ‚Gesetz der progressiven Parallelität von Ausgaben und Bevölkerungsmassierung' (1932)**

$$\downarrow$$

Empirischer Befund: positiver Zusammenhang zwischen öffentlichen Ausgaben und Gemeindegröße

$$\downarrow$$

Begründung: öffentliche Leistungen (Kultur, wie Museen, Theater; Soziales) steigen überproportional in großen Städten an (aber: haben z. T. auch überregionale Bedeutung)

C. Öffentliche Verschuldung

Die Höhe der jährlichen öffentlichen Verschuldung bestimmt sich aus der Differenz aus Einnahmen und Ausgaben eines Haushaltsjahres. Dabei wird der öffentliche Kredit (= jährliche Staatsverschuldung) definiert als Kreditmarktfinanzierung, es findet daher in westlichen Industriestaaten i. d. R. keine ‚Geldschöpfungsfinanzierung' durch die Notenbanken statt. In den Staaten der Euro-Währung ist eine solche Finanzierung ohnehin verboten. Aber auch einer übermäßigen staatlichen Verschuldung auf dem Geld- oder Kapitalmarkt sind rechtliche und ökonomische Grenzen gesetzt:

- **Gesetzliche Regelungen**

Bis Mitte 2009 hatten nach **Art. 109 GG** Bund und Länder „bei ihrer Haushaltswirtschaft den Erfordernissen des gesamtwirtschaftlichen Gleichgewichts Rechnung zu tragen" und nach **Art. 115 GG** bedurfte die „Aufnahme von Krediten sowie die Übernahme von Bürgschaften, Garantien oder sonstigen Gewährleistungen, die zu Ausgaben in künftigen Rechnungsjahren führen können, … einer der Höhe nach bestimmten oder bestimmbaren Ermächtigung durch Bundesgesetz." Die Einnahmen aus Krediten durften die Summe der im Haushaltsplan veranschlagten Ausgaben für Investitionen nicht überschreiten; Ausnahmen waren nur zulässig zur „Abwehr einer Störung des gesamtwirtschaftlichen Gleichgewichts." Die genaue Deutung des Art. 115 GG war aber nicht unkritisch. Vor allem die genaue Definition des Begriffes ‚Investition', aber auch die Deutung der Formulierung ‚Störung eines gesamtwirtschaftlichen Gleichgewichts' war umstritten.

In der praktischen Erfahrung hat sich gezeigt, dass der alte § 115 GG nicht zum Erfolg führte. Die Verschuldung der öffentlichen Haushalte ist in der Vergangenheit kontinuierlich gestiegen. Daher wurde in der Föderalismuskommission II (Ziel: Neuregelung der Finanzbeziehungen zwischen Bund und Ländern mit Mitgliedern des Bundestages und des Bundesrates, Vertreter der Landtage und Kommunen) eine Verschärfung dieser Verschuldungsregel angeregt und inzwischen im Grundgesetz – als Modifizierung der Art. 109 und 115 GG (hier Wegfall der Sätze 2 und 3 des Absatzes 1 und Neufassung des Absatzes 2) – verankert. Ziel der so genannten Schuldenbremse ist es, die langfristige Tragfähigkeit der Haushalte von Bund und Ländern und die finanziellen Handlungsspielräume zur Erfüllung der staatlichen Aufgaben zu sichern. Die Regeln zur Neuverschuldung beruhen dabei im Wesentlichen auf folgenden Maßnahmen:

- Bund und Länder müssen ihre Haushalte künftig grundsätzlich ohne Einnahmen aus Krediten ausgleichen. Der Bund erhält in diesem Rahmen einen begrenzten strukturellen Verschuldungsspielraum in Höhe von 0,35% des BIP. Die Einnahmen und Ausgaben sind damit um die Einflüsse der konjunkturellen Lage zu bereinigen. Konjunkturbedingte Defizite im Abschwung sind erlaubt, wenn in entsprechender Weise konjunkturbedingte Überschüsse im Aufschwung erzielt werden. Damit sollen in einer Rezession zusätzliche Nachfrageausfälle vermieden werden. Die Symmetrie über den Konjunkturzyklus hinweg soll verhindern, dass es zu einem permanenten Anstieg der Staatsschulden kommt.

- Für außergewöhnliche Notsituationen können Bund und Länder eine Ausnahmeregelung vorsehen, die eine zusätzliche Kreditaufnahme ermöglicht. Wird von der Ausnahmeklausel Gebrauch gemacht, müssen die hierfür aufgenommenen Kredite nach einem verbindlichen Tilgungsplan zurückgezahlt werden.

- Es wird ein Stabilitätsrat eingerichtet. Dieser soll die Einhaltung der Verschuldungsregeln überwachen und gegebenenfalls Gegenmaßnahmen vorschlagen. Diesem Rat gehören die Finanzminister von Bund und Ländern sowie der Bundeswirtschaftsminister an.

- Die neuen Regeln gelten erstmalig für das Haushaltsjahr 2011. Den durch die aktuelle Krise stark angestiegenen Defiziten der öffentlichen Haushalte trägt eine Übergangsregelung Rechung. Der Bund muss ab 2011 sein strukturelles Defizit bis 2016 in gleichmäßigen Schritten zurückführen. Die Länder dürfen ab 2020 keine neuen Schulden machen. Die Länder Berlin, Bremen, Saarland, Sachsen-Anhalt und Schleswig-Holstein erhalten für den Zeitraum 2011 bis 2019 Konsolidierungshilfen aus dem Haushalt des Bundes – in unterschiedlicher Höhe.

Weitere rechtliche Grenzen der Staatsverschuldung bilden die Maastrichter Kriterien für die Finanzpolitik und der Europäische Stabilitäts- und Wachstumspakt. Vor dem Hintergrund der Präzisierung der Art. 103 und 104c EG-Vertrag (Koordinierung und Überwachung der Wirtschaftspolitik sowie der Haushaltslage der Mitgliedstaaten der Europäischen Union), wurde auf Initiative der deutschen Bundesregierung (Theo Waigel) Mitte der 90er Jahre ein Frühwarnsystem geschaffen, das es erlaubt, haushaltspolitische Fehlentwicklungen zu erkennen. Als Maßnahmen wurden vereinbart:

- Verpflichtung, mittelfristig einen nahezu ausgeglichenen Haushalt oder einen Überschuss anzustreben; auch bei konjunkturbedingten Einnahmeausfällen oder zusätzlichen Ausgaben (z. B. wegen Arbeitslosigkeit) sollte die Neuverschuldung 3% des BIP nicht überschreiten.

- Verpflichtung der Staaten zur Vorlage von Stabilitäts- bzw. Konvergenzprogrammen. Zeitdauer der Programme fünf Jahre, bei jährlicher Aktualisierung, mit Veröffentlichung.

- Maßnahmen bei Verletzung des Referenzwertes von 3% (z. B. Europäische Kommission erstellt einen Bericht mit Maßnahmenempfehlungen bis zur Verhängung von Sanktionen: Unverzinsliche Einlage bei der Europäischen Zentralbank; Umwandlung in eine Geldbuße nach zwei Jahren, wenn das

Haushaltsdefizit weiterhin übermäßig bleibt. Die Strafhöhe: [fest] 0,2% des BIP plus [variabel] 0,1% des BIP je Prozentpunkt der Überschreitung des Referenzwertes von 3%, bis max. 0,5% des BIP).

- Absehen von Sanktionen bei einem außergewöhnlichen Ereignis, das sich der Kontrolle des Staates entzieht und erhebliche Auswirkungen auf die Finanzlage des Staates hat oder einer schwerwiegenden Rezession (ohne Beweispflicht des Staates bei mehr als 2% Rückgang des realen BIP; zwischen 2% u. 0,75% liegt die Beweislast der Auswirkungen auf die Finanzen der öffentlichen Haushalte beim Mitgliedstaat).

Nachdem es in einer Reihe von Staaten des Euro-Raumes zu einer anhaltenden Verletzung der Bestimmungen des Stabilitäts- und Wachstumspaktes gekommen war, hat der Europäische Rat im März 2005 grundlegenden Änderungen zugestimmt. Sowohl beim Haushaltsziel als auch bei den Ausnahmeregelungen wurden Modifizierungen vorgenommen. Die Deutsche Bundesbank sprach in ersten Reaktionen sogar von einer Aufweichung des Stabilitäts- und Wachstumspaktes und hat daraufhin eine stärkere Rolle der nationalen Haushaltsregeln gefordert.

- **Ökonomische Begrenzungen**

Die ökonomische Begrenzung der Staatsverschuldung liegt in ihrem negativen Einfluss auf die Volkswirtschaft. Dabei gibt es keine einheitliche Grenze der Staatsverschuldung als objektive Messgröße. Zwar gibt es inzwischen auch einzelne entwickelte Staaten, die sich am internationalen Kapitalmarkt in der Vergangenheit für Zahlungsunfähig erklärt haben (Argentinien 2001). Die eigentliche Begrenzung liegt aber in der Höhe des Schuldendienstes (Tilgungs- und Zinsleistungen). So machten allein die Zinsenausgaben im Haushalt des Bundes im Jahre 2008 rund 15% aller Ausgaben aus (1991: 9,9%). Damit entsteht eine Verschuldungsfalle: eine schnell wachsende Zinsbelastung durch eine hohe Staatsverschuldung, wodurch die Staatsverschuldung weiter anwächst (Folge daraus: die Schulden können schon wegen der steigenden Zinsbelastung nicht mehr getilgt werden). Es besteht dann die Gefahr, dass der Verschuldungsprozess infolge anschwellender Zinslasten außer Kontrolle gerät. Hieraus resultiert eine erhebliche Beschränkung des mittel- und langfristigen haushaltswirtschaftlichen Spielraums der Gebietskörperschaften. Zudem führt eine hohe staatliche Kreditfinanzierung zu einer weiteren Nachfrage nach Krediten, sodass die Zinssätze tendenziell hoch bleiben dürften: eine zusätzliche staatliche Kreditnachfrage trifft auf ein noch höheres Zinsniveau – die Zinslasten steigen weiter an (Verschärfung der Verschuldungsfalle). In der Realität sind die relevanten Kapitalmarktzinssätze tendenziell im Verlauf der letzten Jahre allerdings eher gesunken. Der verbreitete Wunsch vieler Anleger nach einer ,sicheren' Anlage in Staatspapieren hat die zinsgünstige Kreditaufnahme für die öffentlichen Haushalte vieler entwickelter Staaten erleichtert.

Exkurs: Ratingklassifikation

Von Ratingagenturen werden für (vor allem große börsennotierten) Unternehmen und auch Staaten Einschätzungen hinsichtlich ihrer Bonität vorgenommen. Die Einstufung in Ratingklassen erfolgt mittels verschiedener Kriterien, z. B.:

Politische Risiken (institutionelle Gegebenheiten und geopolitische Risiken)

Wachstumsperspektiven (mittelfristige Wachstumsperspektiven, Investitionstätigkeit)

Finanzpolitische Stabilität (Schuldenstand und -dienst)

Monetäre Stabilität (Preis- und Geldmengenentwicklung)

Die Ratingklassen lauten dann (hier nur Grobstruktur; in Abhängigkeit von der Anzahl der jeweiligen Buchstaben und einem jeweiligen Vorzeichen):

AAA	–	A	Keine oder nur geringfügige Länderrisiken
BBB	–	B	Länderrisiken sind vorhanden; ab BB (sehr) spekulative, geringe Sicherheit langfristiger Schuldenbedienung
CCC	–	D	instabile Verhältnisse; Zahlungsverzug bzw. -unfähigkeit

Je besser ein Staat hinsichtlich seiner Bonität eingestuft wird (also bestenfalls ist AAA möglich), desto geringer fällt sein Risikozuschlag in Form eines erhöhten Zinssatzes auf seine Schuldpapiere im Vergleich zu anderen Staaten aus.

Durch die Finanz- und Wirtschaftskrise 2008/2009 sind die Ratingagenturen allerdings in die negativen Schlagzeilen gekommen. Ihnen wird vorgeworfen, bei der Bewertung ‚innovativer Finanzprodukte‘ wissentlich oder unwissentlich gravierende Fehler gemacht zu haben. Der Grund: Nur wenn es zu einem Auftrag für die Bewertung eines Produktes (Rating) kam, wurde auch dafür bezahlt. Das sorgte theoretisch für einen Anreiz bei den Agenturen, eine möglichst gute Note zu vergeben, um den Auftrag des Emittenten zu erhalten. Und ohne die gute Benotung für diese Produkte (hinter denen oft nur schwer vermittelbare und faule Kreditbeziehungen steckten) wäre es wahrscheinlich auch nicht auf diesem Teil des Finanzmarktes zu spekulativen Übertreibungen gekommen.

Für die gesamtwirtschaftlichen Auswirkungen des Schuldendienstes sind weitere Aspekte von Interesse:

- Verteilungswirkungen – Wirkung der Staatsverschuldung auf die interpersonelle Einkommensverteilung; dabei kommt es u. a. zum einen darauf an, wie progressiv das Steuersystem insgesamt ausgestaltet ist und welche steuerliche Belastungen für einzelne Gruppen der Bevölkerung daraus resultieren, zum anderen sind die Empfänger staatlicher Leistungen zu identifizieren.

- intertemporale Lastverteilung – Unterscheidung zwischen konsumtiver und investiver Verwendung der aufgenommenen Mittel sowie die damit verbundene Anpassung der zeitlichen Struktur der Finanzierung von Investitionen an deren Erträgen in Orientierung am ‚Pay-as-you-use Prinzip‘: staatliche Investitionen, die über mehrere Generationen nutzbar sind (z. B. Verkehrsprojekte, Schulen), sollen über Kredite finanziert und im Zuge der Rückzahlung auf die Generationen verteilt werden. Dagegen sind konsumtive Ausgaben des Staates (etwa die Entlohnung seiner Arbeitnehmer) durch Mittel derselben Periode (vor allem Steuern) zu begleichen.

- Lasttransfer bei Verschuldung im Ausland – durch die Aufnahme von Kreditmitteln im Ausland entstehen z. B. Wechselkurseffekte; während der Rückzahlperiode entsteht durch Tilgung und Zinszahlungen ein Kaufkraftverlust im Inland.

In der ökonomischen und politischen Diskussion hat vor allem die Frage der Mittelverwendung zu Auseinandersetzungen zwischen einzelnen Theorierichtungen geführt. Hier spielt der crowding-out-Effekt eine wichtige Rolle: bei zunehmender Staatsverschuldung werden durch die steigende staatliche Kreditaufnahme und die dadurch ausgelösten steigenden Zinsen private Wirtschaftsaktivitäten (= Investitionen und Konsum) verdrängt. Diese Argumentation ist allerdings nur dann schlüssig, wenn von einer bestehenden privaten Kreditnachfrage ausgegangen wird. Diese hängt aber u. a. von der konjunkturellen Lage ab. Während dies im Boom durchaus nachvollziehbar ist, ist die liquiditätsmäßige Anspannung in der Rezession eher gering. Folglich findet eine Zurückdrängung privater Kreditnachfrager nur eingeschränkt statt. Daher gibt es auch Befürworter einer ‚sinnvollen' (temporären) staatlichen Verschuldung. Eine solche wurde etwa von der ‚Arbeitsgemeinschaft deutscher wirtschaftswissenschaftlicher Forschungsinstitute' zur Vermeidung einer Rezession in der Phase der Wachstumsabschwächung des Jahres 2001 vorgeschlagen.

Auch in der Finanz- und Wirtschaftskrise 2008/2009 haben zahlreiche Staaten ihre Ausgaben z. T. massiv gesteigert. Vor allem durch Stützungsmassnahmen für den Finanzsektor sowie durch die Ausgabenprogramme für Unternehmen, die von dem historischen Einbruch der Wirtschaftstätigkeit betroffen sind, und Private Haushalte wird sich die Verschuldung vieler Industrie- und Schwellenstaaten z. T. deutlich erhöhen. Als Begründung hierfür wird im Wesentlichen die Aufrechterhaltung des bestehenden Wirtschafts- und Finanzsystems angeführt.

5.3 Aufgaben der Finanzpolitik

Die Berechtigung des Staates zu Eingriffen in die marktwirtschaftliche Ordnung lässt sich aus drei Aufgaben ableiten: der Stabilisierungs- und der Allokationsfunktion sowie der Einkommensumverteilung – mit z. T. erheblichen Interdependenzen zwischen den einzelnen Funktionen. Zur Verfolgung dieser Aufgaben setzt der Staat verschiedene finanzpolitische Instrumente ein.

5.3.1 Stabilisierung

Hinter dem Stabilisierungsziel steht der Wunsch nach einem Ausgleich von Angebot und Nachfrage nach Gütern im Konjunkturverlauf (Verstetigung der Wirtschaftsentwicklung in einem Konjunkturzyklus). Die Begründung für Eingriffe wird abgeleitet aus den Beziehungen

- wenn Angebot < Nachfrage, dann Inflationsgefahr,

- wenn Angebot > Nachfrage, dann Gefahr von Arbeitslosigkeit.

In einer Phase starken Wirtschaftswachstums muss es daher zu einer Kaufkraftab-
schöpfung, in einer Phase schwachen Wirtschaftswachstums bzw. einer Rezession
sollte es zu einer Kaufkraftzuführung kommen.

Abb. 5.1 Staatliche Einflussnahme im Konjunkturverlauf

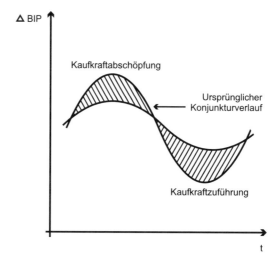

Zur Verwirklichung dieses idealtypischen Verlaufs besitzt der Staat zwei grundsätz-
liche Handlungsmöglichkeiten:

- **Keine Verstärkung der Konjunkturschwankungen. D. h.:**

  In der Rezession: Einnahmenausfälle werden nicht durch Ausgabenkürzun-
  gen kompensiert (= konjunkturbedingtes Anwachsen des staatlichen Defizits),

  Im Boom: Höhere Steuereinnahmen dürfen nicht zu zusätzlichen Ausgaben
  führen (= Abbau des staatlichen Defizits).

- **Reduzierung der Konjunkturschwankungen durch eine aktive oder
  passive antizyklische Wirkung staatlicher Finanzpolitik**

  Aktives antizyklisches Verhalten liegt vor, wenn der Staat in einer Rezessi-
  onsphase seine Ausgaben erhöht und/oder seine Steuern senkt bzw. in einer
  Aufschwungphase die Ausgaben reduziert und/oder die Steuern erhöht.
  Probleme können sein:

1. Das Verhalten politischer Entscheidungsträger. Nach der Theorie der Wahlgeschenke werden ausgabenwirksame Konjunkturprogramme und Erhöhungen sozialer Leistungen vergleichsweise häufig vor Wahlen durchgeführt. Das Verhalten von Politikern richtet sich daher an Konjunkturphasen aus. Überschüsse im Staatshaushalt werden nach diesen Überlegungen tendenziell nicht zu Einsparungen verwendet.

2. Das Vorhandensein von Time-lags, die die Wirksamkeit der erforderlichen Maßnahmen einschränken bzw. ihre Wirkungsrichtung sogar umkehren können:

   a) Diagnoseverzögerung (zwischen der Änderung der wirtschaftlichen Lage und ihrem Erkennen kommt es zu zeitlichen Verzögerungen – auch durch mögliche Datenprobleme)

   b) Prognoseverzögerung (Vorhersage der zukünftigen Entwicklung)

   c) Planungsverzögerung (Suche geeigneter Maßnahmen zur Erreichung vorgegebener Ziele)

   d) Entscheidungsverzögerung (durch lange Entscheidungswege in der Politik: Referentenentwurf; Kabinettsvorlage; Lesungen im Bundestag, Vermittlungsausschuss, Beteiligung des Bundesrates)

   e) Durchführungsverzögerung (Einbindung nationaler und internationaler Behörden/Verbände bei der Durchführung von Maßnahmen, z. B. EU-Kommission, Naturschutzverbände)

   f) Wirkungsverzögerung (Time-lag zwischen dem Einsatzzeitpunkt und dem Wirksamwerden einer Maßnahme, z. B. Steueranreize beim Bau → lange Verwaltungswege bei der Antragsstellung, Bausausführung der Unternehmen)

Aus diesen Gründen wird auch ein aktives Eingreifen in den Wirtschaftsprozess zur Stabilisierung der Wirtschaftsentwicklung etwa in Form höherer staatlicher Ausgaben durch eine staatliche Verschuldungspolitik (Deficit spending) als wenig erfolgreich abgelehnt, obwohl im Stabilitätsgesetz von 1967 entsprechende Maßnahmen (etwa die Bildung bzw. Auflösung einer Konjunkturausgleichsrücklage) vorgesehen waren.

Passives antizyklisches Verhalten liegt vor, wenn Haushaltsposten etwa durch die Wahl und/oder Ausgestaltung ihrer Bemessungsgrundlage quasi automatisch eine konjunkturelle Überhitzung bzw. eine Rezession verhindern oder zumindest abschwächen. Die Wirkung solcher Built-in stabilizer ist dabei umso größer, je (quantitativ) bedeutender sie sind und je größer ihre Reagibilität auf eine Veränderung der konjunkturellen Lage ist. Als typischer automatischer Stabilisator wird auf der Ausgabenseite etwa das Arbeitslosengeld angesehen, da bei einem Verlust des Arbeitsplatzes ohne entsprechende Ersatzleistungen das Einkommen drastisch sinkt und damit die Konsummöglichkeiten deutlich stärker eingeschränkt werden müssten. Auf der Einnahmenseite des Staates stellen vor allem Steuern mit einer hohen Aufkommenselastizität geeignete Stabilisatoren dar. Dies gilt vor allem für Wertsteuern, die mit einem progressiven Tarifverlauf ausgestaltet sind. Tendenziell führt eine sehr stark aufkommenselastische Steuer zu einer Dämpfung von Konjunkturschwankungen, da z. B. in einem Boom eine solche Steuer dem Wirtschaftsprozess Einkommen und damit potenzielle Nachfrage entzieht (etwa bei der Lohn- und Einkommensteuer). Voraussetzung dabei ist aber, dass der Staat diese zusätzlichen Steuereinnahmen nicht wieder sofort verausgabt und die Steuer darf keine Bagatellsteuer sein.

Exkurs: (Steuer)Aufkommenselastizität

Generelle Aussage für den Elastizitätsbegriff (E):
Wie groß ist die relative Änderung einer abhängigen Variablen A bezogen auf die relative Änderung einer unabhängigen Variablen U? (0 = Wert der Vorperiode)

$$E \; = \; \frac{\Delta A / A_0}{\Delta U / U_0}$$

Bezogen auf das Steueraufkommen:
Wie groß ist die relative Änderung des Steueraufkommens T, die aus einer relativen Änderung des Volkseinkommens Y (oder auch BIP bzw. BNE) resultiert?

$$E_T \; = \; \frac{\Delta T / T_0}{\Delta Y / Y_0}$$

Ein Wert der Aufkommenselastizität (E_T) von größer als 1 zeigt an, dass eine Steuer z. B. im Boom ein im Vergleich zum Volkseinkommen überproportional höheres, in der Rezession überproportional niedrigeres Aufkommen aufweist.

Neben der Beurteilung einer Steuer zur Eignung als automatischer Stabilisator, sind die Ergebnisse der Elastizitätsberechnung auch eine wichtige Grundlage für Steuerschätzungen: Hierfür muss eine Schätzung der Entwicklung der Steuerbemessungsgrundlage erfolgen. Danach wird aus dem aus der Vergangenheit bekannten Zusammenhang (zwischen der Veränderung der Steuerbemessungsgrundlage und der daraus resultierenden Veränderung der Steuereinnahmen), die Schätzung der zukünftigen Einnahmen abgeleitet. Allerdings kann sich der Wert der langfristigen Aufkommenselastizität von den Werten in den unterschiedlichen Konjunkturphasen unterscheiden. Auch Strukturbrüche können die Aussagefähigkeit beeinträchtigen. Dies gilt in Deutschland etwa bei Bundessteuern für die Jahre ab 1991, da diese nur noch für das gesamte Erhebungsgebiet (alte und neue Bundesländer) ausgewiesen werden.

5.3.2 Allokation (Wachstumsziel)

Während es bei der Stabilisierungsfunktion eher um eine kurz- und mittelfristige Fragestellung handelt, geht es beim Allokationsziel um den langfristigen Einfluss des Staates auf den Wirtschaftsprozess. Die zentrale Frage ist dabei, wie der Staat zur dauerhaften Steigerung wirtschaftlichen Wachstums beitragen kann (Zeitdauer: länger als ein Konjunkturzyklus). Einen wesentlichen Beitrag hierzu liefert die Festlegung und Sicherung einer Wirtschaftsordnung. Die historische Entwicklung hat die marktwirtschaftliche Ordnung als Ergebnis erbracht: Wettbewerb der Wirtschaftsakteure liefert mithin unter diesem Aspekt das bessere Ergebnis. Unklar ist allerdings das Ausmaß der staatlichen Beteiligung am Wirtschaftsprozess, mithin das Verhältnis zwischen freier und sozialer Marktwirtschaft.

Neben der Klärung und Garantie der Wirtschaftsordnung werden dem Staat häufig weitere Aufgaben zugewiesen. Vor allem die Bereitstellung von Infrastruktur zählt dazu, wie etwa:

- ein funktionierendes Verkehrssystem als wesentliche Voraussetzung dafür, dass effiziente Produktionen stattfinden können,

- die ausreichende Versorgung mit Energie, Wasser und Entsorgung bei Abwasser,

- die Sicherung einer ausreichenden Versorgung mit Bildung (Grundbildung, die Möglichkeit der Weiterqualifizierung),

- Forschung- und Entwicklungskapazitäten (Grundlagenforschung),

- Dienstleistungen im sozialen Bereich und im Gesundheitssektor (Wiederherstellung des Produktionsfaktors Arbeit, die Sicherung des sozialen Friedens).

Aufgrund der in den vergangenen Jahren zunehmend schwierigeren Finanzlage der öffentlichen Haushalte, hat es inzwischen bei einer Reihe von Aufgaben eine zunehmende Arbeitsteilung zwischen privaten und staatlichen Stellen gegeben. So werden Verkehrsprojekte in verschiedenen Formen von privaten Unternehmen betrieben und/oder finanziert, aber auch im Bildungssektor sichern private Einrichtungen (z. B. private Fachhochschulen) die Weiterqualifizierung der Menschen.

Unter standortpolitischen Gesichtspunkten spielt die gesamtwirtschaftliche Belastung durch Steuern und Sozialabgaben eine wichtige Rolle. Dabei gilt tendenziell, dass die Höhe der Abgabenbelastung (und bei Vernachlässigung anderer Aspekte) in einem negativen Zusammenhang zur wirtschaftlichen Attraktivität eines Staates steht. Werden ausländische Investoren abgeschreckt, inländische Steuer- oder Beitragszahler demotiviert und/oder verrichten ihre Tätigkeit in der Schwarzarbeit, entstehen aber auch für die staatlichen Haushalte Mindereinnahmen. Diese Überlegungen basieren auf dem theoretischen Konstrukt der 'Laffer-Kurve' des US-amerikanischen Ökonomen und Regierungsberater A. B. Laffer (der damit einen wichtigen Baustein zu den Reaganomics Anfang der 80er Jahre lieferte) – die Grundlagen hierzu liefert allerdings bereits der Schriftsteller Jonathan Swift in seinem Steuereinmaleins (1728). In dieser Kurve wird das Steueraufkommen als Funktion des Steuersatzes gezeigt (**Abb. 5.2**).

Abb. 5.2 Laffer-Kurve

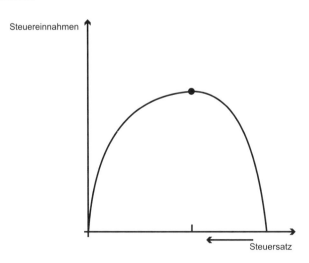

Sie soll verdeutlichen, dass Steuersatzsenkungen die wirtschaftlichen Aktivitäten beflügeln und sich – in Abhängigkeit von der jeweiligen Lage auf der Kurve – mehr oder weniger selbst finanzieren (Selbstfinanzierung einer Steuerreform), wenn der aktuelle Steuersatz über dem optimalen Steuersatz liegt (in der Abbildung würde sich ein Staat auf der rechten Seite der abfallenden Kurve befinden). Die Aussagekraft der Laffer-Kurve ist im Grunde trivial, da die Steuereinnahmen sowohl bei einem Steuersatz von 0% als auch 100% Null sind. Daher ist die jeweilige Gestalt der Laffer-Kurve für die einzelnen Staaten, ihre mögliche Veränderung im Zeitverlauf und die aktuelle Lage des jeweiligen Staates auf der Kurve von wesentlicher Bedeutung. Neben der absoluten Höhe der Abgabenbelastung ist aber auch deren Struktur von Bedeutung. Direkt erhobene Abgaben (etwa bei der Lohnsteuer und bei Sozialversicherungsbeiträgen) ziehen einen größeren Widerstand (mit entsprechenden Folgen für die Motivation und Leistungsbereitschaft der Betroffenen) nach sich.

Ein höheres Wohlstandsniveau einer Volkswirtschaft kann zudem erreicht werden, wenn es zu einer erfolgreichen Förderung des Strukturwandels kommt. So erfordert der Wandel der weltwirtschaftlichen Arbeitsteilung kontinuierlich neue Arbeitsplätze bei neuen Produktionsverfahren und/oder neuen Produkten. Hier kann der Staat mit regionaler und sektoraler Strukturpolitik Unterstützung anbieten. Allerdings war in der Vergangenheit ein Problem, dass die (alte) Industriepolitik in vielen Fällen nicht den Strukturwandel gefördert, sondern behindert hat. Ein wesentliches Instrumentarium der Strukturpolitik stellen Subventionen dar. Sie stellen Geldleistungen der öffentlichen Hand an Unternehmen ohne marktliche Gegenleistung dar. Eine grobe Unterscheidung beinhaltet:

- Finanzhilfen = direkte Geldleistungen von Bund, Ländern und Gemeinden (z. B. Zuweisungen für betriebliche Investitionen; sozialer Wohnungsbau; Ausgleichsmaßnahmen für die Landwirtschaft),

- Steuervergünstigungen = spezielle steuerliche Ausnahmeregelungen, die für die öffentliche Hand zu Mindereinnahmen führen (z. B. Sonderabschreibungen für kleine und mittlere Betriebe).

Allerdings gibt es keine einheitliche Definition des Begriffes ‚Subventionen‘. Eine Darstellung nach Umfang und Art der Subventionen ist im Subventionsbericht der Bundesregierung enthalten. Nach dem 21. Subventionsbericht wurden von allen öffentlichen Einrichtungen zuzüglich der Leistungen der Europäischen Union im Jahre 2007 in Deutschland Subventionen in Höhe von 51 Mrd Euro gewährt. Berechnungen von Wirtschaftsforschungsinstituten kommen bei anderen Abgrenzungen des Subventionsbegriffes auf z. T. deutlich höhere Werte. Subventionen stellen einen Eingriff in das marktwirtschaftliche Geschehen dar. Eine mögliche gesamtwirtschaftliche Folge kann daher die Behinderung des Strukturwandels durch Dauersubventionen sein. Zudem sind Mitnahmeeffekte (etwa bei Investitionszulagen oder Steuererleichterungen für den Aufbau von Vermögen) nicht auszuschließen.

5.3.3   Einkommensumverteilung (Sozialpolitik)

Zentrale Zielvorstellungen der (deutschen) Sozialpolitik sind:

- die Verbesserung der wirtschaftlichen und sozialen Situation von sozial schwachen Menschen und

- die Verringerung der ökonomischen, sozialen und ggf. auch gesellschaftlichen Folgen beim Auftreten existenzgefährdender Risiken.

Durch das Gesellschafts- und Wirtschaftsmodell der sozialen Marktwirtschaft wird in den wichtigen Staaten Kontinentaleuropas dem Staat die Aufgabe der Zielerreichung zugewiesen. Durch staatliche Aktivitäten wird eine Umverteilung von der Primärverteilung (auf Grund der Marktprozesse) zur Sekundärverteilung (unter Berücksichtigung der staatlichen Steuern und Transferseinkommen) vorgenommen. Umverteilungsmöglichkeiten auf der Einnahmenseite bestehen durch die Erhebung von Sozialversicherungsbeiträgen und Steuern. Dabei kann nicht nur die Beantwor tung der Frage, auf welche Tatbestände Steuern erhoben werden sollen, sondern auch deren Ausgestaltung (Tarifverlauf, Freibeträge) relevant sein:

- Einkommensteuer: mit Grundfreibetrag und progressivem Tarifverlauf und damit für das Umverteilungsziel besonders geeignet,

- Umsatz- bzw. Mehrwertsteuer: ihr wird eher eine regressive Eigenschaft (Bezieher höherer Einkommen haben eine relativ geringere Belastung als Angehörige niedriger Einkommensklassen) zugeschrieben. Dahinter steht die These, dass der relative Anteil des Konsums am Gesamteinkommen mit zunehmendem Einkommen geringer wird. Daher muss eine den Konsum treffende Steuerbelastung zu einer relativ niedrigeren Belastung der höheren Einkommen führen. Für die Verwirklichung des Umverteilungsziels wäre diese Steuer damit eher ungeeignet. Die regressive Wirkung wird allerdings durch die Existenz eines ermäßigten Steuersatzes bzw. der Nichterhebung der Steuer auf Grundbedarfsgüter (Kaltmieten) stark abgemildert.

Die Umverteilung auf der Ausgabenseite wird vor allem durch die Gewährung von monetären Transfers (Subventionen, aber im wesentlichen Sozialausgaben) vorgenommen. Reale Transfers (Sachleistungen [Nahrungsmittel, Kleidung] und Dienstleistungen [Betreuung, Beratung]) haben dagegen in Deutschland eine weniger große Bedeutung.

Zur Verwirklichung der Ziele dienen bestimmte Gestaltungsprinzipien – sie haben also einen instrumentellen Charakter:

- **Versicherungsprinzip**: In einer strengen Form basiert dieses Prinzip auf der Basis der versicherungstechnischen Äquivalenz, d. h. im Sinne einer strengen Orientierung der beanspruchbaren Leistungen an den Prämienleistungen. Im Falle der Sozialversicherung wird dieses strenge Prinzip durch das Merkmal der Solidarität (sozialer Ausgleich) ergänzt. So können für unterschiedlich hohe Beiträge vergleichbare Leistungen gewährt werden (z. B. beitragslos mitversicherte Familienmitglieder in der gesetzlichen Krankenversicherung).

- **Versorgungsprinzip**: Während das Versicherungsprinzip den Aufbau von Leistungsansprüchen durch Beitragszahlungen beinhaltet, sieht das Versorgungsprinzip eine Leistungsgewährung aufgrund anderer Vorleistungen vor. Vor allem die Sonderversorgung von Bevölkerungsgruppen, die mit einem persönlichen Schaden begründet werden kann, der aus einem vorher für die

Allgemeinheit erbrachten Opfer entsteht (z. B. die Kriegsopferversorgung als Entschädigung für Verluste an Leib und Leben), fällt hierunter.

- **Fürsorgeprinzip**: Hier werden Leistungen gewährt, ohne dass eine Vorleistung erbracht werden muss. Ein Rechtsanspruch auf die Leistung besteht nur dem Grunde nach, d. h. es besteht ein Recht auf Hilfe, aber nicht auf eine bestimmte Art, Umfang und Höhe der Hilfe. Zudem wird i. d. R. eine Bedürftigkeitsprüfung durchgeführt und die Leistung wird nur gewährt, wenn das aus dem Subsidiaritätsprinzip abgeleitete Rückgriffsrecht auf Dritte (unterhaltspflichtige Familienangehörige, andere Sozialleistungen) keine oder keine ausreichenden Leistungsansprüche ergibt.

Aufbauend auf den Zielvorstellungen und diesen Gestaltungsprinzipien wird zwischen zwei Gruppen von Transfers unterschieden: den beitragsfinanzierten (zur Verringerung der Folgen beim Auftreten existenzgefährdender Risiken) und den steuerfinanzierten (zur Verbesserung der wirtschaftlichen und sozialen Situation von sozial schwachen Menschen) Sozialleistungen:

(Beitragsfinanzierte) Sozialversicherungen

Aus dem Ziel der Absicherung zentraler Risiken (Alter, Krankheit, Berufs- oder Erwerbsunfähigkeit, Tod oder Ausfall des Ernährers, Arbeitslosigkeit) sind beginnend mit der ,Kaiserlichen Botschaft' zur Sozialgesetzgebung Bismarcks (1881) verschiedene Sozialversicherungszweige auf der Basis einer öffentlich-rechtlichen Organisation entstanden (gesetzliche Krankenversicherung, gesetzliche Unfallversicherung, gesetzliche Rentenversicherung, gesetzliche Pflegeversicherung und die Arbeitslosenversicherung). Auf der Einnahmenseite galt lange Zeit das Grundprinzip der paritätischen Finanzierung (mit Ausnahme der gesetzlichen Unfallversicherung, die sich aus den Beiträge der Unternehmen finanziert, die Arbeitnehmer zahlen keinen Beitrag): Arbeitgeber und Arbeitnehmer zahlen die Hälfte des Beitragssatzes vom Bruttoeinkommen. Dieses Prinzip ist aber im Verlauf der letzten Jahre immer weiter ausgehöhlt worden: etwa durch die Finanzierung des Arbeitgeber-Anteils zur gesetzlichen Pflegeversicherung durch die Streichung als arbeitsfreier Feiertag (Ausnahme: Sachsen) oder durch die Eigenanteilsregelungen im Rahmen der gesetzlichen Krankenversicherung. Bedeutsamer ist die Durchbrechung dieses Prinzips aber durch die reale Existenz von Mischsystemen. So trägt vor allem in der gesetzlichen Rentenversicherung ein steuerfinanzierter Bundeszuschuss in Höhe von fast einem Viertel der Gesamteinnahmen zur Stabilität des Systems bei. Die Begründung für diesen Steueranteil liegt in der Übernahme gesamtgesellschaftlicher Aufgaben (etwa Kriegfolgelasten, beitragsfreie Zeiten, arbeitsmarktbedingte Leistungen,

Fremdrentenleistungen) durch das Rentensystem. Solche versicherungsfremden Leistungen werden auch in der gesetzlichen Krankenversicherung und der Arbeitslosenversicherung über einen Steueranteil an den Gesamteinnahmen (mit)finanziert.

Steuerfinanzierte Sozialleistungen

Die Grundlage für die Finanzierung sozialer Leistungen aus allgemeinen Haushaltsmitteln – und damit im Wesentlichen auf der Basis von Steuereinnahmen – liefern das Versorgungs- und das Fürsorgeprinzip. Im Gegensatz zum Arbeitslosengeld I, das sich aus Beiträgen speist, wird etwa das seit dem 1. Januar 2005 bestehende Arbeitslosengeld II (die frühere Arbeitslosenhilfe; erweitert um erwerbsfähige Sozialhilfeempfänger) aus Steuermitteln finanziert. Es wird gezahlt, wenn der Anspruch auf Arbeitslosengeld I erschöpft ist und Bedürftigkeit besteht. Zudem ist die Zahlungsdauer theoretisch unbegrenzt. Im Gegensatz zum zeitlich begrenzten Arbeitslosengeld I orientiert sich die Höhe allerdings nicht am früheren Einkommen, sondern wird als Pauschale, zuzüglich bestimmter Zuschläge (etwa zur Begleichung angemessener Kosten für Unterkunft und Heizung) gewährt. Weitere steuerfinanzierte Sozialleistungen sind z. B. das Wohngeld (zur Sicherung angemessenen Wohnraums), das Kindergeld (zum (Teil)Ausgleich der finanziellen Belastungen) und die Leistungen nach dem Ausbildungsförderungsgesetz (Ziel, jedem jungen Menschen die Möglichkeit zu geben, unabhängig von seiner sozialen und wirtschaftlichen Situation eine Ausbildung zu absolvieren, die seinen Fähigkeiten und Interessen entspricht). Als letztes Auffangnetz gilt die steuerfinanzierte Sozialhilfe. Sie dient letztendlich zur Absicherung des sozio-kulturellen Existenzminimums zur Vermeidung von (Einkommens)Armut. Durch die Einführung des Arbeitslosengeldes II soll sie nur noch für nicht-erwerbsfähige Personen gewährt werden (zur Vermeidung von Altersarmut werden für ältere Menschen bei Vorliegen der Bedürftigkeit Leistungen nach dem Grundsicherungsgesetz gezahlt).

Besonders in Zeiten finanzieller Engpässe in den öffentlichen Kassen werden staatliche Sozialleistungen einer kritischen Prüfung hinsichtlich Notwendigkeit und Effizienz unterzogen und die Grenzen des Sozialstaates diskutiert. Besondere Belastungen für die Sozialpolitik resultieren aus folgenden Einflussfaktoren:

- **Demografische Entwicklung**

  Vor allem für die Sozialversicherungssysteme wird in der absehbaren demografischen Entwicklung eine erhebliche Belastung gesehen. Bereits seit Anfang des 20. Jahrhunderts ist etwa in Deutschland eine Verschiebung der Altersstruktur von einer Pyramide (der nachwachsende Jahrgang ist quantitativ immer größer als der vorherige) zum Pilz (der Anteil der älteren Generation nimmt zu) festzustellen. Aus dieser Entwicklung wird dann z. B. für die gesetzliche Rentenversicherung abgeleitet, dass die Sicherheit der Rentenfinanzen gefährdet sei, da immer mehr ‚Alte' von immer weniger ‚Jungen' finanziert werden müssen. Eine solche Schlussfolgerung ist aber eine Überinterpretation des Umlageverfahrens, auf dem die Finanzierung der Alterssicherung beruht. Danach müssen die Beiträge der aktiven Versicherten so bemessen sein, dass die in derselben Periode fällig werdenden Leistungen finanziert werden können. Damit ist aber nicht das Verhältnis ‚Alt' zu ‚Jung', sondern ‚Leistungsempfänger' zu ‚Beitragszahler' entscheidend. Und für beide Gruppen ist auch die gesamtwirtschaftliche Lage (etwa durch die Anwendung von Vorruhestandsregelungen oder die Zahl der sozialversicherungspflichtig Beschäftigten) entscheidend.

- **Ökonomische Rahmenbedingungen**

  Vor allem die Situation auf dem Arbeitsmarkt beeinflusst die kurz- und mittelfristige Stabilität des Sozialstaates – mehr Arbeitslosigkeit/weniger Beschäftigung steigern die Probleme. Schließlich wird sowohl die Ausgaben- als auch die Einnahmenseite des Sozialsystems beeinträchtigt. Die aus einer rückläufigen Wirtschaftsentwicklung resultierenden Probleme gelten im Übrigen nicht nur für Versicherungssysteme, sondern auch für auf Steuerfinanzierung und Eigenvorsorge basierende Sozialsysteme. Durch solche Entwicklungen gehen auch Steuerzahler verloren und auch die eigenverantwortliche Absicherung vor Risiken über Sparen wird schwieriger, während die Empfängerzahlen von Sozialleistungen ansteigen – etwa im Bereich des Arbeitslosengeldes II. Eng mit dem Problem Arbeitslosigkeit ist auch der Wandel des Normalarbeitsverhältnisses, in Richtung einer deutlichen Zunahme von geringfügiger Beschäftigung, unsteten Arbeitsverhältnissen, Ich-AGs und von Scheinselbstständigkeit verbunden. Tendenziell ist die Zahl solcher atypischen Arbeitsverhältnisse in den letzten Jahren stark angestiegen. Eine solche Entwicklung schwächt aber die ausreichende Finanzierbarkeit wichtiger Zweige des Sozialsystems und sichert Individuen beim Auftreten von Lebensrisiken weniger ausreichend ab.

- Weitere Belastungsfaktoren können auch aus einem **Wandel von Lebensformen** in Richtung einer Pluralisierung der Lebensstile (etwa kleinere Familiengrößen und eine zunehmende Scheidungshäufigkeit) sowie aus einer Veränderung in den Verhaltensweisen (sinkende Hemmschwellen für die Inanspruchnahme staatlicher Leistungen, Leistungsmissbrauch) resultieren.

5.4 Fragestellungen/Ergänzende Literatur

Fragestellungen

- „Die Staatsquote ist ein wichtiger Indikator zur Messung der staatlichen Aktivität in einer Volkswirtschaft!" Nehmen Sie zu dieser Aussage Stellung!
- Erläutern Sie das ‚Pay-as-you-use'- Prinzip und nennen Sie hierfür ein Beispiel!
- Was bezeichnet man als ‚crowding-out'?
- Was bezeichnet man als Funktion bzw. Zwecke der Besteuerung?
- Erläutern Sie den Elastizitätsbegriff. Warum sind Kenntnisse über Elastizitäten wichtig für die Wirtschaftspolitik?
- Worin bestehen die Schwierigkeiten der staatlichen Haushalte eine aktive Finanzpolitik innerhalb eines Konjunkturzyklusses zu betreiben?
- Erläutern Sie den Begriff der ‚automatischen Stabilisatoren'!
- Welche rechtlichen Beschränkungen bestehen für eine übermäßige Staatsverschuldung in Deutschland?
- Stellen Sie dar, warum mit staatlichen Schulden sowohl positive als auch negative ökonomische Wirkungen verbunden sein können!
- Welche Gestaltungsprinzipien werden für die Konstruktion sozialer Systeme unterschieden?

Ergänzende Literatur

Für den Bereich Finanzpolitik nützlich:

- Blankart, C., Öffentliche Finanzen in der Demokratie, 7. Aufl., München 2008
- Brümmerhoff, D., Finanzwissenschaft, 9. Aufl., München 2007
- Homburg, S., Allgemeine Steuerlehre, 5. Aufl., München 2007
- Lampert, H.; Althammer, J., Lehrbuch der Sozialpolitik,8. Aufl., Heidelberg 2007
- Scherf, W., Öffentliche Finanzen, Stuttgart 2009
- Zimmermann, H.; Henke, K. D., Finanzwissenschaft, 9. Aufl., München 2005

sowie für aktuelle Aspekte den Monatsbericht des Bundesministeriums der Finanzen (unter *www.bundesfinanzministerium.de*)

6 Der Geldmarkt

Lernziele:

In diesem Kapitel lernen Sie:

- Dass Geld verschiedene Aufgaben hat und eigentlich eine Definition ist
- Verschiedene Geldmengenkonzepte kennen
- Die wichtigsten institutionellen und geldpolitischen Grundlagen den Europäischen Währungsunion
- Was ein preisstabilitätskonformes Wachstum von M3 bedeutet
- Eine der bekanntesten Theorien der Volkswirtschaft – Die Quantitätstheorie
- Warum die Schöpfung von Geld so mysteriös ist
- Ursachen, Auswirkungen und notwendige Konsequenzen der jüngsten Wirtschafts- und Finanzkrise
- Die Grenzen der Geldpolitik kennen

6.1 Grundlagen

Auch am Geldmarkt gibt es ein Zusammenspiel von Angebot, Nachfrage und Preis (und damit den Preis für Geld = Zins). Die Auswirkungen dieses Zusammenwirkens können für eine Volkswirtschaft erheblich sein und über Wirtschaftswachstum, Beschäftigungsmöglichkeiten und Preisstabilität entscheiden. Im Zuge der Ereignisse der Finanz- und Wirtschaftskrise 2008/2009 hat sich gezeigt, dass die überwiegende Zahl der Politiker, Wissenschaftler und auch Unternehmen diesem Bereich eine systemrelevante Bedeutung unseres Wirtschafts- und Gesellschaftsmodells zuweisen.

Zunächst zur Geldnachfrageseite: „Für was brauche ich Geld?" kann hierfür eine sinnvolle Ausgangsfrage sein. In Kurzform lassen sich drei zentrale Antworten finden:

- **Tausch- und Zahlungsmittelfunktion**: Geld wird sowohl für regelmäßige Zahlungen als Transaktionskasse (Kauf von Waren und Dienstleistungen, wie z. B. Nahrungsmitteln) als auch unvorhergesehene Ausgaben (Vorsichtskasse, im Sinne eines Vorsichtsmotivs etwa für Reparaturen bei einem Automobil) benötigt.

- **Wertaufbewahrungsmittel**: Es wird eine möglichst liquide Kassenhaltung gewünscht (z. B. in Form von Termingeld), um möglichst schnell Geld für gute und längerfristige Anlagemöglichkeiten zu haben (Spekulationskasse).

- **Recheneinheit**: Der Wert aller Güter wird in Einheiten derselben Bezugsgröße ausgedrückt und dadurch vergleichbar. Damit werden die bei reinen Tauschwirtschaften notwendigen bilateralen Austauschverhältnisse zwischen den beteiligten Gütern überflüssig.

Die Verbindung zum Zins erfolgt über die Kosten der Geldhaltung. Da Bargeld oder andere Formen einer kurzfristigen Geldhaltung i. d. R. keine oder nur geringe Zinsen erbringen, entsteht durch die Nicht-Anlage in attraktivere Anlageformen ein Zinsverlust – und je höher der Zins, desto höher ist dieser Zinsverlust (Opportunitätskosten der Bargeldhaltung).

Für das **Geldangebot** sind zahlreiche Aspekte relevant. Zunächst muss geklärt werden, was eigentlich als ‚Geld' bezeichnet wird. Zwar gibt es keine allgemeingültige Definition, aber eine praktikable Abgrenzung:

Geld = Vermögensteile, die im Rahmen des nationalen/internationalen Zahlungsverkehrs generell zur Erfüllung von Verbindlichkeiten akzeptiert werden.

Damit ist nicht nur Bargeld (Metallmünzen und Papierscheine) gemeint. So wichtig es für den wirtschaftlichen Alltag ist, so bildet Bargeld nur den kleineren Teil des Geldumlaufs zu Zahlungszwecken ab. Bedeutsamer ist das ‚unsichtbare' Giralgeld (aus dem italienischen: giro = der Kreis), weil es in einer Art Kreislauf von Bankkonto zu Bankkonto weitergegeben wird. Häufig spricht man auch von Buchgeld, weil es nur in den Büchern bzw. elektronischen Dateien der Banken erscheint. Dabei

handelt es sich vor allem um täglich fällige Einlagen (Sichteinlagen) von Wirt-
schaftsunternehmen, öffentlichen Kassen oder privaten Haushalten.

Der Begriff des Geldes im Sinne des Eurosystems für die Staaten der Europäischen
Währungsunion (EWU) geht über die bisher genannten Elemente hinaus. Seine Definition der Geldmenge orientiert sich daran, welche Abgrenzung zur Erfüllung ihrer
Aufgabe der Geldwertstabilisierung am hilfreichsten erscheint. Bei der Auswahl der
‚Geldbestandteile' stützte es sich auf konzeptionelle Überlegungen und bereits bestehende Abgrenzungen u. a. der Deutschen Bundesbank. Die Entscheidung für die
Aufnahme der einzelnen Anlagearten in die Geldmengenaggregate wird vor allem
durch das Ausmaß des jeweiligen Liquiditätsgrades und damit durch die Möglichkeit der Nachfrageentfaltung nach Waren und Dienstleistungen bestimmt – wodurch
wiederum Auswirkungen auf die Verbraucherpreise entstehen. Geldmengenkonzepte
existieren in den drei unterschiedlich weit abgegrenzten Formen M1, M2 und M3.
Für das Eurosystem steht die weit abgegrenzte Geldmenge M3 im Vordergrund ihrer
monetären Lageeinschätzung. Zur Geldmenge M3 werden folgende Bestandteile mit
Geldcharakter gezählt **(Abb. 6.1)**:

Abb. 6.1 Abgrenzung Geldmengenkonzepte

	M1	**M2**	**M3**
Bargeldumlauf	X	X	X
Täglich fällige Einlagen	X	X	X
Einlagen mit vereinbarter Laufzeit von bis zu zwei Jahren		X	X
Einlagen mit vereinbarter Kündigungsfrist von bis zu drei Monaten		X	X
Repogeschäfte			X
Geldmarktfondsanteile			X
Schuldverschreibungen mit einer Laufzeit von bis zu zwei Jahren			X

Quelle: EZB, Die Geldpolitik der EZB, Frankfurt/Main 2004, S. 38.

Mitte 2009 betrug das Volumen der Geldmenge M3 für den Euro-Raum rund 9 ½
Billionen Euro. Dabei bildeten ‚täglich fällige Einlagen' mit rund 37%, ‚Einlagen
mit vereinbarter Kündigungsfrist von bis zu drei Monaten' mit 18% und ‚Einlagen
mit vereinbarter Laufzeit von bis zu zwei Jahren' mit 24% die bedeutsamsten Bestandteile, während der Bargeldumlauf nur knapp 8% der Geldmenge M3 ausmach-
te. Hierbei wird die quantitative Bedeutung des inländischen Bargeldbestandes aber

überschätzt, da der Bargeldumlauf in den Geldmengenaggregaten zur Gänze enthalten ist – und zwar unabhängig davon, ob das Bargeld von Gebietsansässigen des Euro-Währungsgebietes oder von Gebietsfremden gehalten wird. Eine exakte quantitative Abgrenzung lässt sich durch das Fehlen genauer und zeitnaher Messgrößen der Bargeldbestände von Gebietsfremden nur schwer ermitteln. Schätzungen der Europäischen Zentralbank (EZB) gehen aber von einem Anteil zwischen 10% bis 20% des Euro-Banknotenumlaufs im Ausland aus.

6.2   Der Geldbereich in der EWU

Im Zuge der Einführung des Euro ist die jeweilige nationale geldpolitische Verantwortung der Zentralbanken der einzelnen Teilnehmerstaaten auf das Eurosystem übergegangen. Daher ist seit dem 1. Januar 1999 auch nicht mehr die Deutsche Bundesbank für die deutsche Geldpolitik verantwortlich. Gleichwohl sind ihr gewichtige Aufgabenbereiche verblieben (u. a.: Mitwirkung bei der Erfüllung der Aufgaben des Eurosystems/ESZB mit dem vorrangigen Ziel der Preisstabilität [mit Informationspolitik], Mitwirkung bei der Bankenaufsicht, Refinanzierung des deutschen Bankensystems, Bargeldversorgung und Pflege des Bargeldumlaufs, bankmäßige Abwicklung des Zahlungsverkehrs).

Ihr Präsident ist zudem Mitglied im wichtigsten Entscheidungsgremium des Eurosystems und die Deutsche Bundesbank ist auch verantwortlich für die Umsetzung der Geldpolitik des Eurosystems in Deutschland. Die rechtliche Grundlage für die neue einheitliche Geldpolitik ist der Vertrag zur Gründung der Europäischen Gemeinschaft (EG-Vertrag). Durch den EG-Vertrag und die Satzung des Europäischen Systems der Zentralbanken und der Europäischen Zentralbank (ESZB-Satzung) wurden mit Wirkung vom 1. Juni 1998 sowohl die EZB als auch das Europäische System der Zentralbanken (ESZB) errichtet. Das ESZB umfasst die EZB und die nationalen Zentralbanken aller EU-Mitgliedstaaten. Der Begriff ‚Eurosystem‘ umfasst die EZB und die Zentralbanken der Mitgliedstaaten, die den Euro eingeführt haben. Diese Unterscheidung zwischen dem Eurosystem und dem ESZB wird verwendet, solange der Euro noch nicht in allen Mitgliedstaaten eingeführt ist.

6.2.1   Die Geldpolitik in der EWU (Institutionen)

Mit der Einführung des Euro stehen neue Institutionen in der Verantwortung.

Institutionen des Eurosystems

Institution	EZB-Direktorium	EZB-Rat	Erweiterter Rat
Mitglieder	Präsident, Vizepräsident sowie vier weitere Mitglieder	Direktionsmitglieder sowie die Präsidenten aller nationalen Zentralbanken der Länder des Euroraums	Präsident und Vizepräsident der EZB sowie die Präsidenten der nationalen Zentralbanken aller Länder der EU
Aufgaben	• Die Vorbereitung der Sitzungen des EZB-Rates • Die Durchführung der Geldpolitik des Euroraums, auf der Grundlage der Entscheidungen des EZB-Rates • Die Führung der laufenden Geschäfte der EZB • Die Ausübung bestimmter, vom EZB-Rat übertragener Befugnisse	• Fassung von Entscheidungen, die notwendig sind, um die Erfüllung der dem Eurosystem übertragenen Aufgaben zu gewährleisten • Festlegung der Geldpolitik des Euroraums (Entscheidungen hinsichtlich der geldpolitischen Ziele, der Leitzinsen und der Bereitstellung von Zentralbankguthaben im Eurosystem)	Er wirkt u. a. mit bei • Der Erfüllung der Beratungsfunktionen, der Erhebung von statistischen Daten und der Erstellung der Jahresberichte der EZB • Den Vorarbeiten, die erforderlich sind, um für die Währungen der EU-Mitgliedstaaten, die zwar noch nicht der gemeinsamen Währung angehören, die aber im Zuge ihres Beitritts zur EU der Ausnahmeregelung gemäß Artikel 122 (1) des EG-Vertrages (Verpflichtung zur späteren Übernahme des Euro) unterliegen, die Wechselkurse der jeweiligen nationalen Währung gegenüber dem Euro unwiderruflich festzulegen
Ergänzung	Das Direktorium ist dem EZB-Rat als Entscheidungsorgan nachgeordnet. Zur Ausführung dessen Entscheidungen kann es den nationalen Zentralbanken Weisungen erteilen.	Er tritt in der Regel zweimal im Monat in Frankfurt/Main zusammen. Auf der jeweils ersten Sitzung jedes Monats werden die wirtschaftliche und monetäre Entwicklung beurteilt und geldpolitische Beschlüsse gefasst. Auf der zweiten Sitzung erörtert der EZB-Rat Fragen im Zusammenhang mit sonstigen Aufgaben und Zuständigkeiten. Die Sitzungsprotokolle werden nicht veröffentlicht; die geldpolitischen Beschlüsse werden jedoch im Anschluss an die erste Sitzung jedes Monats an einer Pressekonferenz bekannt gegeben und erläutert.	Der 'Erweiterte Rat' kann als 'Übergangsgremium' angesehen werden. Er wird überflüssig, wenn alle EU-Mitgliederstaaten die gemeinsame Währung eingeführt haben.

Dabei sind das Direktorium der EZB und der EZB-Rat für die Vorbereitung, Durchführung und Umsetzung der einheitlichen Geldpolitik verantwortlich. Hinzu kommt
der ,Erweitere Rat'. Einzelheiten der jeweiligen Institutionen über Mitglieder, Aufgaben und interessante ergänzende Regelungen können der Übersichtstabelle ent-
nommen werden.

6.2.2   Die Geldpolitik in der EWU (Ziel)

Art. 105 Abs. 1 EG-Vertrag legt für die gemeinsame Geldpolitik die Verpflichtung
auf das Ziel der Preisstabilität fest. Soweit dieses Ziel nicht beeinträchtigt wird, unterstützt sie die allgemeine Wirtschaftspolitik der Teilnehmerstaaten. Andere Zentralbanken, wie etwa die US-amerikanische Zentralbank, sind dagegen aufgrund einer anders gelagerten gesetzlichen Ausrichtung auf eine Gleichrangigkeit der beiden
Ziele (Preisstabilität/Wirtschaftsentwicklung) für ihre Geldpolitik festgelegt.

Die EZB veröffentlicht eine quantitative Definition von Preisstabilität als Orientie-
rungshilfe und als Messgröße für die Öffentlichkeit, mit der der Erfolg der Geldpolitik beurteilt werden kann. Preisstabilität wurde **zu Beginn** der Währungsunion definiert als Anstieg des Harmonisierten Verbraucherpreisindex (HVPI) für das Euro-
Währungsgebiet von unter 2% gegenüber dem Vorjahr. Preisstabilität muss mittelfristig gewährleistet werden. Im Zuge einer Überprüfung u. a. dieser Zielvorstellung
wurde 2003 durch den EZB-Rat eine Präzisierung vorgenommen. Das Ziel, mittelfristig eine Preissteigerungsrate von unter 2% zu erreichen, wurde beibehalten.
Gleichzeitig erklärte der EZB-Rat aber, dass die Preissteigerungsrate zwar unter,
aber **nahe bei** 2% liegen soll. Hintergrund war, die Vermeidung von Deflationsge-
fahren durch eine ausreichende Sicherheitsmarge auch für die Öffentlichkeit zu de-
monstrieren. Außerdem wurden eventuell vorliegende Messfehler und die Auswirkungen von Inflationsunterschieden innerhalb des Euro-Währungsgebiets berücksichtigt.

Durch die Finanz- und Wirtschaftskrise 2008/2009 ist ein weiteres Ziel (der europäischen) Geldpolitik in den Mittelpunkt der Öffentlichkeit gerückt. Ohne ein funktionierendes Finanzsystem sind marktwirtschaftliche Systeme nicht funktionsfähig. Die
Sicherung der Finanzmarktstabilität ist damit zwar ein wenig bekanntes, aber dafür
das wichtigste Ziel der Geldpolitik. Hierzu zählen im engeren Sinne auch die nationalen Behörden, die für die Bankenaufsicht zuständig sind. In Deutschland sind dies
die Bundesanstalt für Finanzdienstleistungsaufsicht und die Deutsche Bundesbank.
Durch die Ereignisse im Zuge der Finanz- und Wirtschaftskrise 2008/2009 wird

zudem über eine intensivere grenzüberschreitende Banken- und Finanzaufsicht nachgedacht; eine wichtige Rolle dabei soll der EZB zugewiesen werden.

6.2.3   Die Geldpolitik in der EWU (Strategie)

Im Gegensatz zu anderen Zentralbanken hat die EZB kein Inflationsziel. Vielmehr beruht ihre geldpolitische Strategie auf der zuvor genannten Definition von Preisstabilität und der ‚Zwei-Säulen-Strategie'. Das Ziel, die mittelfristige Preisstabilität zu erreichen wird in der praktischen Umsetzung der ‚Zwei-Säulen-Strategie' verfolgt. Zunächst stellte dabei die 1. Säule die ‚monetäre Analyse' und die 2. Säule die ‚Analyse der wirtschaftlichen Entwicklung' dar:

Monetäre Analyse

Mit der monetären Analyse wird „der Tatsache Rechnung getragen, dass Geldmengenwachstum und Inflation auf mittel- bis langfristige Sicht in enger Beziehung zueinander stehen. … Diese weithin anerkannte Beziehung gibt der Geldpolitik einen festen und zuverlässigen nominalen Anker an die Hand, der über die üblicherweise bei der Erstellung von Inflationsprognosen verwendeten Horizonte hinausgeht. … Aufgrund des mittel- bis langfristigen Charakters der monetären Sichtweise gibt es jedoch keine direkte Verbindung zwischen kurzfristigen monetären Entwicklungen und geldpolitischen Beschlüssen" (Quelle: EZB, Die Geldpolitik der EZB, Frankfurt/Main 2004, S. 65f.).

Diese direkte Verbindung wird in der Öffentlichkeit oftmals als Automatismus verstanden. In der Realität führen Abweichungen des M3-Wachstums vom Referenzwert allerdings nicht notwendigerweise zu geldpolitischen Beschlüssen. Vielmehr wird bei der Analyse der monetären Entwicklung auch auf ‚Sonderfaktoren' eingegangen, die etwa zu einem starken Geldmengenwachstum führen können, ohne dass daraus zukünftige Risiken für die Preisstabilität resultieren müssen. Dies gilt etwa für Portfolioumschichtungen der Anleger, wenn sich die Attraktivität der in der Geldmenge enthaltenen Bankeinlagen (etwa aufgrund von Änderungen der steuerlichen Behandlung von Zins- oder Kapitalerträgen) gegenüber anderen Finanzinstrumenten ändert (**Abb. 6.2**).

Abb. 6.2   Entwicklung Geldmenge M3 und Referenzwert (4 ½%)
            (Veränderung gegen Vorjahr in %, saison- und kalenderbereinigt)

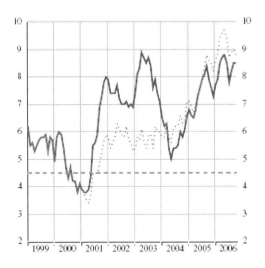

    ⸺   Offizieller M3-Bestand
    − −   M3 bereinigt um den geschätzten Effekt von Portfolioum-
          schichtungen

          Quelle: EZB, Monatsbericht Dezember 2006, S. 15.

Eine Orientierungsgröße für die Beurteilung der monetären Entwicklung stellt der
von der EZB berechnete Referenzwert für das weit gefasste Geldmengenaggregat
M3 dar. Dieser Referenzwert bezieht sich auf die Wachstumsrate von M3, die mit
Preisstabilität auf mittlere Sicht als vereinbar gilt (stabilitätsgerechte Geldmengen-
wachstumsrate). Die Ableitung des Referenzwertes besteht aus drei Komponenten:

- **trendmäßiges Wachstum des realen Bruttoinlandsproduktes (BIP) → Potenzialwachstum**

  Das Potenzialwachstum dient als Indikator für den Zuwachs des Güterangebo-
  tes und stellt damit die Menge an Waren und Dienstleistungen dar, die mit der
  Geldmenge gekauft werden kann, ohne dass die Preisstabilität gefährdet wird.

- **Anstieg des HVPI**

  Der Referenzwert beinhaltet die Definition von Preisstabilität als Anstieg des
  HVPI für das Euro-Währungsgebiet von jährlich unter, aber **nahe bei** 2%.

- **Veränderung der Umlaufgeschwindigkeit**

  Sie kann als Geschwindigkeit definiert werden, mit der Geld zwischen verschiedenen Geldhaltern transferiert wird; sie bestimmt daher, wie viel Geld
  für ein bestimmtes nominales Transaktionsvolumen erforderlich ist. Trotz unterschiedlicher Entwicklung in einzelnen Zeitabschnitten, ist längerfristiger
  ein trendmäßiger Rückgang der Umlaufgeschwindigkeit zu erkennen **(Abb.
  6.3)**. Eine Ursache für Veränderungen der Umlaufgeschwindigkeit können z.
  B. sinkende Inflationsraten sein. Hierdurch wird die Attraktivität der Geldhaltung tendenziell erhöht, da sich der Kaufkraftverlust im Vergleich zu früheren
  Zeitperioden verlangsamt.

Abb. 6.3 Entwicklung Umlaufgeschwindigkeit des Geldes (Euro bzw. Vorgänger-
        währungen)

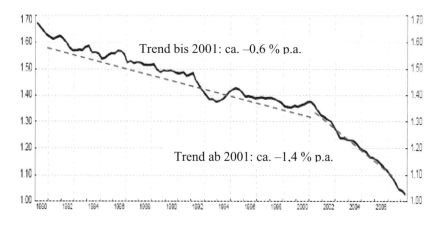

www.jura.uni-augsburg.de/fakultaet/lehrpersonen/honorar/zeitler_christoph/lehrveranstaltungensose09/geldpolitik_20090428.pdf

Auf der Grundlage dieser Annahmen wurde der Referenzwert (mit seinen Einzel-
komponenten) im Dezember 1998 vom EZB-Rat auf 4½% pro Jahr festgesetzt und
blieb seitdem unverändert. Er stellt damit das Ausmaß des preisstabilitätskonformen
Wachstums der Geldmenge M3 dar.

Trendmäßiges Wachstum des (realen) BIP	2%–2½%
Anstieg des Harmonisierten Verbraucherpreisindex (HVPI)	< 2%
Trendmäßiger Rückgang der Einkommensumlaufgeschwindigkeit	½%–1%
Summe	< 4½%–5½%
Beschlossener Referenzwert für M3	4½%

Die Verwendung der Geldmenge als Zwischenziel beruht auf der auf Milton Friedman zurückgehenden Aussage, dass Inflation immer ein monetäres Problem ist. Dabei kann die Geldmenge nur als Zwischenziel dienen, wenn sie in stabiler Beziehung zum Preisniveau steht und eine Vorlaufeigenschaft besitzt. Die theoretische Grundlage für die Verwendung der Geldmenge liefert die Quantitätstheorie mit ihrer Quantitätsgleichung (die in ihrer derzeitigen Form bereits von Irving Fisher 1922 beschrieben wurde). Sie zeigt den Zusammenhang zwischen Geldmengenwachstum, Inflation, dem realen Produktionswachstum und der Umlaufgeschwindigkeit des Geldes auf:

$$M \cdot V = P \cdot Yr$$

mit: M = Geldmenge
V = Umlaufgeschwindigkeit des Geldes
P = Preisniveau
Yr = reale Produktionsmenge

Das Produkt aus Geldmenge und Umlaufgeschwindigkeit entspricht dem Produkt aus Preisniveau und realer Produktionsmenge einer Volkswirtschaft (= nominales BIP). Unter der Annahme, dass für V eine stabile Größe vorliegt und Yr nicht abhängig ist von M, sondern etwa vom Reallohn, dem Bevölkerungswachstum oder dem technischen Fortschritt, ergibt sich nach den Überlegungen der Quantitätstheoretiker (mit Δ für Veränderung):

$$\Delta M = \Delta P$$

Damit bestimmt das Wachstum der Geldmenge die Entwicklung des Preisniveaus, wobei dieser Zusammenhang im Euro-Raum bis Mitte der 90er Jahre besonders deutlich war (Abb. 6.4).

Abb. 6.4 Langfristiger Zusammenhang von Geldmengen- und Preisentwicklung im
Euro-Währungsgebiet

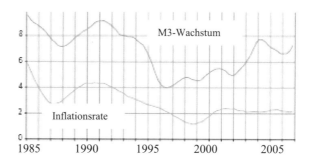

Quelle: Deutsche Bundesbank, Geld & Geldpolitik, Frankfurt/Main 2008, S. 108. Das M3-
Wachstum wurde um 6 Quartale nach vorne verschoben. Zentrierter Achtquartalsdurch-
schnitt. Veränderung gegen Vorjahr in %.

Wirtschaftliche Analyse

„Hierbei geht es um die Beurteilung der kurz- bis mittelfristigen Bestimmungsfaktoren der Preisentwicklung. … Sie trägt der Tatsache Rechnung, dass die Preisentwicklung über diese Zeithorizonte hinweg weitgehend vom Zusammenspiel von
Angebot und Nachfrage an den Güter-, Dienstleistungs- und Faktormärkten beeinflusst wird. … Zu den ökonomischen und finanziellen Variablen, die dieser Analyse
zugrunde liegen, gehören die Entwicklung der gesamtwirtschaftlichen Produktion,
die gesamtwirtschaftliche Nachfrage und ihre Komponenten, die Finanzpolitik, Ka-
pitalmarkt- und Arbeitsmarktbedingungen, eine breite Palette von Preis- und Kos-
tenindikatoren, die Entwicklung des Wechselkurses, der Weltwirtschaft und der
Zahlungsbilanz, die Finanzmärkte sowie die Bilanzpositionen von Wirtschaftssekto-
ren des Euro-Währungsgebiets. Alle diese Faktoren sind hilfreich, um die Dynamik
der realwirtschaftlichen Aktivität und die voraussichtliche Preisentwicklung über
kürzere Zeithorizonte zu bewerten." (Quelle: EZB, Die Geldpolitik der EZB, Frank-
furt/Main 2004, S. 58f.). Ergänzt wird diese Analyse um Inflationsprognosen internationaler Organisationen, Marktteilnehmern und eigenen Prognosen der EZB.

Auf der Sitzung des EZB-Rates am 8. Mai 2003 wurde eine Überprüfung der geldpolitischen Strategie vorgenommen und eine Reihe von Beschlüssen getroffen, die
die ursprüngliche geldpolitische Ausrichtung ergänzte. Dies waren:

- Eine Präzisierung der Zielvorstellungen hinsichtlich der angestrebten Preisstabilität (s. o.).

- Änderung in der Struktur der Berichterstattung bei den so genannten ‚Einlei-
tenden Bemerkungen' des Präsidenten: zunächst wirtschaftliche und finanz-
wirtschaftliche Analyse, erst dann Ausführungen zur monetären Analyse (die
EZB Beobachter vermuteten dahinter ein größeres Gewicht für die ‚wirtschaftliche Analyse').

- Die Überprüfung des Referenzwertes zur Ableitung des Geldmengenzieles
wird nicht mehr jährlich vorgenommen. Hierdurch soll der mittel- und längerfristige Charakter der Geldpolitik betont werden. Gleichzeit stellte der EZB-
Rat klar, dass er die Gültigkeit der Bedingungen und Annahmen, auf denen
der Referenzwert basiert, weiter beobachten und alle Änderungen der zugrunde liegenden Annahmen bekannt geben wird, sobald sie erforderlich werden.

Allerdings kann die Zentralbank die Geldmengenentwicklung gar nicht vollständig
alleine steuern, wie der Geldschöpfungsprozess zeigt. Wie er funktioniert, kann auf
unterschiedlichen Wegen dargestellt werden. Eine anschauliche Darstellungsweise
liefert ein Auszug aus einem Beitrag der Wochenzeitung DIE ZEIT aus dem Jahre
1996 (der auf die heutige Währung übertragen wurde): *„Am Anfang sind z. B. 10000
nagelneue Euro, frisch von der EZB. Von diesem Geld darf eine normale Bank 9800
Euro verleihen – zwei Prozent müssen in den Mindestreservetopf. Angenommen, die
Bank gibt das Geld einem Kunden, der sich dafür einen Gebrauchtwagen kauft. Und
der Gebrauchtwagenhändler bringt das Geld zu einer zweiten Bank. Die wiederum
borgt das Geld (9800 Euro abzüglich 196 Euro Mindestreserve ergibt 9604) einem
Kunden, der sich neue Möbel kauft. Der Möbelverkäufer überweist das Geld auf
eine dritte Bank. Und die verleiht es (jetzt noch 9412) an eine Kundin, die sich einen
Nerz zulegt. Auch dieses Geld landet wieder bei einer Bank. Und schon sind aus
10000 Euro 38816 Euro geworden. Aber das ist erst der Anfang. Jeweils um die
Mindestreserve verringert wird das gleiche Geld immer und immer wieder verliehen. Das kann sich fortsetzen, bis aus den 10000 Euro eine halbe Million geworden
ist."* (Quelle: DIE ZEIT vom 8. November 1996).

Neben der Zentralbank kommen als wichtige Marktteilnehmer damit auch noch
Kreditinstitute und Nichtbanken (Unternehmen, öffentliche und private Haushalte)
hinzu. Durch ihr Verhalten wird wesentlich die Höhe der umlaufenden Geldmenge
bestimmt.

Neben der beschriebenen geldpolitischen Zwei-Säulen-Strategie der EZB sind auch noch andere Strategien zur Erreichung der Preisstabilität denkbar. Neben der Formulierung eines direkten Inflationszieles kann besonders für kleinere Staaten eine wechselkursorientierte Geldpolitik eine Alternative sein. Hierbei wird der Außenwert der eigenen Währung so gesteuert, dass eine übermäßige negative Beeinflussung des inländischen Preisklimas durch außenwirtschaftliche Faktoren unterbleibt. Dafür kann die eigene Währung an eine stabile Ankerwährung ‚angebunden' werden (vgl. etwa Kapitel 2.6).

6.3   Geldpolitische Instrumente

Zur Erreichung der gesetzten Ziele stehen der Geldpolitik verschiedene Instrumente zur Verfügung, sie lassen sich zwei Gruppen zuordnen. Die grundsätzlichen Wirkungen dieser Instrumente sollten sein:

- **Volumeninstrumente**: Kreditinstitute haben mehr/weniger Geld zur Kreditvergabe zur Verfügung.

- **Preisinstrumente**: Der Preis für Geld (= Zins) verändert sich für die Kreditinstitute. Dadurch verteuert oder verbilligt sich der Bezug von Geld für die Kreditinstitute von der Zentralbank. Dabei ist es Ziel der Zentralbank, dass die Kreditinstitute diese Veränderungen an die Nichtbanken weiter geben.

Die jeweils wichtigsten Instrumente dieser Gruppen sind die Mindestreserve und das Quantitative Easing (Volumeninstrumente) und die Offenmarktpolitik sowie die ständigen Fazilitäten (Preisinstrumente).

Volumeninstrumente

• Mindestreserve

Der Geldschöpfungsprozess im Euroraum wird u. a. dadurch begrenzt, dass die Kreditinstitute so genannte Mindestreserven bei der nationalen Zentralbank hinterlegen müssen. Mindestreserve ist für verschiedene Einlagen, Schuldverschreibungen und Geldmarktpapiere zu halten **(Abb. 6.5)**. Die Höhe des positiven Mindestreservesatzes beträgt 2%, für einige Elemente wird derzeit ein Satz von 0% angesetzt. Die Mindestreserven werden zur Vermeidung von Wettbewerbsnachteilen im Vergleich zum Nicht-Euro-Raum in Höhe des Hauptrefinanzie-rungssatzes verzinst.

Abb. 6.5 Elemente der Mindestreserve

A. Verbindlichkeiten mit positivem Reservesatz	
Einlagen (täglich fällig, mit vereinbarter Laufzeit und Kündigungsfrist von bis zwei Jahren)	10.412,2
Schuldverschreibungen mit vereinbarter Laufzeit von bis zwei Jahren	870,3
B. Verbindlichkeiten mit einem Reservesatz von 0%	
Einlagen (mit vereinbarter Laufzeit und Kündi-gungsfrist von mehr als zwei Jahren)	2.438,4
Schuldverschreibungen mit vereinbarter Laufzeit von mehr als zwei Jahren	3.743,2
Repogeschäfte	1.272,4

Quelle: EZB, Monatsbericht Mai 2009, S. S9 (Stand: Februar 2009, in Mrd €).

Das ursprüngliche Ziel der Mindestreserve, die Kreditinstitute zu einer Reservehal-tung für unvorhergesehene Mittelabflüsse zu verpflichten, wurde durch den geld-politischen Zweck einer Begrenzung des Geldschöpfungsprozesses ergänzt. Dabei gilt: je niedriger/höher der Mindestreservesatz, desto größer/kleiner kann der Um-fang der Kreditgewährung durch die Kreditinstitute sein, wenn nicht anderweitige geldpolitische Maßnahmen dem liquidisierenden Effekt einer solchen Mindestre-serveränderung entgegen wirken. Die Mindestreserve bildet damit den Rahmen, innerhalb dessen die Preisinstrumente für die Feinsteuerung der Zinssätze sorgen sollen. Eine nennenswerte geldpolitische Bedeutung ist bisher von der Mindestre-serve in der Währungsunion allerdings nicht ausgegangen, da der Mindestreserve-satz seit Anfang 1999 unverändert geblieben ist.

• Quantitative Easing

Wenn eine Zentralbank Ihre Leitzinsen bereits auf ein sehr niedriges Niveau oder sogar auf Null gesenkt hat, werden zinspolitische Maßnahmen unwirksam. Die

Geldpolitik befindet sich in der von Keynes analysierten Liquiditätsfalle. Japan etwa hat auf eine Politik des Quantitative Easing in den letzten Jahren zurückgegriffen. Dabei stellen Zentralbanken durch den Ankauf von Wertpapieren (z. B. Staatsanleihen, Unternehmensanleihen) den Banken oder sogar unmittelbar dem Staat oder den Unternehmen Liquidität unmittelbar zur Verfügung. Die Zentralbank kauft dabei die entsprechenden Papiere etwa bei einer Bank an und schreibt dieser den entsprechenden Gegenwert auf einem Konto gut. Damit wird die im Umlauf befindliche Geldmenge erhöht, ohne dass der Preis für diese Liquidität, der Zins, unmittelbar gesenkt wird – er befindet sich ja bereits bei oder in der Nähe von Null. Im Zuge der Finanz- und Wirtschaftskrise 2008/2009 hat auch die EZB entsprechende Instrumente in ihren potenziellen Maßnahmekatalog aufgenommen.

Preisinstrumente (Offenmarktpolitik/ständige Fazilitäten)

In dieser Instrumentengruppe geht es im Wesentlichen um die Gestaltung der so genannten Leitzinsen und um die dadurch ausgelösten Impulse für den Geld- und Kapitalmarkt. Durch die Veränderung ihrer Zinssätze will die Zentralbank die Liquiditätssteuerung beeinflussen und den Marktteilnehmern ihren geldpolitischen Kurs signalisieren. Dies geschieht in der Regel durch Veränderung der Bedingungen, zu denen sie bereit ist, Transaktionen mit Kreditinstituten durchzuführen.

• **Offenmarktpolitik**

Damit werden Geschäfte zwischen Zentralbank und Kreditinstituten bezeichnet, die mit Wertpapieren ‚abgesichert‘ werden, die auch am offenen und für jeden frei zugänglichen Markt handelbar sind (z. B. Schuldtitel der öffentlichen Hand oder internationaler Organisationen). Im Zuge der Finanz- und Wirtschaftskrise 2008/2009 wurde eine Ausweitung dieses Sicherheitenpools auch auf weniger sicher eingeschätzt Wertpapiere vorgenommen (Senkung des Bonitätsschwellenwertes von A– auf BBB–). Im Zentrum der Offenmarktpolitik stehen die Hauptrefinanzierungsgeschäfte. Dabei stellt die Zentralbank den Kreditinstituten gegen Sicherheiten (vorher festgelegte marktfähige und nicht marktfähige Schuldtitel) regelmäßig Liquidität mittels Kreditgewährung zur Verfügung und hierfür erhebt die Zentralbank einen Zins. Solche Geschäfte finden in wöchentlichem Abstand und mit einer Laufzeit von einer Woche statt (bis März 2004 betrug die Laufzeit zwei Wochen). Diese Transaktionen werden von den nationalen Zentralbanken im Rahmen von Tenderverfahren durchgeführt. Der größte Teil der Refinanzierung des Eurosystems wird in dieser Form durchgeführt. Zur Signalisierung des geldpolitischen Kurses dient der festgelegte Hauptrefinanzierungssatz, der auch als wichtigster Leitzins gilt.

Tenderverfahren

Tenderverfahren dienen zur Verteilung von (Zentralbank)geld an die Kreditinstitute. Von Anfang 1999 bis Mitte 2000 wurden die Hauptrefinanzierungsgeschäfte ‚als **Mengentender** durchgeführt. Dabei legt die EZB den Zinssatz fest und die Kreditinstitute geben das Volumen an, das sie zu diesem Zinssatz ausleihen wollen. Die EZB gibt aber insgesamt nur einen Höchstbetrag ab. Übersteigt die Nachfrage diesen Maximalbetrag, wird die Zuteilung quotiert. Im Zuge des Zusammenbruchs des Interbankenmarktes (Handel von Geld zwischen Kreditinstituten) kaum es zu einer Verknappung der Liquidität bei zahlreichen Kreditinstituten. Daher beschloss der EZB-Rat am 8. Oktober 2008 die Wiedereinführung des Mengentenders. Diesmal aber ohne Quotierung, sondern mit vollständiger Zuteilung zum Zinssatz für die Hauptrefinanzierungsgeschäfte.

Mengentender: Drei Kreditinstitute (KI) geben Gebote ab

KI 1	30 Mio €
KI 2	40 Mio €
KI 3	70 Mio €
Insgesamt	140 Mio €

Die EZB beschließt, insgesamt 105 Mio € zuzuteilen. Der Quotierungssatz (0,75) errechnet sich aus dem Zuteilungsbetrag (105 Mio €) in Relation zum nachgefragten Gesamtvolumen (140 Mio €). Damit erhalten die KI jeweils 75% ihres nachgefragten Volumens (KI 1 22,5 Mio €, KI 2 30,0 Mio €, KI 3 52,5 Mio €). Bei einem Mengentender ohne Quotierung erhalten die Kreditinstitute den von Ihnen gewünschten Betrag in voller Höhe.

Zwischen Juli 2000 und Oktober 2008 wurde das Verfahren auf den **Zinstender** mit Mindestbietungssatz umgestellt. Dabei geben die Kreditinstitute neben dem gewünschten Volumen auch – unter Beachtung eines von der EZB festgelegten Mindestbietungssatzes – den Zinssatz an, zu dem sie das Hauptrefinanzierungsgeschäft abschließen wollen. Die EZB teilt aber insgesamt nur ein maximales Volumen zu. Aus dem Verhältnis des nachgefragten und angebotenen Zentralbankgeldes wird schließlich der marginale Zinssatz ermittelt (Zinssatz, zu dem die letzte Einheit Zentralbankgeld an die Kreditinstitute ‚verliehen' wird). Im Vergleich zum Mengentender können mit diesem Verfahren von der Zentralbank

die Markttendenzen zwischen Kreditbanken und Nichtbanken (benötigtes Geld-
volumen und zu welchem Zinssatz) besser erfasst werden.

Der Zinssatz für die Zuteilung kann grundsätzlich nach zwei Möglichkeiten erfolgen. dem holländischen oder amerikanischen Verfahren. Beim holländischen
Verfahren erfolgt die Zuteilung in voller Höhe zum niedrigsten noch zum Zuge
kommenden Zinssatz. Dagegen erfolgt die Zuteilung beim amerikanischen Verfahren beginnend mit den höchsten Zinssätzen, den die Kreditinstitute angegeben
haben, bis zur maximalen Zuteilungssumme. Zur Verdeutlichung der Tenderverfahren dienen folgende Beispiele (Quelle: EZB, Durchführung der Geldpolitik im
Euro-Währungsgebiet, Frankfurt/Main 2005, S. 66/67):

Zinstender: Drei KI geben Gebote ab (Beträge in Mio €):

Zinssatz (%)	KI 1	KI 2	KI 3	Gebote insgesamt (je Zinssatz)	Kumulative Gebote
3.15				0,0	0
3.10		5	5	10	10
3.09		5	5	10	20
3.08		5	5	10	30
3.07	5	5	10	20	50
3.06	5	10	15	30	80
3.05	10	10	15	35	115
3.04	5	5	5	15	130
3.03	5		10	15	145
Insgesamt	30	45	70	145	

Die EZB beschließt, insgesamt 94 Mio € zuzuteilen. Daher werden alle
Gebote über 3,05% voll zugeteilt, da sich bis 3,06% ein kumulativer Betrag von 80 Mio € ergibt. Beim marginalen Zinssatz von 3,05% ergibt
sich nach der Quotierung (restlicher Zuteilungsbetrag [14 Mio €] in Relation zum nachgefragten Gesamtvolumen beim marginalen Zinssatz
[35 Mio €]) ein Zuteilungssatz von 40%. Für KI 1 beträgt demnach de0r

Zuteilungsbetrag zum marginalen Zinssatz 40% von 10 Mio €, also 4 Mio €. Damit ergibt sich für dieses KI ein gesamtes Zuteilungsvolumen von 14 Mio €.

Nach dem holländischen Verfahren werden sämtliche Beträge zu einem Zinssatz von 3,05% zugeteilt, während nach dem amerikanischen Verfahren die zugeteilten Beträge zum jeweils gebotenen Zinssatz erfolgen. Für KI 1 ergibt sich danach: 5 Mio € zu 3,07%, 5 Mio € zu 3,06% und 4 Mio € zu 3,05%.

Neben den quantitativ bedeutsamen Hauptrefinanzierungsgeschäften haben bei der Offenmarktpolitik auch noch längerfristige Refinanzierungsgeschäfte eine gewisse Relevanz. Sie werden im monatlichen Rhythmus durchgeführt und besitzen in normalen Zeiten eine Laufzeit von drei Monaten. Diese Geschäfte können mit vorgegebenen Zuteilungsvolumen sowohl als Zins- als auch als Mengentender ausgestaltet werden. Mit diesen Geschäften wird den Marktteilnehmern längerfristige Liquidität zur Verfügung gestellt und damit verhindert, dass die gesamte Liquidität jede Woche umgeschlagen werden muss (Ziel der Grundversorgung der Banken mit Zentralbankgeld). Gleichzeitig soll damit der Zugang zu längerfristigen Finanzierungsmitteln ermöglicht werden – was die Preis- und Kostenkalkulation der Kreditinstitute erleichtert. Im Zuge des Zusammenbruchs des Interbankenmarktes wurde das Spektrum der längerfristigen Refinanzierungsgeschäfte um Tender mit einer Laufzeit von bis zu 12 Monaten erweitert, damit sich für Kreditinstitute die Basis der planbaren Liquidität verbreitert. Diese Geschäfte werden ab Juni 2009 einmal pro Quartal als Mengentender mit vollständiger Zuteilung und zum Zinssatz des Hauptrefinanzierungssatzes durchgeführt.

* **ständige Fazilitäten**

Ebenfalls zur geldpolitischen Orientierung dienen die Zinssätze für die Spitzenrefinanzierungsfazilität und die Einlagefazilität. Beide Fazilitäten können von den Kreditinstituten bei der Zentralbank auf eigene Initiative über Nacht zu einem vorgegebenen Zinssatz in Anspruch genommen werden. Bei der Spitzenrefinanzierungsfazilität wird den Kreditinstituten Liquidität gegen entsprechende Sicherheiten zur Verfügung gestellt, bei der Einlagefazilität können die Kreditinstitute überschüssige Guthaben bei den nationalen Zentralbanken zu einem festen Zins anlegen.

Die Zinssätze beider Fazilitäten bilden einen Zinskorridor, in dem sich die Zinsen am Geldmarkt bewegen. Der Zinssatz für die Spitzenrefinanzierungsfazilität ist höher als der Satz im Hauptrefinanzierungsgeschäft. Er bildet die Obergrenze für den

Tagesgeldsatz, da keine Bank, die ausreichend Sicherheiten hat, am Geldmarkt mehr zahlen wird, als sie bei der Zentralbank für einen Übernachtkredit bezahlen muss. Der Zinssatz für die Einlagefazilität ist niedriger als der Satz für die Spitzenrefinanzierungsfazilität bzw. für das Hauptrefinanzierungsgeschäft. Er bildet die Untergrenze des Tagesgeldsatzes. Kein Kreditinstitut wird sich bei der Geldausleihe mit weniger Zinsen begnügen, als es bei einer Anlage bei der Zentralbank von dieser erhält. Aufgrund dieser Eigenschaften als Korridorbegrenzung ist die Inanspruchnahme beider Fazilitäten in Normalzeiten für Kreditinstitute außerordentlich unattraktiv. Da das Misstrauen zwischen den Kreditinstituten im Zuge der Finanz- und Wirtschaftskrise 2008/2009 aber außerordentlich groß war, wurde überschüssige Liquidität von den einzelnen Kreditinstituten sicher bei den Zentralbanken gehortet. Dies zeigt sich an dem sprunghaften Anstieg der Inanspruchnahme der Einlagefazilität nach dem 15. September 2008, also nach der Insolvenz der Investmentbank Lehman Brothers, die quasi als Katalysator der krisenhaften Entwicklung auf den Finanzmärkten gewirkt hat. Während normalerweise weniger als eine Mrd. Euro als Einlagefazilität bei der EZB hinterlegt werden, erreichte im Januar 2009 das Volumen der ,geparkten' Mittel über 300 Mrd. Euro. Insofern ist die Einlagefazilität auch ein Indikator für die Unsicherheit der Marktteilnehmer auf den Finanzmärkten.

Abb. 6.6 EZB-Leitzinsen und Tagesgeldsatz EONIA (Prozent)

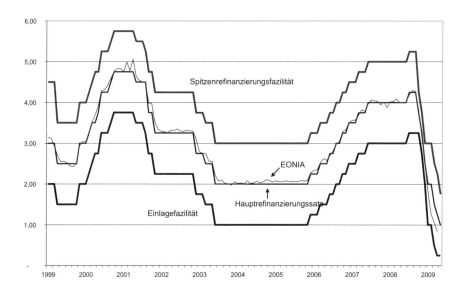

Den Verlauf der Leitzinsen und des EONIA (,Euro Overnight Index Average'; von der EZB täglich berechneter Referenzzinssatz für über Nacht ausgeliehenes Tagesgeld zwischen Banken) zeigt **Abb. 6.6**. Ergänzend hierzu findet sich als regelmäßige Angabe in der Wirtschaftspresse der Euribor (European InterBank Offered Rate, Zinssatz für Termingelder in Euro im Interbankenhandel), der als wichtiger Referenzzinssatz für Kredite und Anlageprodukte gilt (er wird für Laufzeiten von einer Woche bis zu zwölf Monaten gebildet). Die jeweils gültigen Sätze für die Leitzinsen sind unter den Internetseiten der Deutschen Bundesbank (www.bundesbank.de) und der EZB (www.ecb.int) zu erfahren.

Zur Bekämpfung der Finanz- und Wirtschaftskrise 2008/2009 ist aus geldpolitischer Sicht die verfügbare Liquidität in zahlreichen Staaten massiv ausgeweitet worden. Daraus werden nach der vollständigen Überwindung dieser Systemkrise Befürchtungen nach einer deutlich ansteigenden Inflation abgeleitet. Zwar lassen sich erhöhte Preissteigerungsraten nicht vollständig vermeiden – wie auch die Vergangenheit gezeigt hat –, aber Zentralbanken können im Rahmen einer Sterilisierungs- bzw. Neutralisierungspolitik eine überschießende Geldmenge zumindest grob abschöpfen. Dies kann zum einen durch den Verkauf von Devisen und Ankauf heimischer Währung erfolgen – was aber Auswirkungen auf den Wechselkurs hat und damit zumindest von der EZB als Instrument tendenziell eher weniger eingesetzt werden dürfte. Zum anderen ist eine Kürzung der Refinanzierungskredite an inländische Kreditinstitute (Offenmarktpolitik: auslaufende Refinanzierungsgeschäfte werden nicht verlängert; Zinssätze werden angehoben) oder eine Anhebung der Mindestreservesätze möglich.

6.4   Wirkungsweise der Refinanzierungspolitik

Die Auswirkungen von Zinsveränderungen auf den realen Wirtschaftsprozess und das Preisniveau werden im Rahmen des Transmissionsmechanismus beschrieben. Dabei wird zwischen verschiedenen Wirkungskanälen unterschieden (wobei exemplarisch die ausführliche Darstellung einer idealtypischen Wirkungskette nur anhand des Investitionskanals gezeigt wird):

Investitionskanal

Ausgangspunkt soll ein bereits zu hohes Preisniveau oder eine zu stark wachsende und damit die Preisstabilität gefährdende Geldmenge sein. In einer solchen Situation könnte (auch wenn hierfür kein Automatismus vorgesehen ist) die Zentralbank die Leitzinsen anheben. Da die Kreditinstitute für Zentralbankgeld höhere Zinsen bezahlen müssen, geben sie diese Anhebungen an die investierenden Unternehmen bei einer Kreditaufnahme weiter. Die Aufnahme von Krediten ist weniger attraktiv und tendenziell führt dies zu einer rückläufigen Kreditnachfrage. Dadurch sinkt auch die Nachfrage der privaten Haushalte, da für den Investitionsgüterbereich und die hier tätigen Arbeitnehmer/Arbeitgeber die Gefahr einer sinkenden realen Produktion mit einer daraus verschlechterten Arbeitsmarktlage besteht – mit Auswirkungen auf den Konsum. Aufgrund der rückläufigen Nachfrage nach Gütern entspannt sich tendenziell das angespannte Preisklima. Das Ziel der Zentralbank wird erreicht.

Konsumkanal

Auch die Finanzierung von Konsum der privaten Haushalte über eine Kreditaufnahme wird durch die Anhebung der Kreditzinsen erschwert. Hinzu kommt, dass eine höhere Guthabenverzinsung den Kauf von Waren und Dienstleistungen unattraktiver macht. Sparen wird dadurch also tendenziell eher begünstigt.

Für die staatlichen Konsum- und Investitionsausgaben ergeben sich ähnliche Schlussfolgerungen.

Wechselkurskanal

Zinsanhebungen/-senkungen können auch Auswirkungen auf den Wechselkurs einer Währung haben – woraus wiederum Preisveränderungen und Einflüsse auf die reale Produktionstätigkeit resultieren (vgl. ausführlich Kapitel 2).

Die Rolle der Glaubwürdigkeit

Die Wirkung der Geldpolitik auf den Wirtschaftsprozess kann sich auch aus der Einflussnahme auf die langfristigen Erwartungen des privaten Sektors ergeben. So kann eine mit einer großen Reputation und damit mit einer glaubwürdigen Geldpolitik ausgestattete Zentralbank einen starken direkten Einfluss auf die Preisentwicklung ausüben, indem sie die Erwartungen der Wirtschaftsakteure hinsichtlich der künftigen Inflationsentwicklung lenkt und damit deren Lohn- und Preissetzungsverhalten beeinflusst. Die Marktteilnehmer müssen also nicht aus Angst vor einem Verlust an Preisstabilität in der Zukunft ihre Lohn- und Preisforderungen nach oben anpassen, wenn die Zentralbank in der Lage ist und sich in der Pflicht sieht, die Preise stabil zu halten. Die Inflationserwartungen werden dann auf einem stabilitätsgerechten Niveau verharren.

Grenzen der Geldpolitik

Die Grenzen der Geldpolitik zeigen sich bei einer Unterscheidung zwischen Geldmarkt (z. B. Tagesgeld und Termingelder mit einer Befristung bis zu einem Jahr,
Geldmarktpapiere) einerseits und Kapitalmarkt (langfristige Kredite und Beteili-
gungskapital) andererseits. Für die Entwicklung der Zinssätze am Geldmarkt liefert
die Veränderung der Leitzinsen wichtige Informationen. Die Zinssätze der Zentralbank geben quasi den Rahmen für die Marktentwicklung auch für den Interbankenhandel (Handel von Geld zwischen Kreditinstituten) vor. Dagegen ist der Zusammenhang zwischen Zentralbankzinsen und Marktzinsen am Kapitalmarkt vergleichsweise schwächer ausgeprägt, teilweise nicht vorhanden oder der Verlauf ist
sogar entgegengesetzt gerichtet **(Abb. 6.7)**.

Abb. 6.7 Leit- und Kapitalmarktzinsen in den USA

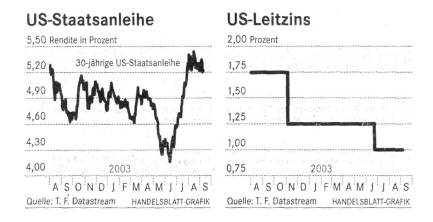

Quelle: Handelsblatt 10.9.2003

Beispielhafte Begründungen für solche Entwicklungen können sein:

- **Preiserwartungseffekt**

Sinkende Zentralbankzinsen signalisieren den Marktteilnehmern ein in der Zukunft höheres Wirtschaftswachstum. Da hieraus ein Risiko steigender Preise in
der Zukunft resultiert (Preiserwartungseffekt), wollen Anleger von Kapital eine
höhere Nominalverzinsung (bei unverändertem Realzins) erzielen. Und die
Nachfrager von Kapital können den geforderten Zins auch zahlen, da aus einer
günstigeren Wirtschaftsentwicklung i. d. R. auch höhere Einnahmen für die
Wirtschaftssubjekte resultieren. Während daher die Zentralbankzinsen sinken,

steigen die Marktzinsen ‚am langen Ende‘ an. Umgekehrt kann es bei einer vermuteten Rezession oder Deflation auch zu einer Erwartung in Richtung sinken-
der Zinsen in der Zukunft kommen. Die Möglichkeit einer inversen Zinsstruktur
besteht. Dabei sind die Zinsen für kurzfristige höher als für langfristige Anlagen.

- **Liquiditätsprämientheorie**

Ausgehend von der Annahme, dass Wertpapiere mit einer kurzen/langen Laufzeit eine hohe/niedrige Liquidität besitzen und die Unsicherheit über den Bedarf
an Zahlungsmittel in der Zukunft höher als in der Gegenwart ist, verlangen Kapitalanleger üblicherweise einen Zinsaufschlag als ‚Risikoprämie‘, wenn sie ihr
Kapital für eine längerfristige Anlage zur Verfügung stellen. Die Kapitalnach-
frager wiederum sind bereit, eine solche Prämie zu bezahlen, da sie durch die
langfristige Kapitalbindung Sicherheit über die Zinsbelastung über einen langen
Zeitraum haben und dieses Kostenelement daher besser kalkulierbar wird. Damit
besteht aber möglicherweise überhaupt kein Zusammenhang mit dem aktuellen
Zinsniveau, vielmehr sind zukünftige Erwartungen viel wichtiger für die Höhe
der Risikoprämie.

Hinzu kommt, dass geldpolitische Maßnahmen in der Regel erst mit einem Time-lag
auf die Preisentwicklung wirken, da die Wirtschaftssubjekte erst mit einer zeitlichen
Verzögerung auf neue finanziellen Rahmenbedingungen und einem damit zusammenhängenden Kaufverhalten reagieren. Darüber hinaus können Umfang und Stärke
der verschiedenen Effekte je nach Wirtschaftslage variieren, wodurch die genaue
Auswirkung schwer einzuschätzen ist. Lange, variable und nicht genau vorhersagba-
re Wirkungsverzögerungen können die Folge sein. Vor allem außenwirtschaftlich
bedingte Schocks (etwa deutliche Ölpreisänderungen oder kräftige Währungs-
schwankungen), aber auch Änderungen administrierter Preise und bei bestimmten
Vermögenspreisen (Aktien und Immobilien) können erheblichen Druck auf das monetäre System ausüben und Auswirkungen auf die Preisstabilität haben. In solchen
‚Extremlagen‘ gelangt die ‚normale‘ Zinspolitik schnell an ihre Grenzen, um so
mehr kann vor allem Glaubwürdigkeit einer Zentralbank zur Entspannung einer
solchen Problemlage beitragen.

**Exkurs: Finanz- und Wirtschaftskrise 2008/2009: Ursachen, Auswirkungen,
Konsequenzen**

Die Welt ist in den letzten Jahren von der größten Krise seit der Weltwirtschaftskrise 1929 betroffen. Die zunehmende internationale Verflechtung der Volkswirt-

schaften ist dadurch ins Stocken geraten. So wird etwa der Welthandel nach Schätzung der World Trage Organization (WTO) voraussichtlich um 9% schrumpfen, so stark wie noch nie seit dem Ende des Zweiten Weltkrieges. Die Geldpolitik hat dabei wohl eine wichtige Rolle zur Entstehung dieser Entwicklung beigetragen. Sie hat aber auch eine entscheidende Rolle bei ihrer Überwindung gespielt. Denn ohne funktionierende ‚Geld'-Märkte sind Marktwirtschaften nicht denkbar.

Eine vollständige wissenschaftliche Aufarbeitung über die Ursachen (vor allem des jeweiligen Anteils), Auswirkungen und Konsequenzen dieser Krise wird wohl noch Jahre dauern. Wesentliche Aspekte die zur Jahresmitte 2009 bekannt sind, sollen hier trotzdem skizzenhaft dargestellt werden. Nicht zusammengefasst werden hier die Ausgaben für Rettungsprogramme zur Stützung der Finanzmärkte und die Ausgaben für Konjunkturprogramme einzelner Staaten, da sich hier die Datenlage so schnell ändert, dass die Mitte 2009 verfügbaren Angaben bereits bei Veröffentlichung dieses Buches nicht mehr aktuell sein werden. Wichtig aber ist es, auf die notwendige Differenzierung zwischen tatsächlichen Ausgaben/tatsächlichen Mindereinnahmen einerseits und der Gewährung von Bürgschaften für Unternehmen (Finanzinstitute und andere Unternehmen) hinzuweisen, da bei Bürgschaften zunächst keine staatlichen Ausgaben zu tätigen sind. Sie belasten die öffentliche Haushalte (den Steuerzahler) damit nicht unmittelbar, sondern erst dann, wenn ein betroffenes Unternehmen tatsächlich zu einem Sanierungsfall wird.

Ursachen (Auswahl)

- Zunächst ist die aktuelle Entwicklung unter der Bezeichnung Hypotheken- oder auch Subprime-Krise bekannt geworden. Hierunter ist die Kreditvergabe an wirtschaftlich schwache Personen (eingeschränkte Bonität; hohe Beleihung des Grundbesitzes) zu verstehen, die ihren Ursprung für die Krise in den USA hat. Hierbei hat staatliche Überregulierung einen wichtigen Anteil. So waren seit 1977 US-Banken durch den Community Reinvestment Act (CRA) gesetzlich verpflichtet, in Großstadt- und Ballungsgebieten u. a. ihre Kredite gleichmäßig über soziale Gruppen und strukturschwache Gebiete zu verteilen. Eine Verschärfung des CRA erfolgte in der Amtszeit von Bill Clinton, wodurch die offensive Vergabe von Subprime-Krediten etwa zur Erlangung behördlicher Genehmigungen notwendig wurde.

- Insgesamt kam es zu einem Aufschwung am Immobilienmarkt, nicht nur, aber vor allem in den USA; Käufer mit niedriger Bonität erhielten eine günstige Baufinanzierung (vor allem durch Ablösung alter Kredite, weniger Neufinanzierungen); die Auslagerung der Risiken wurde dabei auf Zweckgesellschaften vorgenommen. Dadurch verschwanden die Risiken aus den Büchern der Banken. Durch eine rückläufige wirtschaftliche Entwicklung und durch sinkende Häuserpreise in den USA konnte diese Bevölkerungsgruppe die fälligen Raten für die Kredite nicht mehr bezahlen.

- Trend zur Verbriefung; Schaffung neuer Produkte in Form von handelbaren Wertpapieren zur vermeintlichen Minderung der Risiken aus der Kreditvergabe an Schuldner mit niedriger Bonität. Gefördert durch die Bewertung von Ratingagenturen, die diese Produkte sowohl bewertet als auch auf den Markt gebracht haben – und nur für gut bewertete Produkte gab es auch einen Markt. Käufer dieser Papiere waren u. a. Banken und Versicherer. Nach Ausfall der Schuldner verloren diese Papiere schlagartig an Wert, was zu erhöhten Abschreibungen bei den Käuferinstituten führte.

- Hohes Geldmengen- und Kreditwachstum durch ungewöhnlich niedrige Leitzinsen im Zuge der Zinssenkungspolitik der US-amerikanischen Notenbank nach dem Ende der Spekulationsblase bei Aktien des damaligen Neuen Marktes (Anfang 2000) und den Ereignissen des 11. September 2001. Im Zuge steigender Zinssätze (ab 2004) konnten die häufig auf variabler Verzinsung basierenden Hypothekenkredite nicht mehr bedient werden.

- Suche nach Rendite; Vergütungssysteme bei Finanzinstitutionen, die das kurzfristige Gewinn- und Renditestreben und damit das bewusste Eingehen von höheren Risiken belohnt haben.

- Ein Schatten-Banken-System und ein Zweckgesellschaften-System (Hedgefonds; Conduits, Strukturierte Investmentvehikel) mit geringer Transparenz und gefördert durch eine nicht vorhandene oder nur schwach ausgeprägte Regulierung haben die krisenhaften Tendenzen noch beschleunigt. Solche Gesellschaften werden außerhalb der Bilanzen der Muttergesellschaft geführt und haben meistens in Offshore-Bankplätzen ihren Sitz.

- Verschärfung der Krise durch prozyklisch wirkende institutionelle Regelungen, durch Einführung internationaler Rechnungslegungsstandards und einer inadäquaten Anwendung der Zeitwertbilanzierung (‚Fair Value‘).

Auswirkungen (Auswahl)

Finanzmärkte

- Erste Probleme im Finanzsektor erste Jahreshälfte 2007 (Anstieg der Zwangsvollstreckungen bei Immobilienbesitzern in den USA wegen

Nicht-Bedienung der Hypotheken im Zuge des Zinsanstieges; negative Auswirkungen auf die Immobilienpreise).

- Zahlreiche Banken kommen 2008 in Schwierigkeiten: IKB Schieflage und Risikoabschirmung; Februar 2008 Übernahme von Bear Stearns; Mai/August Probleme bei Hypothekenfinanzierer Fannie Mae und Freddie Mac; 15. September 2008 Insolvenz der Investmentbank Lehman Brothers; Banken verleihen sich untereinander kein bzw. erheblich weniger Geld. Insgesamt faktischer Zusammenbruch des Interbankenhandels, Liquiditätshandel zwischen Banken findet im Verlauf des Jahres 2008 und anschließend 2009 kaum mehr statt. Eingriff der Staaten bzw. Zentralbanken um die Versorgung der Volkswirtschaften mit Liquidität zu gewährleisten.

- Zusätzlicher Abschreibungsbedarf bei Banken im Zuge der steigenden Kreditnehmerausfälle durch die drastische Abschwächung der Wirtschaftstätigkeit in den Realwirtschaften vieler Staaten.

Realwirtschaft

- Auswirkungen auf Realwirtschaften vor allem ab der zweiten Jahreshälfte 2008. Dies zeigt sich etwa am Verlauf des Wirtschaftswachstums. Zahlreiche Institutionen haben auch für das Jahr 2009 ihre Prognosen für die Entwicklung des Bruttoinlandsproduktes (BIP) deutlich reduziert. Für wichtige Industriestaaten wurden kräftige Rückgänge der gesamtwirtschaftlichen Produktion angenommen. Die Mitte 2009 aktuellen Prognosen für das Wirtschaftswachstum:

Entwicklung BIP 2009/2010 (Schätzung)
Ausgewählte Staaten

	2009	2010
USA	–2,6	0,8
Japan	–6,0	1,7
Deutschland	–6,2	–0,6
Frankreich	–3,0	0,4
Italien	–5,1	–0,1
Großbritannien	–4,2	0,2

Quelle: IWF, World Economic Outlook Update, Washington, July 2009, S. 12.
(Veränderung gegenüber Vorjahr in %)

- Dieser Rückgang des BIP führt über einen Time-lag zu einer Verschärfung der Arbeitsmarktsituation – mit einem Anstieg der Arbeitslosigkeit und/oder einem geringerem Einkommen. Psychologisch negativ unterstützt wird diese Entwicklung durch eine Zurückhaltung beim Konsum, die sich bei einer nachhaltigen Beeinträchtigung der Beschäftigungslage ergeben kann. Daraus resultieren insgesamt schließlich negative Multiplikatoreffekte. Sinkende Einnahmen bei den Sozialversicherungen, Mindereinnahmen beim Steueraufkommen des Staates sind die Folgen.

- Rezessionen in vielen Staaten, auch Schwellen- und Entwicklungsländer sind von der Krise betroffen. Die Weltbank ging Mitte 2009 davon aus, dass sich das Wirtschaftswachstum dieser Staatengruppe gegenüber dem Vorjahr mehr als halbiert habe – ohne China und Indien wäre das BIP sogar geschrumpft. Damit hat sich die so genannte Decoupling-Theorie, nach der sich die Abhängigkeit dieser Staaten von der Weltwirtschaft stark vermindert habe, als nicht belegbar erwiesen. Vor allem kleinere Staaten bleiben nur mit Unterstützung des IWF zahlungsfähig oder erhalten Kredite/Bürgschaften von anderen Staaten.

Wesentliche Konsequenzen (Auswahl)

- Im Zuge der Krise wurden von der Geldpolitik zahlreiche (weltweite) Zinssenkungen vorgenommen (s. Tabelle zum Vergleich vor [Anfang 2007] und während der Krise [Mitte 2009]).

Entwicklung zentraler Leitzinsen
Ausgewählte Staaten/Währungsräume

	Anfang 2007	Mitte 2009
Euroraum	3,50	1,00
USA	5,25	0,25
Japan	0,25	0,10
Großbritannien	5,00	0,50
Schweiz	2,50	0,75
Schweden	3,00	0,50
Norwegen	5,50	2,25

Quelle: Jeweilige Zentralbanken. Prozentangaben.
[Euroraum: Zinssatz der Hauptrefinanzierungsgeschäfte;
Mindestbietungssatz (2007), Festsatz (2009)]

Hinzu kamen andere geldpolitische Maßnahmen (etwa Quantitative Easing und Einführung neuer Laufzeiten für Refinanzierungsgeschäfte) zur Stützung der Geld- und Kapitalmärkte (vgl. zu den Einzelheiten die entsprechen Abschnitte in diesem Kapitel).

Insgesamt gesehen, haben die Zentralbanken ein breites Spektrum verschiedener Instrumente zur Durchführung von Liquiditätssteuerungsoperationen verwendet. Dies schließt unterschiedliche Aspekte des geldpolitischen Handlungsrahmens, z. B. hinsichtlich der Laufzeiten, Kosten und Besicherungsanforderungen von Zentralbankliquidität, ein und hat als Ergebnis die relevanten Marktzinsen weitgehend in der Nähe des jeweiligen Leitzinses gehalten. (Zur Geldpolitik während der Finanz- und Wirtschaftskrise 2008/2009: EZB, Monatsbericht Juli 2009, S. 85–100.)

- National/International: Eine zunehmende Beteiligung der Staaten an Banken; in Deutschland zusätzlich: Einrichtung der SoFFin durch das Finanzmarktstabilisierungsgesetz zur Wiederherstellung des Vertrauens in das Finanzsystem. Instrumente der SoFFin zur Stärkung des Eigenkapitals und Behebung von Liquiditätsengpässen (vgl. ausführlich www.soffin.de).

- Zusätzlich wurde durch das Finanzmarktstabilisierungsfortentwicklungsgesetz (‚Bad-Bank-Gesetz‘) am 23. Juli 2009 den Banken die Möglichkeit eröffnet, risikobehaftete Wertpapiere an eigene Zweckgesellschaften gegen vom SoFFin garantierte Schuldverschreibungen zu übertragen. Dadurch werden die Bilanzen der Banken bereinigt und Finanzierungsmittel für die Vergabe neuer Kredite an die Wirtschaft freigesetzt. Im Prinzip werden die riskanten Papiere der Banken (Toxic Assets) gegen sichere, staatlich abgesicherte Anleihen – unter Berücksichtigung eines Bewertungsabschlages – umgetauscht.

- Zahlreiche Staaten (etwa USA, Großbritannien, Frankreich, Spanien, Japan, China) führten im Zuge der Krise eine aktive antizyklische Finanzpolitik durch. Durch Konjunkturpakete sollte die wirtschaftliche Abwärtsbewegung der Jahre 2009/2010 aufgefangen werden. In Deutschland beläuft sich der Gesamtfiskalische Impuls für die Jahre 2009/2010 auf knapp 2% des BIP. Zahlreiche Einzelmaßnahmen werden entweder als Steuerentlastung (z. B. die Erhöhung des Grundfreibetrages) oder als direkte Finanzhilfe eingesetzt (etwa die Abwrackprämie).

- Reform des internationalen Finanzsystems und Verbesserung der internationalen Kooperation im Bereich von Finanzaufsicht und Regulierung (z. B. Tagung der G20 im April 2009), z. B. Verschärfung bankaufsichtlicher

Regelungen, stärkere Kontrolle von Ratingagenturen und Hedgefonds, zusätzliche Bereitstellung finanzieller Mittel durch den IWF (1,1 Billionen US-Dollar) und Weiterentwicklung der internationalen Rechnungslegungsstandards.

6.5   Fragestellungen/Ergänzende Literatur

Fragestellungen

- Warum wird Geld benötigt?
- Welche Komponenten gehören zur Ableitung des Geldmengenziels?
- Welche grundsätzlichen geldpolitischen Strategien werden unterschieden? Wo liegen die jeweiligen Chancen und Risiken?
- Welche Ziele werden mit der Mindestreserve verfolgt?
- Welche geldpolitischen Maßnahmen zählen zur Refinanzierungspolitik?
- Bestimmte Instrumente bilden die obere bzw. untere Bandbreite für den kurzfristigen Zinssatz. Warum und wie heißen diese Instrumente?
- Wo liegt der Unterschied zwischen Mengentender und Zinstender im Rahmen von Hauptrefinanzierungsgeschäften
- Beschreiben Sie den Transmissionsmechanismus der Geldpolitik am Beispiel eines Wirkungskanals!
- „Die Zentralbank ist verantwortlich für die Entwicklung der Zinsen!" Nehmen Sie zu diesem Satz kritisch Stellung!
- Zeigen Sie auf, welche Möglichkeiten der Geld- und Währungspolitik zur Überwindung einer Deflation theoretisch zur Verfügung stehen!

Ergänzende Literatur

- Görgens, E.; Ruckriegel, K; Seitz, F., Europäische Geldpolitik, 5. Aufl., Stuttgart 2008
- Issing, O., Einführung in die Geldtheorie, 14. Aufl., München 2007
- Jarchow, H.-J., Theorie und Politik des Geldes, 11. Aufl., Göttingen 2003

sowie für aktuelle Aspekte, die Monatsberichte

- der Deutschen Bundesbank (unter *www.bundesbank.de*) und
- der Europäischen Zentralbank (unter *www.ecb.int*)

Die Deutsche Bundesbank hält zudem unter der folgenden Internetadresse aktuelle Informationen zum Thema Geld bereit

- www.bundesbank.de/presse/presse_veroeffentlichungen.php

7 Inflation

Lernziele:

In diesem Kapitel lernen Sie:

- Wichtige Definitionen für die Beschreibung von Preisveränderungen
- Was eine Kerninflationsrate ist
- Den Balassa-Samuelson-Effekt
- Die Grundlagen monetärer und den nicht-monetärer Inflationstheorien
- Die Verteilungs- und Wachstumswirkungen inflationärer Prozesse kennen
- Dass es nicht nur eine ‚Phillips-Kurve‘ gibt
- Welche Bedeutung Erwartungen für die Erklärung von wirtschaftlichen Zusammenhängen können
- Dass Inflationsbekämpfung (natürlich) immer an den Ursachen ansetzt

7.1 Grundlagen

Die Beibehaltung des Geldwertes ist eine der wichtigsten Aufgaben der Ökonomie. Die größten Wirtschaftskrisen des vergangenen Jahrhunderts sind eng verbunden mit drastischen Veränderungen der Kaufkraft des Geldes. Begriffe, wie ‚Hyperinflation‘ und ‚Deflation‘ stehen für Massenarbeitslosigkeit und Verelendung ganzer Nationen.

Zunächst geht es um die Frage, welche Indikatoren zur Messung der Veränderung des Preisniveaus verwendet werden. Wie im Abschnitt zu den gesamtwirtschaftlichen Zielen (Kapitel 1) beschrieben, werden zur Einschätzung des Preisklimas zahlreiche Preisindikatoren beobachtet. Der wichtigste für die deutsche Öffentlichkeit ist aber der Verbraucherpreisindex für Deutschland, zeigt er doch die Veränderung der Kaufkraft des Geldes für den inländischen Konsumenten an. Für die Geldpolitik im Euro-Raum ist der entsprechende Harmonisierte Verbraucherpreisindex (HVPI) relevant.

Zur Klassifikation von Geldwertveränderungen haben sich folgende Definitionen heraus gebildet:

- **Inflation**

    Damit wird ein anhaltender Anstieg des Preisniveaus (positives Vorzeichen der Inflationsrate) bzw. ein Sinken der Kaufkraft des Geldes gleichgesetzt. Je nach Tempo des Preisanstieges bzw. des Kaufkraftverlustes wird zusätzlich zwischen schleichender, trabender und galoppierender Inflation (Hyperinflation) unterschieden. Zwar gibt es keine exakte Abgrenzung für diese drei Begriffe, nach Issing wird aber von Hyperinflation gesprochen, wenn die monatliche Preissteigerungsrate 50% überschreitet.

- **Disinflation**

    Bei der Disinflation liegen wie bei der Inflation positive Steigerungsraten vor, jedoch werden diese immer kleiner. Es findet also weiterhin ein Verlust an Kaufkraft statt.

- **Deflation**

    Zwei Aspekte sind für das Vorliegen einer Deflation zu beachten: zum einen die Entwicklung des gesamtwirtschaftlichen Umfeldes, z. B. hinsichtlich der Entwicklung der Produktion, der Aktienkurse und der Beschäftigungssituation. Zum anderen wird Deflation bezogen auf die Preisentwicklung als ein Sinken des Preisniveaus und damit als Unterschreitung der Grenze für Preisstabilität definiert. Strittig ist hierbei, bei welchem Wert Preisstabilität vorliegt. Wird vom Konzept einer ‚Null-Inflation' ausgegangen, ist der Wert eindeutig: Null. Für die Europäische Zentralbank (EZB) liegt dagegen Preisstabilität vor, wenn ein Anstieg des HVPI für den Währungsraum von unter, aber nahe bei 2% erreicht wird. Bei der Erreichung dieses Wertes kann daher im

Sinne der Zielvorstellung der EZB für den gesamten Währungsraum von einer
Stabilität des Preisniveaus gesprochen werden. Eine Deflation könnte danach
bereits dann vorliegen, wenn die Preissteigerungsraten zwar sinken und deutlich unter 2% liegen, aber noch ein positives Vorzeichen aufweisen. (Zur Argumentation für die 2%-Grenze, vgl. Kapitel 1.4: Ausführungen zu den Problemen der Messung von Preisniveaustabilität.) Darüber hinaus ist auch strittig,
welcher Zeitraum betrachtet wird. Ein kurzfristiges Unterschreiten der Grenze
der Preisstabilität, etwa für wenige Monate, wird nicht als Deflation bewertet.

Neben den bekannten Messproblemen durch die Verwendung des Laspeyres-
Indexes zur Berechnung der Inflationsrate ist für die Geldpolitik bedeutsam, ob eine
Kaufkraftveränderung dauerhaft ist oder ob kurzfristige Einflüsse ein langfristig
stabiles Preisklima überlagern. Zur Messung solcher Effekte werden so genannte
Kerninflationsraten berechnet. Ziel solcher Indikatoren ist die Ermittlung einmali-
ger bzw. vorübergehender Preisanstiege außerhalb eines stabilen Preistrends. Die
Ursachen solcher Preisanstiege können vor allem Verteuerungen bei saisonabhängi-
gen Nahrungsmitteln (z. B. wegen Missernten) oder Rohstoffanstiege (z. B. drastische Ölpreisanstiege) sein. Zur Messung dieser Effekte werden Preisreihen zur Berechnung der Inflationsrate **ohne** die entsprechenden Waren (z. B. Gruppe der sai-
sonabhängigen Nahrungsmittel und/oder ohne Kraftstoffe, Heizöl) gebildet **(Abb.
7.1)**.

Abb. 7.1 Entwicklung des HVPI – Gesamtindex und Kerninflation (Vorjahresver-
          gleich in %)

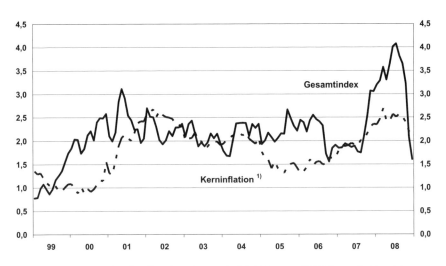

1 HIVP Gesamtindex ohne Energie und unverarbeitete Nahrungsmittel. Datenquelle: Eurostat.

Zwar sind Ölpreise auch in den Preisen anderer Güter und Dienstleistungen enthalten, die genaue Ermittlung solcher Preisbestandteile ist aber vergleichsweise kompliziert. Zudem dürften durch die direkten Ölprodukte die wesentlichen kurzfristigen Einflussfaktoren auf die allgemeine Preisentwicklung erfasst werden. Für die Geldpolitik ist schließlich bedeutsam, ob es zu so genannten Zweitrundeneffekten kommt: durch einen Ölpreisanstieg ausgelöster inflationärer Druck zieht Lohnerhöhungen oder allgemein höhere Inflationserwartungen nach sich.

Eine ähnliche Argumentation – für die Analyse bestimmter Preistreiber und ihre Bedeutung für die Geldentwertung – lässt sich auch für vom Staat verursachte Preisanstiege führen. Seite Anfang der 90er Jahre des vergangenen Jahrhunderts sind staatliche Maßnahmen für einen erheblichen Teil des Preisdruckes verantwortlich. Angesichts der permanenten finanziellen Probleme der öffentlichen Kassen wurden seitdem zahlreiche Beschlüsse zur Verbesserung der Einnahmenseite beschlossen. Ein Teil dieser Beschlüsse hatte z. T. merkliche Auswirkungen auf die Preise der hiervon betroffenen Güter und Dienstleistungen. Wirtschaftspolitische Brisanz resultiert aus der Frage, ob die geldpolitischen Entscheidungsträger einen administriert verursachten Preisanstieg durch eine Geldmengenexpansion alimentieren sollten. In der Wissenschaft gibt es dazu unterschiedliche Ansichten. Bei deflationären Tendenzen kehrt sich das Interesse an den Preiswirkungen staatlicher Aktivitäten allerdings um. Dann interessiert die Frage, inwieweit niedrige Preissteigerungsraten durch Marktbewegungen, und damit aus dem Zusammenspiel von Angebot und Nachfrage zu Stande kommen, oder durch staatliche Entscheidungen maßgeblich bestimmt werden. Hier führen aber nur die staatlichen Maßnahmen zu Preisveränderungen, wenn sie direkt am jeweiligen Gut bzw. Dienstleistung ansetzen. Beschlüsse zur Einkommensteuer haben damit etwa keine direkten Auswirkungen auf die Inflationsrate.

Gemessen werden kann der staatlich Einfluss durch einen Index staatlich administrierter Preise, der in unterschiedlichen Ausführungen in der Literatur existiert. Ziel solcher Indizes ist es, den staatlichen Anteil an der Preisentwicklung zu ermitteln. Dabei kann der Staat sowohl direkt als Eigentümer öffentlicher Unternehmen als auch Kraft seiner hoheitlichen Befugnisse durch Gesetze, Anordnungen oder Richtlinien Tarife oder Gebühren festlegen und auch spezielle Verbrauchsteuern erheben. Damit werden als staatlich administriert die Verbraucherpreise angesehen, die zu einem nicht unerheblichen Teil von der direkten oder indirekten Preissetzungsbefugnis des Staates abhängen oder sich durch einen hohen Verbrauchsteueranteil auszeichnen. Da die geldpolitischen Entscheidungen den Euro-Währungsraum insgesamt betreffen, wäre es für solche Analysen eigentlich notwendig, einen staatlich administrierten Preisindex für den gesamten Währungsraum zu besitzen. Ein solcher Index steht aber bisher nur rudimentär zur Verfügung. Für die Bundesrepublik

Deutschland legt der Sachverständigenrat zur Begutachtung der gesamtwirtschaftlichen Entwicklung (SVR) in jedem seiner Jahresgutachten die neuesten Ergebnisse vor. Ein Drittel aller Güter und Dienstleistungen werden danach auf der Preisseite durch den Staat mehr oder weniger stark beeinflusst. Der SVR unterscheidet dabei vier Kategorien des staatlichen Einflusses auf die Preise von Gütern und Dienstleistungen:

- **Direktadministrierte Verbraucherpreise** (die Preise werden vom Staat bzw. dessen Institutionen direkt festgelegt, etwa bei kommunalen Gebühren).

- **Güter und Dienstleistungen mit genehmigungspflichtigen Tarifen** (Preisfestlegung bedarf einer staatlichen Genehmigung, z. B. Sozialmieten im Rahmen des öffentlich geförderten Wohnungsbaus).

- **Güter mit speziellen Verbrauchsteuern** (vor allem Güter, die der Mineralölsteuer unterliegen, aber auch Tabakwaren und alkoholische Getränke).

- **Güter mit indirekt administrierten Preisen** (vor allem Nahrungsmittel, die entweder der binnenwirtschaftlichen Preisregulierung oder einem speziellen Außenschutz der EU unterliegen).

Allerdings lassen sich auch Einwendungen gegen die Gestaltung dieses Index formulieren. Die wichtigsten sind:

- Vor allem bei Gütern mit speziellen Verbrauchsteuern sind in den Preisen sowohl administrierte (Steuern) und marktbestimmte Bestandteile enthalten. Marktbestimmte Schwankungen des Gesamtpreises dieser Produkte führen damit in gleichem Ausmaße zu Schwankungen im staatlich administrierten Preisindex (vor allem bei Mineralölprodukten zu beobachten).

- Mehrwertsteueranhebungen werden nur für die Güter erfasst, die im staatlich administrierten Preisindex enthalten sind.

- Staatlich verursachte Preisanstiege bei Vorprodukten werden ebenso wenig erfasst, wie Preiseffekte, die aus der staatlichen Gestaltung der Sozialabgaben oder nicht direkt preiswirksamer Steuerarten (z. B. Einkommensteuer) resultieren.

In einer Währungsunion wie dem Euro-Raum können weitere Probleme bei der Preisanalyse bestehen, wie z. B. uneinheitliche Entwicklungen des Preisniveaus. Diese Unterschiedlichkeit in der Preisentwicklung zwischen den einzelnen Staaten des Euro-Währungsraums hat von Seiten der Wissenschaft zu der Forderung geführt, die Grenze für die Realisierung von Preisstabilität für den gesamten Währungsraum nach oben zu verschieben. Die Begründung hierfür basiert auf dem **Balassa-Samuelson-Effekt**. Danach werden, einfach gesagt, innerhalb eines Währungsgebietes unterschiedliche Inflationsraten existieren, solange es ein Wachstumsgefälle zwischen den Staaten gibt. Die schnell wachsenden Länder innerhalb einer Währungsunion, die sich in einem länger andauernden Aufholprozess befinden, erfahren insgesamt einen dauerhaft stärkeren Anstieg der Preise bei den nicht-handelbaren Gütern und Dienstleistungen. Dagegen werden andere Staaten bei einer schwächeren wirtschaftlichen Entwicklung ein geringeres Preisrisikopotenzial aufweisen. Richtet sich die Geldpolitik bei ihrer Verfolgung des Zieles der Preisstabilität nunmehr am Durchschnitt der Länder einer Währungsunion aus, kann die Zinspolitik gegenüber den letztgenannten Staaten zu restriktiv sein. Daraus resultieren Forderungen nach einer Erhöhung des Inflationszieles um einen bestimmbaren Wert.

Ein Argument gegen das dauerhafte Bestehen von Inflationsdifferenzen ist allerdings, dass sich solche Unterschiede in der Preisentwicklung zwischen einzelnen Ländern einer Währungsunion auch aus unterschiedlichen Konjunkturzyklen ergeben können. Dann aber würden sich, über einen überschaubaren Zeithorizont, solche Inflationsdifferenzen wieder ausgleichen. Zudem kann für geldpolitische Entscheidungen nur die Inflationsentwicklung in einer Währungsunion insgesamt von Bedeutung sein, da die zuständige Zentralbank, hier also die EZB, nur einen einheitlichen, für alle Länder gültigen Notenbankzins festsetzen kann.

7.2   Ursachen von Inflation

Die verschiedenen Verursachungsfaktoren für Geldentwertungsprozesse können in zwei große Gruppen von Inflationstheorien zusammengefasst werden: den **monetären** und den **nicht-monetäre Inflationstheorien.**

- Monetäre Inflationstheorien (oder nachfrageinduzierte Inflation)

Im Zentrum dieser Theorie steht die These, dass es einen Nachfrageüberhang nach produzierten Gütern gibt, wobei zusätzlich zwischen einer gesamt- und einer einzelwirtschaftlichen Entwicklung unterschieden werden kann:

Nachfrage > Angebot

↙	↘
für gesamtes	für einzelne
Güterangebot	Güter
(Gesamtwirtschaftlich)	(Einzelwirtschaftlich)

Im Rahmen einer einzelwirtschaftlichen Entwicklung kommt es dabei zu einer Nachfragestrukturverschiebung: die Preise einzelner Güter steigen, ohne dass die Preise der anderen Güter zurückgehen. Langfristig ist eine solche Konstellation nur denkbar, wenn ausreichend Geld(menge) vorhanden ist. Damit ist auch hier eine Ausweitung der Geldmenge die Vorbedingung für Inflation – Inflation ist damit ein monetäres Problem (s. **Quantitätstheorie).**

- Nicht-monetäre Inflationstheorien (oder Kosten- bzw. angebotsinduzierte Inflation)

Auch die Anhänger dieser Theorierichtung gehen i. d. R. davon aus, dass eine dauerhafte Geldentwertung nur durch eine Ausweitung der Geldmenge existieren kann, aber kurz- und mittelfristig sind inflationäre Prozesse auch durch Kostensteigerungen möglich, ohne dass die Geldmenge steigt. Dabei muss zusätzlich eine Überwälzung der Kosten auf die Preise erfolgen.

Ausgehend von diesen beiden Theorierichtungen lassen sich zahlreiche Ursachen von Inflation im Detail darstellen. Für die durch inländische Ursachen ausgelöste **Nachfrageinflation** kann der Beginn der Analyse an der rechten Seite des Gesamtwirtschaftlichen Produktionskontos ansetzen. Danach kann zwischen Konsumgüter-, Investitionsgüter- und staatlicher Nachfrageinflation unterschieden werden. Während eine zu starke Nachfrage der privaten Haushalte nach Verbrauchsgütern unmittelbar zu Preiserhöhungen führen kann, werden Nachfrageanstiege bei Investitionsgütern oder bei der staatlichen Nachfrage nur mittelbar inflationäre Prozesse bei den Waren und Dienstleistungen auf der Konsumentenebene auslösen.

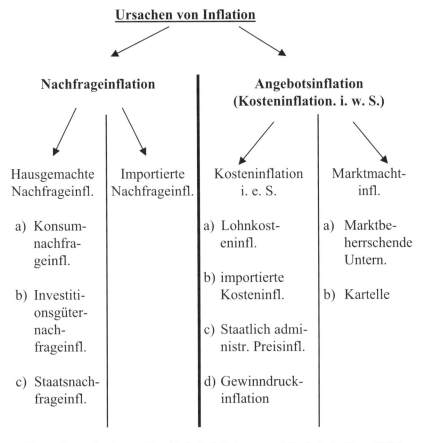

Ursachen von Inflation

Nachfrageinflation

Hausgemachte
Nachfrageinfl.

a) Konsum-
nachfra-
geinfl.

b) Investiti-
onsgüter-
nach-
frageinfl.

c) Staatsnach-
frageinfl.

Importierte
Nachfrageinfl.

**Angebotsinflation
(Kosteninflation. i. w. S.)**

Kosteninflation
i. e. S.

a) Lohnkost-
eninfl.

b) importierte
Kosteninfl.

c) Staatlich admi-
nistr. Preisinfl.

d) Gewinndruck-
inflation

Marktmacht-
infl.

a) Marktbe-
herrschende
Untern.

b) Kartelle

(Darstellung orientiert an Pätzold, J., Stabilisierungspolitik, 6. Aufl., Bern 1998.)

Für die importierte Inflation kann es zwei Deutungen geben: zum einen kann eine stark steigende Exportnachfrage wegen der dadurch verursachten Angebotsverknappung zu einem Preisanstieg im Inland führen. Zum anderen wird mit dem Begriff der importierten Inflation der Preisanstieg für importierte Güter, in Deutschland vor allem für Rohstoffe (Rohöl), verbunden. Diese Ursache gehört zur Gruppe der **Angebotsinflation**, die zunächst zwischen den einzelnen Kostenarten (Arbeitskosten, Rohstoffe und Vorprodukte aus dem Ausland, staatliche Festsetzungen) unterscheidet. Zusätzlich gibt es noch Elemente der Marktmachtinflation, die im Wesentlichen auf die Preiseffekte durch einen unvollkommenen Markt abstellt. Ergänzend kann auch noch die Gewinndruckinflation genannt werden, die durch eine starke Orientierung an dem Gedanken der Gewinnmaximierung (im Sinne einer ‚Shareholder Value' Orientierung) geprägt ist.

7.3   Auswirkungen von Inflation

Die ökonomischen Auswirkungen inflationärer Prozesse lassen sich nach Vertei-
lungs-, Wachstums und Arbeitsmarktwirkungen systematisieren.

1.   Verteilungswirkungen

Hierbei geht es um die Effekte auf die Einkommens- bzw. Vermögensverteilung.
Die wichtigsten Überlegungen hierzu sind:

- Gläubiger-Schuldner-Argument

  Der (Real)Wert aller auf Geld lautenden Forderungen sinkt bei steigender Inflation. Daraus resultiert ein realer Verlust für Gläubiger und ein realer Gewinn für Schuldner: es ,lohnt' sich Schulden zu haben. Eine solche Argumentation ist allerdings nur dann schlüssig, wenn der Schuldner im Verlauf eines
  inflationären Prozesses auch steigende Nominaleinkommen hat.

- Lohn-Lag

  Bei steigender Inflation sinkt der Realwert des Lohnes, da Tarifverträge nur
  mit einer zeitlichen Verzögerung angepasst werden. Hinzu kommt möglicherweise der Effekt der ,kalten Progression': In progressiv gestalteten Ein-
  kommenssteuersystemen führen nominell steigende Löhne (oder auch andere
  Einkommen) zu einer Einstufung in eine höhere Progressionsstufe. Selbst bei
  Einkommen, die nominell im Gleichlauf mit der Inflationsrate ansteigen,
  bleibt durch die höhere Belastung nach Abzug der Steuern Netto weniger üb-
  rig. Damit ist der Staat durch die zusätzlichen Steuereinnahmen tendenziell
  ein Gewinner inflationärer Prozesse.

- Transfereinkommens-Lag

  Soziale Leistungen werden häufig nur mit einer zeitlichen Verzögerung an inflationäre Entwicklungen angepasst. Eine Anpassung erfolgt entweder indem
  ihre Veränderung direkt an die Inflationsrate oder indirekt an einen davon be-
  einflussten Indikator (z. B. Lohnentwicklung) der Vorperiode gekoppelt ist.

Allerdings werden auch Transfers von staatlicher Seite gezahlt, die nur unregelmäßig verändert werden (etwa Kindergeld). Die Bezieher solcher Leistungen erleiden mithin einen kontinuierlichen Realwertverlust.

2. Wachstumswirkungen

Während die Auswirkungen inflationärer Prozesse auf die Einkommens- und Vermögensverteilung der Bevölkerung in der Literatur eine weitgehende einhellige Akzeptanz finden, werden die Konsequenzen für das reale Wirtschaftswachstum nicht so eindeutig beurteilt. Während die negativen Wirkungen großer und schneller Preisveränderungen (bis hin zur Hyperinflation) relativ unstrittig sind, wozu auch die schmerzlichen Erfahrungen der deutschen Bevölkerung während der großen Inflation in den Jahren 1919–1923 beigetragen haben, lassen sich für eine schleichende Inflation auch Argumente finden, die auf einen positiven Einfluss auf das Wirtschaftswachstum schließen lassen.

- Zunächst zeigen (leichte) Preisveränderungen (für einzelne Güter) Veränderungen der Knappheitsrelationen zwischen Nachfrage und Angebot. Eine Folge kann sein, dass für Unternehmer leichte Preissteigerungen die Ausweitung des Güterangebots lohnend erscheinen lassen – und damit erfolgt eine Ausweitung der Produktion, das Wirtschaftswachstum steigt.

- Bei schnellen und allgemeinen Preisanstiegen (im Extremfall bis zur Hyperinflation) kommt es zu einem Verlust der Information über Veränderung der Knappheitsrelationen. Möglicherweise werden hierdurch – wegen der scheinbar großen Nachfrage – Überkapazitäten aufgebaut. Ein Ausbleiben der Nachfrage führt dann zur Rezession.

- Eine typische Folge von inflationären Prozessen ist auch die Flucht in Sachwerte, vor allem kommt es zu einer Steigerung der (Wohn)Immobiliennachfrage. Bleibt die Inflation dann hinter den Erwartungen zurück, besteht die Gefahr von Überkapazitäten im Wohnungsbau, da zu kostendeckenden Preisen diese Immobilien nicht abgesetzt werden können. Es kommt insgesamt zu einer Fehlleitung von Produktionsfaktoren und Rohstoffen.

- Auswirkungen auf das reale Wirtschaftswachstum sind auch über den internationalen Handel möglich: steigen die Inlandspreise stärker als im Ausland, wirkt dies zunächst negativ auf die Exportwirtschaft, da inländische Produkte

teurer als ausländische sind (vorausgesetzt das ausländische Preisniveau verändert sich nicht bzw. weniger stark und die Nachfrage ist eine Funktion des
Preises). Nach der Kaukraftparitätentheorie fällt der Außenwert der inländischen Währung, was tendenziell wieder positiv für den Export ist (Wechsel-
kurseffekt).

3.   Arbeitsmarktwirkungen: Die Phillips-Kurven-Diskussion

Die Diskussion über die Wirkungen der Inflation auf den Arbeitsmarkt ist untrenn-
bar mit dem Begriff ‚Phillips-Kurve‘ verbunden. Wohl auch deshalb, weil dem ehemaligen deutschen Bundeskanzler Helmut Schmidt der Satz zugeschrieben wird,
dass ihm „lieber 5 Prozent Inflation als 5 Prozent Arbeitslosigkeit" sei. Damit wird
eine (vermeintliche) Unmöglichkeit beschrieben, die beiden gesamtwirtschaftlichen
Ziele ‚Stabilität des Preisniveaus‘ und ‚hoher Beschäftigungsstand‘ gleichzeitig zu
erreichen.

Abb. 7.2 Verlauf der modifizierten Phillips-Kurve

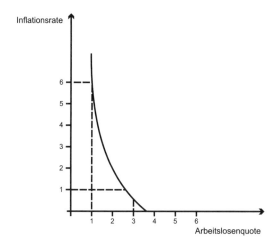

Namensgeber der Kurve war der britische Ökonom Arthur W. Phillips, der im Jahre
1958 in der Zeitschrift Economica die Ergebnisse seiner empirischen Untersuchung
über den Zusammenhang zwischen der durchschnittlichen Arbeitslosenquote und
der durchschnittlichen Änderungsrate der Nominallöhne für Großbritannien für den
Zeitraum 1861 bis 1957 veröffentlichte. Zwar war dies nicht die erste Beschreibung
eines solchen Zusammenhangs, gleichwohl rückte er dadurch in den Mittelpunkt der
wissenschaftlichen Auseinandersetzung. Ausgehend von dieser ursprünglichen Phillips-Kurve ermittelten Samuelson und Solow zwei Jahre später eine modifizierte

Phillips-Kurve **(Abb. 7.2)**. Wird die Annahme einer festen Beziehung zwischen Nominallohn und Inflationsrate unterstellt, kann gezeigt werden, dass zu einem stabilen Preisniveau eine bestimmte Arbeitslosenquote gehört – in der Grafik liegt diese bei gut 3%.

Die Grafik verdeutlicht auch, dass ein Abbau der Arbeitslosigkeit mit einem (langsamen) Anstieg des Preisniveaus ‚erkauft' werden kann. Diese Interpretation des Verlaufs wird auch als ‚Keynesianische Variante' bezeichnet. Dabei wird unterstellt, dass der Abbau der Arbeitslosigkeit aus einer Mehrnachfrage nach Gütern resultiert, die durch eine expansive Geld- und/oder Lohnpolitik ausgelöst wurde.

Abb. 7.3 Antizipierte Phillips-Kurve

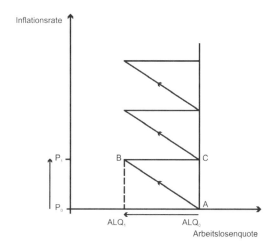

Eine solche Deutung wird von den Angebotstheoretikern bzw. Vertretern des Monetarismus abgelehnt. Dieser Verlauf sei allenfalls kurzfristiger Natur, so die Behauptung. Langfristig existiert vielmehr die Erwartung, dass höhere Löhne oder eine expansive orientierte Geldpolitik lediglich zu einem Anstieg des Preisniveaus führen, ohne dass sich die Lage auf dem Arbeitsmarkt nachhaltig verbessert. Die Argumentation hierfür lässt sich in mehreren Schritten aufteilen und anhand **Abb. 7.3** verfolgen:

1) Ausgangspunkt ist eine expansive Geldpolitik zur Belebung der Wirtschaftstätigkeit und mit dem Ziel einer Verbesserung der Arbeitsmarktlage (Ausgangslage ist eine ALQ in Höhe des Punktes A). Infolge einer dadurch steigenden Produktion kommt es zunächst auch zu einer Ausweitung der Nachfrage nach Arbeitskräften, die ALQ beginnt zu sinken. Im Verlauf dieses

Prozesses führt eine steigende Nachfrage nach Arbeitskräften zu höheren Lohnforderungen der Gewerkschaften. Höhere Löhne werden bei steigender Güternachfrage auf die Preise überwälzt. Die Preise steigen von P_0 nach P_1, bis Punkt B erreicht ist. Zwischenergebnis: Die ALQ ist gesunken (von ALQ_0 nach ALQ_1), das Preisniveau gestiegen.

2) Dieser Prozess findet nur deshalb statt, weil die Arbeitnehmer der Geldillusion unterliegen. D. h.: sie wissen nicht, dass eine Erhöhung ihrer Löhne (Nominallohn) zu einem Anstieg der Preise führt. Es findet also eine Gleichsetzung von Nominallohn und Reallohn statt. Tritt dagegen ein Verlust der Geldillusion ein, merken die Arbeitnehmer, dass ihr Reallohn gar nicht gestiegen ist und damit gar nicht dauerhaft zur Mehrnachfrage nach Gütern ausreicht. Dadurch sinkt sowohl die Güternachfrage als auch die Produktion, die Arbeitslosigkeit steigt wieder an (Punkt C). Der Prozess startet wieder, allerdings von einem höheren Preisniveau aus.

3) Ergänzt werden kann die Argumentation noch durch das Verhalten der Gewerkschaften. In einer Phase zu stark steigender Löhne verteuert sich der Produktionsfaktor Arbeit, was den Abbau der Beschäftigung in Richtung C noch zusätzlich fördert.

Die Argumentation für den immer wieder neu stattfindenden Prozess der Existenz und des anschließenden Verlustes der Geldillusion ist allerdings nur durch das Vorhandensein adaptiver Erwartungen möglich. Dabei wird unterstellt, dass es bei den Arbeitnehmern immer wieder zu systematischen Erwartungsfehlern kommt. Sie sind damit nicht in der Lage, die Zusammenhänge vollständig zu verstehen. Nach einer gewissen Zeit passen sie aber ihre Erwartungen unter Berücksichtigung vergangener Fehler der Realität an. Werden dagegen rationale Erwartungen unterstellt, erkennen die Arbeitnehmer die grundlegenden Zusammenhänge der Wirtschaft und machen keine systematischen, sondern nur noch zufällige Fehler. Daher liegt nun ein dauerhafter Verlust von Geldillusion vor, es kommt nicht einmal kurzfristig zu einer Verringerung der Arbeitslosigkeit **(Abb. 7.4)**. Vielmehr besteht ein Sockel von Arbeitslosigkeit, der durch expansiv wirkende Maßnahmen nicht beseitigt werden kann (x = natürliche Arbeitslosigkeit). Der Arbeitsmarkt kann nur durch andere, strukturell wirkende Maßnahme entlastet werden.

Abb. 7.4 Phillips-Kurve der rationalen Erwartungen

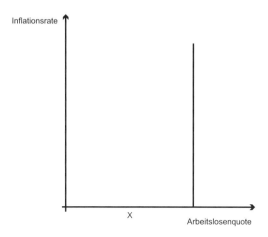

Nach Auffassung von Issing kommt die aktuelle empirische Bestandsaufnahme **(Abb. 7.5)** zur Phillips-Kurve für wichtige entwickelte Regionen und Staaten zu folgenden Ergebnissen:

- Die keynesianische Interpretation lässt sich mittelfristig nicht bestätigen.

- Es gibt möglicherweise in den europäischen Staaten, anders als in den USA und Japan, keine stabile Rate der natürlichen Arbeitslosigkeit.

- Möglicherweise liegt eine ‚Schleifenbildung‘ für den Zusammenhang zwischen Inflation und Arbeitslosigkeit vor: nach der Beschleunigung eines inflationären Prozesses folgt eine Phase seiner Bekämpfung. Damit verbunden ist ein Anstieg der ALQ, die bei stabiler Inflationsrate wieder verringert wird.

Insgesamt gesehen kann die Phillips-Kurve empirisch nicht vollständig bestätigt werden. Vor allem vor dem Hintergrund einer zunehmenden internationalen Verflechtung der Volkswirtschaften sind solch einfachen empirischen Zusammenhänge zunehmend kritischer zu sehen.

Abb. 7.5 Phillips-Kurven in der Realität (Inflation und Arbeitslosigkeit 1964–2005)

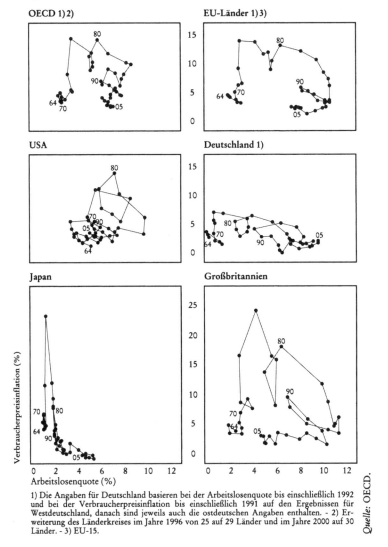

1) Die Angaben für Deutschland basieren bei der Arbeitslosenquote bis einschließlich 1992 und bei der Verbraucherpreisinflation bis einschließlich 1991 auf den Ergebnissen für Westdeutschland, danach sind jeweils auch die ostdeutschen Angaben enthalten. - 2) Erweiterung des Länderkreises im Jahre 1996 von 25 auf 29 Länder und im Jahre 2000 auf 30 Länder. - 3) EU-15.

Quelle: Issing, O., Einführung in die Geldtheorie, 14. Aufl., München 2007, S. 241.

Die extreme Form einer ‚Phillips-Kurve' zeigt eine so genannte ‚Stagflation' an, die sich aus den Begriffen ‚**Stag**nation' und ‚In**flation'** zusammensetzt **(Abb. 7.6)**. In einer solchen wirtschaftlichen Lage kommt es sowohl zu einem Anstieg der Arbeitslosigkeit als auch der Geldentwertung. Ursachen hierfür können z. B. außenwirtschaftliche Schocks (etwa Ölkrisen, wie in Deutschland 1973/1974 und Ende der 70er/Anfang der 80er Jahre) oder Verteilungskämpfe zwischen Arbeitgebern und Arbeitnehmern trotz einer abflauenden Konjunktur sein.

Abb. 7.6 Stagflation

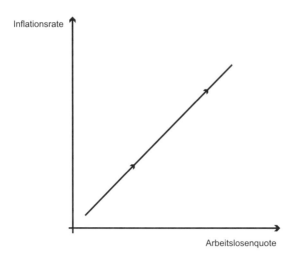

7.4   Möglichkeiten der Inflationsbekämpfung

Die Möglichkeiten der Inflationsbekämpfung lehnen sich eng an die entsprechende Ursachen an: Im Zentrum steht die Vermeidung einer übermäßigen Geldmengenentwicklung. Ohne Alimentierung durch ein überbordendes Geldmengenwachstum ist ein langfristiger inflationärer Prozess nicht möglich. Unter kurz- und mittelfristigen Aspekten sollten dagegen aus geldpolitischer Sicht **zusätzlich** andere preistreibende Maßnahmen vermieden werden. Exemplarisch können genannt werden:

- Defizitäre Staatshaushalte, die über eine übermäßige Staatsverschuldung oder durch Steuer- und Gebührenanhebungen finanziert werden müssen.

- Die Vermeidung (dauerhafter) Abwertungen, die tendenziell zu inflationären Prozessen führen.

- Die Aufrechterhaltung bzw. Förderung von Wettbewerb auf den Märkten – sowohl auf den Gütermärkten als auch auf dem Arbeitsmarkt.

7.5   Fragestellungen/Ergänzende Literatur

Fragestellungen

- Erläutern Sie folgende Begriffe: Inflation, Disinflation, Deflation.
- Warum wird der Verlauf der Kerninflation als zusätzlicher Indikator für die Beobachtung der Preisentwicklung verwendet?
- Nehmen Sie zur folgenden Aussage Stellung: „Durch die Einführung des Euro haben sich die Preise für Güter und Dienstleistungen in den Staaten angeglichen, die den Euro eingeführt haben." Stimmen Sie diesem Satz zu?
- Inflation wir als monetäres Problem dargestellt. Welches theoretische Konstrukt steht hinter dieser Überlegung?
- Eine importierte Inflation kann zwei verschieden Ausprägungen aufweisen. Stellen Sie beide Ausprägungen dar.
- Erläutern Sie folgenden Satz: „Der Realwert von Schulden steigt in Zeiten der Deflation."
- Welche ökonomischen Effekte sind mit einer Hyperinflation verbunden?
- Stellen Sie jeweils den Verlauf sowie die Begründung für die verschiedenen Ausprägungen der Phillips-Kurve dar.
- Was versteht man unter ‚Geldillusion'?
- Welche Entwicklungen können zu einer Stagflation führen?

Ergänzende Literatur

Ausführungen zu den verschiedenen Aspekten der Inflation finden sich üblicherweise in den Büchern zur Geldtheorie und –politik. Zur Vertiefung können zusätzlich empfohlen werden:

- Neubauer, W., Preisstatistik, München 1996
- Ströbele, W., Inflation, 4. Aufl., München 1995

Originaldaten stammen für Deutschland vom Statistischen Bundesamt (besonders detailliert: Fachserie 17, (Preise).

Von der Deutschen Bundesbank wird in den Monatsberichten eine regelmäßige Beschreibung und Analyse der Preisentwicklung für Deutschland durchgeführt; für die Staaten des Euro-Raumes führt dies die Europäische Zentralbank in ihren Monatsberichten durch.

8 Konjunktur und Wachstum

Lernziele:

In diesem Kapitel lernen Sie:

- Den Unterschied zwischen dem Inlandsproduktskonzept und dem Potenzialkonzept
- Den Verlauf eines (idealtypischen) Konjunkturzyklus
- Verschiedene Konjunkturindikatoren kennen
- Dass es quasi automatisch zu einem zyklischen Verlauf der wirtschaftlichen Entwicklung kommen kann
- Was als Basisinnovation bezeichnet wird und welche Bedeutung sie für das längerfristige Wachstum einer Volkswirtschaft hat
- Die Bedeutung dynamischer Unternehmer für Herrn Schumpeter
- Warum zu viele Investitionen auch schädlich sein können

8.1 Grundlagen

Bei der Betrachtung von ‚Konjunktur' und ‚Wachstum' und seinen Einflussfaktoren geht es um zwei unterschiedliche Sichtweisen. Während bei einer konjunkturellen Betrachtung das kurz- und mittelfristige ‚Auf' und ‚Ab' der Wirtschaftsentwicklung beobachtet wird, geht es beim Wachstum um längerfristige Fragestellungen – etwa darum, wie eine Volkswirtschaft dauerhaft auf ein höheres Wohlstandsniveau gebracht werden kann und ob ein solcher Wachstumspfad angestrebt werden soll. Unterschiede zeigen sich daher z. B.

- beim Betrachtungszeitraum – (**Konjunktur(zyklus)**: durchschnittliche Dauer rd. 4–6 Jahre; **Wachstum**: Entwicklung über einen Konjunkturzyklus hinweg) und

- bei wirtschaftlichen Maßnahmen etwa des Staates – (**Konjunktur(zyklus)**: Ausgleich von Konjunkturschwankungen durch kurz- und mittelfristige Belebung/Abschwächung der Nachfrage; **Wachstum**: langfristig wirkende Maßnahmen, z. B. im Bereich der Bildung und Infrastruktur).

Diese Abgrenzung von Konjunktur und Wachstum äußert sich auch in den unterschiedlichen Messkonzepten. Dabei wird das **Inlandsproduktskonzept** (nachfrageseitige Betrachtung) für die Analyse eines Konjunkturverlaufs benutzt. Betrachtungsgröße ist hierbei i. d. R. die Veränderung des (realen) Bruttoinlandsprodukt (BIP, Alternativ: Nettoinlandsprodukt). Hierfür kann wiederum zwischen extensivem Wachstum (Anstieg des realen BIP zwischen aufeinander folgenden Zeitperioden) und intensivem Wachstum (Anstieg des realen **BIP pro Kopf der Bevölkerung** zwischen aufeinander folgenden Zeitperioden) unterschieden werden.

Exkurs: Jahresratenberechnung

Während in Kontinentaleuropa für beide Varianten üblicherweise die Vorjahresveränderung benutzt wird (BIP des Jahres X_t im Vergleich zum BIP des Jahres X_{t-1}), findet etwa in den USA eine Hochrechnung in Form von Jahresraten statt. Dabei wird die Veränderung der saisonbereinigten Daten des BIP aus zwei aufeinander folgenden Quartalen mit dem Faktor 4 potenziert:

Beispiel Jahresratenberechnung (unter Verwendung einer saisonbereinigten Zeitreihe; Indexwerte):

März   = 119,8

Januar   = 118,9

119,8 : 118,9 = 1,00757 (prozentuale Veränderung ausgedrückt in Dezimalzahlen)

hochgerechnet aus der Entwicklung der letzten drei Monate (von Januar bis März) ergibt sich

$1,00757^4 = 1,0306 \approx 3,1\%$

Im Beispiel würde das Wirtschaftswachstum auf das Jahr hochgerechnet dann 3,1% betragen. Sinnvoll erscheint eine solche Berechnungsweise allerdings nur dann, wenn die zukünftige Entwicklung
in einer ähnlichen Weise wie im ursprünglichen Berechnungs-
zeitraum (im Beispiel zwischen Januar und März) erfolgt.

Das **Potenzialkonzept** (angebotsseitige Betrachtung) zielt dagegen auf die Wachs-
tumsbeobachtung ab. Dabei wird Wachstum als eine anhaltende Zunahme des gesamtwirtschaftlichen Produktionspotenziales verstanden, mithin eine quantitative
Zunahme und qualitative Verbesserung der Produktionsfaktoren Arbeit, Boden,
Kapital. Die Unterschiede zwischen nachfrage- und angebotsseitiger Definition können sich auch in der Beantwortung unterschiedlicher Fragen zeigen. Während die
nachfrageseitige Definition etwa bei der Frage „Wie viel Output hat die Volkswirtschaft produziert?" verwendet wird, bezieht sich die Frage „Wie viel Output kann
die Volkswirtschaft maximal produzieren?" auf die angebotsseitige Definition.

Die Verbindung zwischen beiden Konzepten liefert der Auslastungsgrad des gesamtwirtschaftlichen Produktionspotenzials. Vom Sachverständigenrat zur Begutachtung der gesamtwirtschaftlichen Entwicklung werden auf seiner Grundlage Konjunkturschwankungen definiert. Der Auslastungsgrad misst den Abstand des tatsächlichen BIP-Wertes vom Potenzialmaximum. Da für die Schwankungen des Auslas-
tungsgrades aber vor allem die Nachfrageseite (als tatsächlicher Wert) verantwortlich ist, sind die Verbindungen zur nachfrageseitigen Betrachtung vergleichsweise
eng.

8.2   Konjunkturzyklus – Grundmuster

Ein typischer Konjunkturzyklus kann in vier Phasen eingeteilt werden: Aufschwung,
Boom (Hochkonjunktur), Abschwung, Rezession (bis hin zur schweren Depression
während der Weltwirtschaftskrise zwischen 1928 bis 1933). In der ökonomischen
Literatur wird besonders eine Rezession nicht einheitlich abgegrenzt. Nach US-
amerikanischem Verständnis liegt eine Rezession bereits dann vor, wenn der saison-
und kalenderbereinigte Wert für das reale BIP in zwei Quartalen nacheinander sinkt.
Dagegen wird in Deutschland und anderen Staaten Kontinentaleuropas eher ein Zeitraum von bis zu drei Quartalen mit negativem realen BIP als Abgrenzungskriterium

verwendet. Darüber hinaus sind Fragen des Ausgangsniveaus, Stärke des Rückgangs und Bedeutung von Sondereinflüssen zu klären.

Abb. 8.1 Idealtypischer Konjunkturverlauf

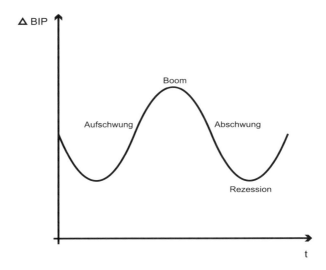

Ein weiterer Problembereich betrifft die Frage nach relevanten Konjunkturindikatoren: gibt es z. B. Daten aus der Statistik, die den künftigen Verlauf der wirtschaftlichen Entwicklung bereits frühzeitig anzeigen, um gegebenenfalls auf Fehlentwicklungen reagieren zu können? Hierfür werden verschiedene Gruppen von Konjunkturindikatoren gebildet:

- Frühindikatoren: sie haben einen zeitlichen Vorlauf gegenüber der tatsächlichen wirtschaftlichen Entwicklung (Auftragseingang, Reichweite der Auftragsbestände, ifo-Geschäftsklimaindex, Handelsblattindikator),

- Präsensindikatoren: sie werden als Maßstab für den aktuellen Wirtschaftsverlauf verwendet (BIP, Index der industriellen Produktion),

- Spätindikatoren: ihre Entwicklung folgt mit einem zeitlichen Abstand den Präsensindikatoren (Zahl der Beschäftigten/Arbeitslosen, Verbraucherpreise).

8.3   Theorien

Zur Erklärung von Konjunktur und Wachstum sind eine Reihe von Theorien entwickelt worden. Dabei kann zwischen mechanistischen und anderen Modellen unterschieden werden.

8.3.1   Multiplikator-Akzelerator-Modell

Das Multiplikator-Akzelerator-Modell stellt einen so genannten ‚mechanistischen Zusammenhang' dar: durch das Zusammenwirken der verwendeten Parameter und bestimmter Annahmen entstehen quasi ‚automatisch' zyklische Bewegungen der wirtschaftlichen Entwicklung. Die Grundzüge der beiden Bestandteile:

Akzelerator (bekannt aus der Investitionstheorie): er beschreibt den Einfluss von Nachfrageänderungen (ΔNF) auf die Investitionen (I).

$$I = v\ (\Delta NF)$$

$$\text{mit NF = C oder BIP}$$

Unter Verwendung der Annahmen aus der Investitionstheorie wird eine bestimmte Gütermenge mit einem bestimmten Kapitalstock produziert (Kap 4.). Erhöht sich die Nachfrage nach Gütern, muss mehr produziert werden. Notwendig ist dafür eine Ausweitung des Kapitalstocks. Eine Ausweitung des Kapitalstocks ist nur durch Nettoinvestitionen möglich und damit gilt: ΔNF führt zu I.

Multiplikator (MP): Der MP gibt an, wie sich das Einkommen verändert, wenn eine autonome Größe variiert (Einkommensmultiplikator). Eine Argumentation könnte wie folgt sein: Investitionsausgaben des Staates oder des Auslandes werden bei Arbeitgebern/Arbeitnehmern des Investitionsgütergewerbes zu Einkommen. Darauf hin steigen deren Konsumausgaben. Hieraus entstehen zusätzliche Einkommen bei Arbeitgebern/Arbeitnehmern im Konsumgüterbereich.

Ein Zahlenbeispiel (für die Entwicklung über die einzelnen Zeitperioden t_n) verdeutlicht die Wirkungsweise des MP:

Annahmen: autonome Investitionen = 1000 € (I^{aut})
            marginale Konsumquote = 0,8 (c = KQ)

Ablauf des Prozesses:

t_1: Es erfolgt eine I^{aut} in Höhe von 1000 €
t_2: 80% (wg. KQ=0,8) davon werden ausgegeben = 800 €
t_3: 80% von 800 € werden wieder ausgegeben = 640 €
t_4: 80% von 640 € werden wieder ausgegeben = 512 €
usw.

Daraus folgt für t → ∞: Bei einer I^{aut} in Höhe von 1000 € und einer KQ von 0,8 entsteht ein zusätzliches Einkommen (für die Gesamtwirtschaft) in Höhe von 5000 €.

Als Gleichung kann geschrieben werden:

$$\Delta Y = \frac{1}{1-c} \cdot \Delta I^{aut}$$

oder da 1 – c = s (marginale Sparquote)

$$\Delta Y = \frac{1}{s} \cdot \Delta I^{aut}$$

Daraus folgt für das Zahlenbeispiel:

$$\Delta Y = \frac{1}{1-0,8} \cdot 1000$$

$$\Delta Y = \frac{1}{0,2} \cdot 1000$$

bzw. $\Delta Y = 5 \cdot 1000 = 5000$

Die Größe $\frac{1}{1-c}$ bzw. $\frac{1}{s}$ wird dabei als Multiplikator bezeichnet.

Werden Akzelerator und Multiplikator miteinander verbunden, ergibt sich damit folgender Ablauf des Wirtschaftsgeschehens:

Autonome Investitionen (etwa aus dem Ausland) erfolgen

Einkommen steigen (über mehrere Perioden) **[MP-Effekt]**

Einkommen steigen → (Konsum)Nachfrage steigt

Zunahme der Investitionen **[Akzelerator]**

Investitionen steigen → Einkommen steigen

Prozess beginnt wieder ab Schritt 2

Als Gleichungssystem (Start bei t-1) dargestellt, ergibt sich zunächst durch den Multiplikatorprozess:

$\quad$ (1) I^{aut} → Y_{t-1}

$\quad$ (2) $Y_{t-1} \cdot c$ → C_t

aus (2) resultiert eine Veränderung des Konsums → ΔC (mit $C_t - C_{t-1}$)

$\quad$ (3) $\Delta C_t \cdot v$ → I^{ind} (induzierte Investitionen → Akzelerator)

$\quad$ (4) $Y_t = I^{aut} + C + I^{ind}$

Ein Zahlenbeispiel verdeutlicht die Schwingungsbewegungen des BIP. Dabei wird von folgenden Annahmen ausgegangen:

marginal Konsumquote (c) = 0,8

Akzelerator (v)= 1

einmalige Erhöhung der autonomen Investitionen (I^{aut}) in t = 2

Periode	I^{aut}	$C^t = Y_{t-1} \cdot c$	ΔC_t	$I^{ind} = \Delta C_t \cdot v$	Y_t $=I^{aut} + C + I^{ind}$	ΔY_t
1	1000	4000	0	0	5000	0
2	1100	4000	0	0	5100	+100
3	1000	4080	80	80	5160	+60
4	1000	4128	48	48	5176	+16
5	1000	4140,80	12,80	12,80	5153,60	− 22,40
.	.	.	.	.	.	
12	1000	3934,66	−2,48	−2,48	4932,18	+13,86
13	1000	3945,74	11,08	11,08	4956,82	+24,64
14	1000	3965,48	19,74	19,74	4985,22	+28,40
15	1000	3988,17	22,69	22,69	5010,86	+25,64

0

Festzuhalten bleiben folgende Aspekte:

- Wenn zusätzliche I^{aut} unterbleiben, verliert die konjunkturelle Entwicklung an Schwung.

- Für die Höhe des zusätzlichen Einkommens und damit für die Wirksamkeit des MP-Prozesses ist die Höhe der marginalen Konsumquote entscheidend.

- Aus einem kleinen Investitionsimpuls kann eine große Einkommenswirkung entstehen.

Die praktische Relevanz dieser Erkenntnisse für die Wirtschaftspolitik ist aber eingeschränkt, z. B. weil:

- wichtige Einflussgrößen (Gewinne, Preise, Löhne, Zinsen…) vernachlässigt werden,

- die marginale Konsumquote im Konjunkturverlauf schwankt und

- in der Rezession üblicherweise freie Kapazitäten existieren, also induzierte Investitionen aus zusätzlicher Nachfrage nicht zwangsläufig entstehen.

8.3.2   Weitere Theorien

Kondratieff-Zyklen

Eine Theorie, die sowohl zyklische als auch Wachstumselemente miteinander verbindet, stellt die der Kondratieff-Zyklen dar. Nikolai Kondratieff ermittelte in den
20er Jahren des letzten Jahrhunderts anhand historischer Daten drei etwa langfristige
Zyklen.

Abb. 8.2 Kondratieff-Zyklen

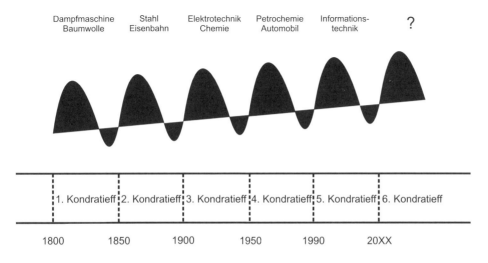

Quelle: Nefiodow, L., Der sechste Kondratieff, 2. Aufl., Sankt Augustin 1997, S. 3.

Die Existenz solcher Zyklen beruht nach seinen Analysen auf einigen wesentlichen
Elementen:

- Basisinnovationen sind für Wachstum und Strukturwandel der Wirtschaft
  entscheidend.

- Diese Innovationen müssen umfassend sein, d. h. sie erlangen einen hohen
  Durchdringungsgrad in der Gesellschaft. Durch sie kommt es nicht nur zu
  einem wirtschaftlichen, sondern auch gesellschaftlichen Wandel.

- Nationen mit Basisinnovationen haben strategische Vorteile.

Beispiele für solche Basisinnovationen waren in der Vergangenheit die Erfindung der Dampfmaschine und der Eisenbahn, die Elektrotechnik und das Automobil. In der jüngeren Vergangenheit werden der Informationstechnik und aktuell möglicherweise der Gentechnik Eigenschaften einer Basisinnovation zugewiesen **(Abb. 8.2)**.

Ein hoher Durchdringungsgrad wird durch die unterschiedlichen Anwendungsmöglichkeiten der Basisinnovation erreicht. So wirken sich die Erkenntnisse der Informationstechnik u. a. im Bereich der Medien, der Telekommunikation, der Organisation und Verwaltung, dem Bildungsmarkt und der Industrie aus. Die erhebliche Anwendungsbreite der Informationstechnik führt seit rund drei Jahrzehnten zu einem grundlegenden Wandel der Arbeitswelt und damit auch der Gesellschaft. Solche Basisinnovationen lösen per Saldo ein kräftiges und dauerhaftes Wirtschaftswachstum aus. Ein solcher Zyklus dauert typischerweise 40–60 Jahre.

Schumpeter: der dynamische Unternehmer

Eng verwandt mit den Überlegungen Kondratieffs sind die Gedanken Schumpeters. Im Kern dieser Theorie steht die Annahme, dass Entwicklungsprozesse maßgeblich abhängen vom Gewinnstreben und der Innovationskraft des Einzelnen. Unterschieden werden folgende Perioden:

- Neues technisches Wissen entsteht (inventions).

- Ein dynamischer Unternehmer nutzt dieses neue Wissen zur Einführungen von Neuerungen (innovations) – und erzielt hieraus Monopolgewinne. Neuerungen können dabei sowohl Güter als auch Produktionsverfahren betreffen.

- Hohe Gewinne führen dazu, dass andere Unternehmer diese Neuerungen mit einem Time-lag nachahmen (imitations).

- Durch dieses Verhalten steigt insgesamt die Produktion, die Arbeitslosigkeit sinkt – mit daraus resultierenden steigenden Lohnforderungen Insgesamt kommt es zu einem langsamen Sinken der Gewinne. Daraus resultieren (mit einem Time-lag) eine abnehmende Investitionsbereitschaft und eine verringerte wirtschaftliche Dynamik. Erst neues technisches Wissen löst den nächsten Aufschwung aus. Dadurch entsteht ein zyklisches Muster der wirtschaftlichen Entwicklung, mit einem ansteigenden Niveau **(Abb. 8.3)**.

Abb. 8.3 Schumpeter-Prozess

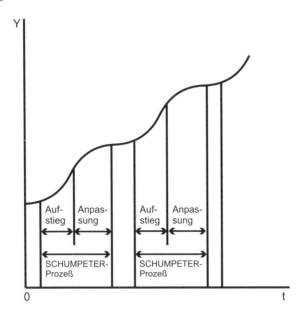

Quelle: Woll, A., Allgemeine Volkswirtschaftslehre, München 2007, 15. Aufl., S. 570.

Witterungs- und Klimaveränderungen

Üblicherweise werden hierunter die saisonalen Schwankungen innerhalb eines Jahres verstanden. Ausgelöst durch Jahreszeiten wird die Produktionstätigkeit in einigen Wirtschaftsbereichen eingeschränkt bzw. ausgebaut. Typisches Beispiel ist die Produktion des Baugewerbes oder der Landwirtschaft im Winter oder der anziehende Tourismus an den Küsten im Frühjahr und Sommer. Die Betroffenheit von solchen witterungsbedingten Einflüssen hängt damit eng mit der gegebenen Wirtschaftsstruktur und dem Entwicklungsstand einer Volkswirtschaft oder Wirtschaftsregion ab. In Entwicklungsländern mit einem noch stark ausgeprägten Anteil an landwirtschaftlicher Produktion fallen witterungsbedingte Ernteausfälle deutlich stärker ins Gewicht als in traditionellen Industriestaaten.

Während für saisonale Schwankungen üblicherweise nur eine kurzfristige Betrachtung vorgenommen wird, ist nicht auszuschließen, dass es zunehmend Anzeichen für eine längerfristige Klimaveränderung gibt. Hierdurch verursachte regionale Einflüsse (z. B. eine zunehmen Unwetterhäufigkeit) haben bereits starken Einfluss auf die Wirtschaft der betroffenen Regionen. Welche längerfristigen ökonomischen Veränderungen aus einem möglichen Klimawandel resultieren, ist dagegen nur schwer vorhersehbar.

Psychologische Stimmungslagen

Auch psychologische Einflüsse könne die wirtschaftliche Entwicklung stark prägen. Typisches Beispiel ist hier die Ungewissheit über die wirtschaftliche Zukunft (z. B. Angst vor einem Arbeitsplatzverlust). Kaufzurückhaltung und Angstsparen können die Folgen sein – was wiederum Auswirkungen auf die wirtschaftliche Entwicklung hat.

Impulse aus dem Ausland

Im Zuge einer zunehmenden Integration der Staaten in die weltwirtschaftliche Arbeitsteilung werden außenwirtschaftliche Einflüsse immer wichtiger für die nationale Entwicklung. So werden die Folgen der Asienkrise (1997), der Terroranschläge in den USA (2001) und der Verteuerung des Rohöls (seit Anfang 2004) für Abkühlungen der deutschen Konjunktur verantwortlich gemacht. Rohstoffpreise, Auslandskonjunktur und Wechselkurse sind damit wichtige Bestimmungsfaktoren für die nationale Wirtschaftspolitik. Aber auch langfristig stellt die Entwicklung der Weltwirtschaft ein wichtiger Parameter für alle Wirtschaftssubjekte einer Volkswirtschaft dar. Im Zuge der Globalisierung sind zahlreiche Länder als neue Konkurrenten auf den Märkten hinzugekommen. Teilten sich in den 60er und 70er Jahren nur wenige Industrienationen die wichtigsten Gütermärkte untereinander auf, sind seitdem asiatische, lateinamerikanische und mittel- und osteuropäische Staaten als zusätzliche Anbieter auf den Weltmärkten aufgetreten. Sie sind mit anscheinend konkurrenzlos günstigen Arbeitskräften in der Lage, Massengüter und zunehmend auch international handelbare Dienstleistungen billiger als die traditionellen Industriestaaten auf den Weltmärkten anzubieten. Gleichzeitig bieten sie sich aber auch als Absatzmärkte an und sichern dadurch exportorientierte Arbeitsplätze im Inland.

Politische Zyklen

Vor allem vor Wahlen kann es zu erheblichen Eingriffen der Politik in die wirtschaftliche Entwicklung kommen. Die Ausweitung arbeitsmarktpolitischer Maßnahmen zur Reduzierung der registrierten Arbeitslosigkeit und der Versuch der bewussten Steuerung der staatlichen Nachfrage zur Belebung der Konjunktur sind nur zwei Beispiele, wie eine solche Einflussnahme aussehen kann.

Unterkonsumtionstheorien

Ausgangspunkt solcher Theorien sind Überlegungen, dass die wirtschaftliche Macht von Unternehmen (als Nachfrager von Arbeitskräften) zu groß sein kann und dies Auswirkungen auf die konjunkturelle Entwicklung hat. Die Argumentation setzt dabei an einem beginnenden Aufschwung an: bei einer zu starken Position der Arbeitsnachfrager können Lohnforderungen seitens der Arbeitnehmer nicht durchgesetzt werden. Daher fehlt zu einem sich selbst tragenden Aufschwung die Kaufkraft für die private Konsumgüternachfrage – der Aufschwung bricht ab. Mit dieser Theorie wird zwar eine bestimmte konjunkturelle Situation beschrieben, sie kann allerdings keine Begründung für einen vollständigen Zyklus liefern.

Überinvestitionstheorien

Die Argumentationskette basiert auf der Schaffung von Überkapazitäten in der Industrie: im Aufschwung existieren zu optimistische Annahmen über den zukünftigen Wirtschaftsverlauf (etwa im Zuge exogener Ereignisse, wie z. B. in der Zeit der deutschen Einheit, als es zu sehr optimistischen Annahmen über die wirtschaftliche Entwicklung Deutschlands kam – in einigen westdeutschen Wirtschaftsbereichen wurden daraufhin massive Investitionen vorgenommen). Daraus folgt eine hohe Investitionstätigkeit und dadurch ein Ausbau der Produktionskapazitäten, um die zukünftig steigende Nachfrage befriedigen zu können. Reichen aber Konsum-, Staats- oder Exportnachfrage zur Auslastung der erhöhten Kapazitäten nicht aus, kommt es zu einem deutlichen Rückgang der Investitionstätigkeit. Die daraus resultierenden (negativen) Multiplikator- und Akzeleratoreffekte führen zu einer konjunkturellen Abwärtsbewegung – bis hin zur Rezession. Eine solche realwirtschaftlich begründete Überinvestitionstheorie, kann noch durch zu günstige Zinskonditionen für Investitionen unterstützt werden (monetäre Investitionstheorie).

Keynessche Modelle

Keynes legt in seinem Hauptwerk ‚The General Theory of Employment, Interest and Money' keine vollständig ausformulierte Konjunkturtheorie vor. Vielmehr finden sich in seinen Überlegungen einzelne Fragmente (etwa die Überlegungen zur Konsumneigung), die – zusammengefasst – Vorschläge zur Überwindung rezessiver Tendenzen enthalten. Historisch gesehen ist dies auch verständlich, verfasste Keynes die *General Theory* doch vor dem Hintergrund der Erfahrungen mit der Weltwirtschaftskrise von 1929. Im Mittelpunkt seiner Überlegung stand dabei die Frage „Warum gibt es Unterbeschäftigung?". Vor diesem Hintergrund analysierte er die Märkte als inhärent instabil, sodass der Staat stabilisierend eingreifen muss. Greift er nicht ein, wird es zu einer lang anhaltenden Unterbeschäftigung kommen. Im Kern geht es dabei um ein antizyklisches Handeln des Staates. In rezessiven Phasen hat der Staat die Aufgabe, die Wirtschaft mit Konjunktur fördernden Maßnahmen anzukurbeln, im Boom sind zusätzliche Steuereinnahmen zur Schuldentilgung einzusetzen (für Instrumente und Probleme einer solchen Politik, Kapitel 5). In Deutschland hat sich für diese Wirtschaftspolitik der Begriff der Globalsteuerung eingeprägt, der die entscheidende Bedeutung der gesamtwirtschaftlichen Nachfrage über das Angebot betont. In jüngster Zeit sind diese theoretischen Überlegungen vor dem Hintergrund der Maßnahmen- und Rettungspakte im Zuge der Finanz- und Wirtschaftskrise 2008/2009 wieder populär geworden. Auf der Basis der keynesschen Gedankenwelt wurden zahlreiche Konjunkturtheorien mit angenommener Instabilität entwickelt, die aber im Kern immer die Bedeutung der Nachfrageseite betonen.

8.4 Fragestellungen/Ergänzende Literatur

Fragestellungen

- Wie können Konjunktur und Wachstum abgegrenzt werden?
- Wodurch unterscheiden sich extensives und intensives Wachstum?
- Zeichnen Sie den typischen Verlauf eines Konjunkturzyklusses und benennen Sie die einzelnen Phasen!
- Welche Arten von Konjunkturindikatoren werden unterschieden?
- Stellen Sie das Gleichungssystem des Multiplikator-Akzelerator-Modells dar!
- Warum ist das Multiplikator-Akzelerator-Modell zur Erklärung konjunktureller Schwankungen nur bedingt geeignet?
- Welche Kondratieff-Zyklen werden unterschieden? Nennen Sie die wichtigsten Gründe für die Entstehung der jeweiligen Zyklen!
- Für welche Staatengruppe (und warum) können witterungsbedingte Schwankungen der wirtschaftlichen Entwicklung von besonderem Interesse sein?
- Nennen Sie Beispiele für wirtschaftliche Ereignisse aus dem Ausland, die einen merklichen Einfluss auf die heimische Konjunktur haben!
- Bei welchen Konjunkturtheorien spielen Investitionen eine wichtige Rolle zur Erklärung von Konjunkturschwankungen?

Ergänzende Literatur

Darstellungen zur Konjunktur- und Wachstumstheorie bzw. -politik finden sich i.d.R. in Lehrbüchern zur Makroökonomie. Spezielle Literatur zu diesem Themen-komplex ist etwa:

- Bretschger, L., Wachstumstheorie, 3. Aufl., München 2004
- Heubes, J., Konjunktur und Wachstum, München 1991
- Pätzold, J.; Baade, D., Stabilisierungspolitik, 7. Aufl., München
- Teichmann, U., Grundriß der Konjunkturpolitik, 5. Aufl., München 1997

Das Buch

- Pätzold, J.; Baade, D., Stabilisierungspolitik, 7. Aufl., München

ist zudem als Literatur für Kapitel 4 geeignet.

Stichwortverzeichnis

Wie liest man eine Statistik?

Thomas Sauerbier
Statistiken verstehen und richtig präsentieren
2009 | 273 Seiten | Flexcover | € 29,80
ISBN 978-3-486-59060-9

Ohne Statistiken, also Zahlenmaterial in verbaler, Tabellen- oder Diagramm-Form, kommt heute kaum noch eine Präsentation oder Veröffentlichung aus. Dieses Buch zeigt anhand zahlreicher Beispiele und weit über 100 Abbildungen, wie man vorhandene Daten wirklich versteht und optimal präsentiert.

Ohne unnötigen Ballast werden dabei die unverzicht-baren Grundlagen vermittelt, so dass vom Leser keine Vorkenntnisse erwartet werden. Auf leicht verständliche Art wird es damit auch Einsteigern ermöglicht, inhalt-lich korrekte und professionell wirkende Präsentationen zu realisieren und dabei häufig zu beobachtende Fehler zu vermeiden. Aber auch Personen mit umfangreicheren Statistik-Kenntnissen bietet dieses Buch viel Neues und Hilfreiches für noch bessere Ergebnisse.

Das Buch richtet sich an alle, die präsentieren oder veröffentlichen müssen: von Studierenden beim Seminar-vortrag über Praktiker bei einer Projekt- oder Kunden-präsentation bis hin zu Journalisten oder Wissen-schaftlern bei einer professionellen Veröffentlichung.

Prof. Dr. Thomas Sauerbier lehrt an der FH Gießen-Friedberg Wirtschaftsinformatik, Kommunikationssysteme und quantitative Methoden.

Bestellen Sie in Ihrer Fachbuchhandlung oder direkt bei uns: Tel: 089/45051-248, Fax: 089/45051-333
verkauf@oldenbourg.de

Oldenbourg

Der rote Faden durch die VWL

Gerhard Kolb
Wirtschaftsideen
Von der Antike bis zum Neoliberalismus

2008 | 137 S. | gebunden | € 26,80
ISBN 978-3-486-58852-1

Dieses Buch vermittelt einen leicht verständlichen Überblick über die wichtigsten dogmenhistorischen Positionen des ökonomischen Denkens. Im Rahmen dessen wird auf den »Aspekt der Ökonomik« in der Antike und im Mittelalter, im Merkantilismus, im Physiokratismus, im Klassischen Liberalismus, im Sozialismus, im Historismus, in der Grenznutzenlehre, in der Neoklassik, im Keynesianismus, im Monetarismus sowie auch in der Evolutorischen Wirtschaftstheorie und im Neoliberalismus eingegangen. Das Buch vermittelt nicht nur Strukturwissen, es zeigt vielmehr auch einen »roten Faden« durch die Volkswirtschaftslehre auf, nach dem Studierende bewusst oder unbewusst oftmals vergebens suchen.

Zur Zielgruppe gehören neben Studierenden der Wirtschaftswissenschaften auch Schülerinnen und Schüler der Fächer Ökonomie und Politik. Eine spannende Lektüre ist dieses Buch aber auch für Erwachsene, die Einblick in die Geschichte der Ökonomie nehmen wollen.

Univ. Prof. Dr. rer. pol. Gerhard Kolb war zuletzt Inhaber des Lehrstuhls für Allgemeine Wirtschaftslehre und ihre Didaktik an der Universität Hildesheim.

150 Jahre
Wissen für die Zukunft
Oldenbourg Verlag

Bestellen Sie in Ihrer Fachbuchhandlung oder direkt bei uns: Tel: 089/45051-248, Fax: 089/45051-333
verkauf@oldenbourg.de

Das Standardwerk

Hal R. Varian
Grundzüge der Mikroökonomik
Studienausgabe

7., überarb. und verbesserte Auflage 2007
XX, 892 S. | Broschur
€ 29,80 | ISBN 978-3-486-58311-3
Internationale Standardlehrbücher der
Wirtschafts- und Sozialwissenschaften

Dieses Lehrbuch schafft es wie kein anderes, nicht
nur den Stoff der Mikroökonomie anschaulich zu
erklären, sondern auch die ökonomische Interpretation der Analyseergebnisse nachvollziehbar zu
formulieren. Es ist an vielen Universitäten ein
Standardwerk und wird oft zum Selbststudium
empfohlen. Durch die logisch aufeinander aufbau-
enden Kapitel, die zahlreichen Grafiken und das
gelungene Seitenlayout erschließt sich dem Leser
schnell die Thematik. Jedes der 37 Kapitel knüpft an
die vorangegangenen Erkenntnisse an und führt
den Leser schrittweise und mit Hilfe anschaulicher
und aktueller Beispiele an die mikroökonomischen
Lerninhalte heran. Gegliederte Zusammenfassun-
gen und ausführliche Wiederholungsfragen schließen jedes Kapitel. Dem Lehrbuch sind viele neue
Beispiele mit Bezug zu aktuellen Ereignissen hin-
zugefügt.

**Prof. Hal R. Varian lehrt an der
School of Information Manage-
ment and Systems (SIMS), an der
Haas School of Business sowie
am Department of Economics at
the University of California,
Berkeley. Von 1995 bis 2002 war
er Gründungsdekan an der SIMS.**

Oldenbourg